GRILLEN
UND RÄUCHERN

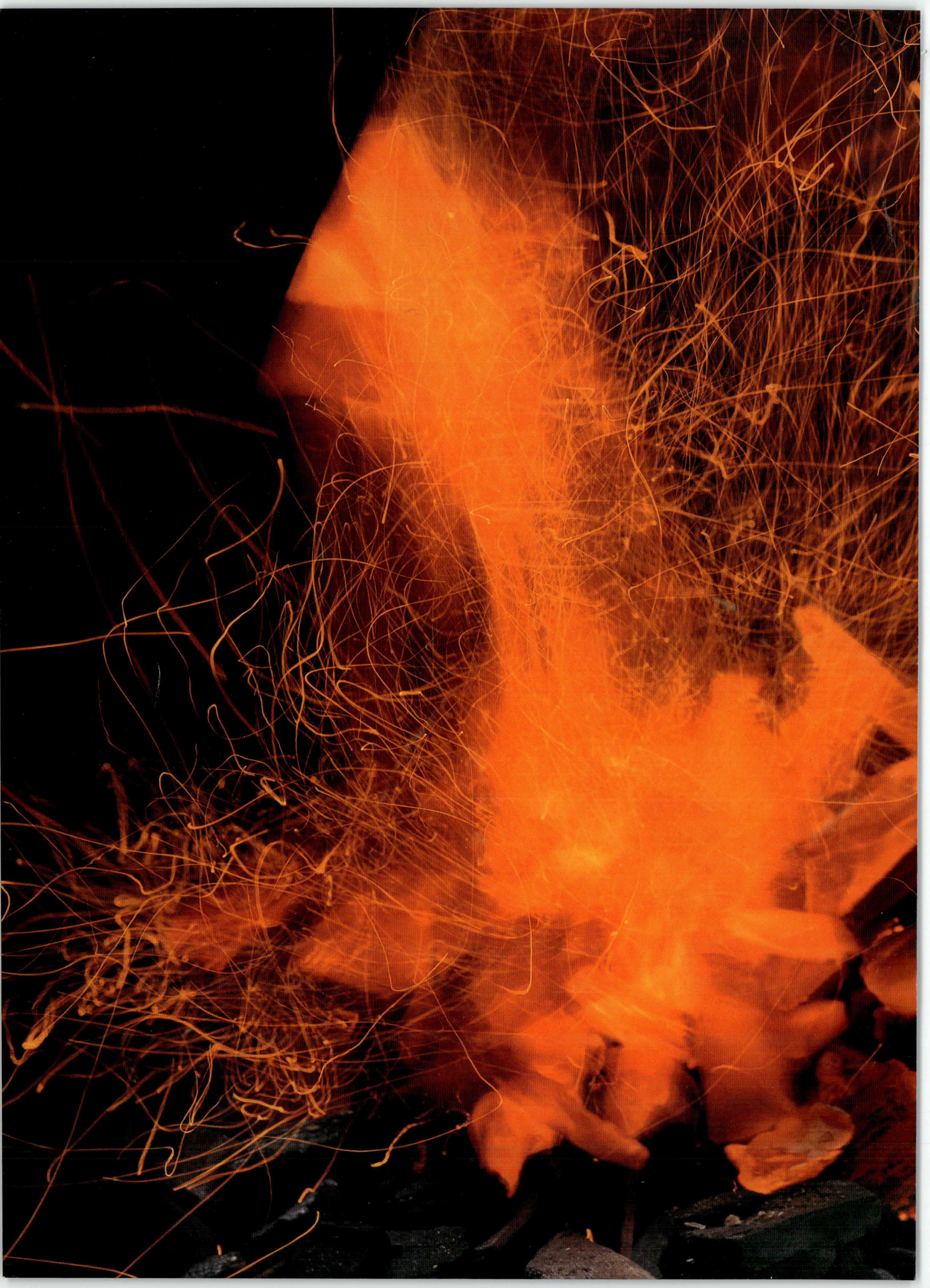

GRILLEN
UND RÄUCHERN

FOTOS: RENÉ RIIS

INHALT

VON FEUER UND RAUCH

FEUER, GLUT, RAUCH –

es flackert, es knistert, es brutzelt. Kochen mit dem Element Feuer – die Urform der Nahrungszubereitung – die archaischste und sicher die geselligste. Zusammensitzen mit Bier oder Wein, philosophieren und sich freuen – auf das kulinarische Erlebnis vom Grill.

Die Urform des Kochens ist Abenteuer pur – mit einem Klappgrill wie mit Hightech-Equipment. Und wer jemals ein rauchzartes Brisket aus dem Smoker oder ein unfassbar aromatisches T-Bone-Steak vom Grill gegessen hat, der weiß: Spitzengastronomie auf höchstem Niveau und das Archaische des Kochens am offenen Feuer sind absolut kein Widerspruch. Im Gegenteil! Nur wer ganz genau weiß, wie es funktioniert, der wird mit dem absoluten Grillgenuss belohnt. Erlernen Sie hier die Techniken und was man alles dazu braucht – vom richtigen Holz über Hightech-Smoker bis hin zum besten Grillgut. Ob Fisch, Fleisch oder Gemüse, mit diesem TEUBNER Buch wird das Ergebnis nicht nur gut, sondern hervorragend. Tauchen Sie ein in zahlreiche Geschichten zum Mythos Grillen, Räuchern, Heldentaten – sie bringen zum saftigen Steak das große Gefühl vom Abenteuer Kochen.

Wir wünschen höchsten Genuss
beim Grillen, Räuchern und Smoken!

AM ANFANG WAR
DAS FEUER

Man kann es so sehen: Das Feuer war der Grundstein für die unaufhaltsame Entwicklung des Menschen. Seine Unterscheidung von den anderen Arten. Eine kulturelle Meisterleistung. Feuer hat uns zu dem gemacht, was wir sind. Klingt übertrieben?

Endlich Feuer! Das macht das Leben nicht nur gemütlicher, weil wärmer, sondern auch die Nahrung bekömmlicher.

Immerhin ist es mittlerweile anerkannt, dass unseren Vorfahren erst über Feuer gegartes Fleisch die Mengen an Eiweiß zur Verfügung stellt, die nötig waren, das menschliche Gehirn auf sein heutiges Volumen anwachsen zu lassen. Diese Leistung haben wir in erster Linie dem Homo erectus zu verdanken, dem es vor etwa 900 000 Jahren im heutigen Israel gelang, ein wildes Feuer zu zähmen.

DIE ZÄHMUNG DES FEUERS: DAS ERSTE STEAK!

Man kann wohl davon ausgehen, dass die ersten Erfahrungen, die der Mensch im Umgang mit Feuer machte, alles andere als angenehm waren: Stichworte wie »wütende Unwetter«, »krachend einschlagende Blitze« und »brüllende Waldbrände« dürften ein zutreffendes Bild einer eher ungemütlichen Umgebung zeichnen, in der unsere frühen Vorfahren um ihr Überleben kämpften. Die Angst vor Feuer war also nicht ganz unbegründet und saß tief.

Die »Zähmung« des Feuers kann man sich dann wohl so vorstellen: Kaum hatte das Unwetter sich gelegt, lenkte ein verführerischer Duft nach geröstetem Fleisch die Aufmerksamkeit der Urmenschen auf ihre knurrenden Bäuche und besänftigte ihre Furcht. Und da, zwischen verkohlten Ästen und verbranntem Gras: gegartes Fleisch. Ein »gefundenes Fressen«, das nicht nur viel besser schmeckte, sondern auch leichter zu kauen und zu verdauen war als die übliche fleischliche Rohkost. Und noch besser: Dieses Fleisch konnte man zumindest ein paar Tage bevorraten! Denn das Feuer hatte alle Keime abgetötet und das Fleisch haltbarer gemacht.

ALLES GUTE KOMMT VON OBEN

Kein Wunder, dass die Feuerstelle in der Wohnhöhle schnell zum Mittelpunkt des sozialen Lebens wurde und ihr Erhalt eine wichtige und ehrenvolle Aufgabe darstellte. Denn bevor unsere Vorfahren vor etwa 34 000 Jahren die Technik des Anzündens meisterten, mussten sie zum Teil lange auf einen Blitzeinschlag warten, um ein einmal erloschenes Feuer wieder zu entzünden. Diese Willkür auf die Götter zu schieben klingt nur logisch.

In den Mythen vieler Völker wird das Feuer als göttliches Geschenk interpretiert. Bei uns am bekanntesten ist die Sage von Prometheus, der bei den Griechen als Schöpfer der Menschen gilt. Um seine Kreaturen vor Hunger und Kälte zu bewahren, entzündete er den Wedel eines Riesenfarns am brennenden Wagen des Sonnengottes Helios und füllte damit die menschlichen Behausungen mit Wärme und Licht. Eine nette Idee, könnte man meinen.

Nur leider hatte Prometheus seine gute Tat zuvor nicht mit Göttervater Zeus abgestimmt, der gar nicht erfreut war und den Menschen das göttliche Feuer am liebsten wieder weggenommen hätte. Denn Spanferkel am Spieß, gegrillte Hähnchen und brutzelnde Koteletts sollten eigentlich den Göttern vorbehalten bleiben. In dieser Frage war Zeus' Einstellung ziemlich klar.

Alles nur geklaut: Der Sage nach brachte Prometheus das Feuer unerlaubter Weise zu den Menschen.

ROSTBRAT-WÜRSTE: EINE ERFINDUNG DER ALTEN RÖMER.

Da es sich aber als unmöglich erwies, den Menschen das Feuer wieder abzunehmen, kettete er Prometheus zum Ausgleich an den Kaukasus und forderte von den Menschen regelmäßige Brandopfer. Die Menschen sahen das auch ein – keiner wollte Prometheus im Kaukasus Gesellschaft leisten. Anderseits muss man es auch nicht übertreiben und so opferten sie nur die ungenießbaren Teile wie Knochen, Sehnen und Fett von Ziege, Lamm und Co. Das nahr- und schmackhafte Muskelfleisch dagegen behielten sie für sich selbst und garten es über dem offenen Feuer, sodass wenigstens der herrliche Duft bis in den Olymp stieg.

GRILLEN WIE DIE RÖMER

Nachdem die Machtverhältnisse geklärt waren und das Herdfeuer fest in der Hand der Menschen war, machten die sich daran, die Technik des Grillens zu meistern und Schritt für Schritt zu verbessern. Dabei entwickelten sich natürlich ganz unterschiedliche Stile und Traditionen. Anfangs legten die Menschen das Grillgut wahrscheinlich direkt auf die Glut oder spießten es auf Stöcke auf. Da bei dieser Methode das Fleisch naturgemäß außen ziemlich schnell schwarz wurde, und vor allem bei kleinen Tieren nicht mehr viel genießbares Fleisch übrig blieb, suchte man bald nach neuen Wegen.
Die alten Römer hatten da eine ziemlich gute Idee: Eine Art Metallrost sollte den Abstand zwischen Grillgut und Hitzequelle vergrößern – der Grillrost war geboren. Funde aus Pompeji und Herculaneum belegen, dass die Feuerstellen schon um 79 nach Christi damit ausgestattet waren – zu einer Zeit, als Kelten und Germanen noch Wildschweine durch die dichten Wälder trieben, bevor sie sie an der zentralen Feuerstelle auf dem Dorfplatz rösteten.

DANN AUCH NOCH FAST FOOD

Wie fortschrittlich die Römer waren, zeigte sich aber nicht nur in der »Überlegenheit« der verwendeten Technik. Nein, auch das Grillgut, das sie über dem Feuer brutzelten, war aufregend und modern (abgesehen vielleicht vom Heiligen Laurentius, dessen Martyrium auf dem Rost von Kaiser Valerian wohl eher als grausam bezeich-

Schon im 11. Jh. Usus: Grillfleisch zur Soldatenverpflegung.

net werden muss). Die Römer beschränkten sich nicht länger darauf, ganze Fleischstücke über dem offenen Feuer zu garen, sondern fanden auch eine Möglichkeit, Fleischreste zu verwerten – in Bratwürsten nämlich. Das »tomaculum« war ein überaus beliebtes Fast-Food, das an jeder Straßenecke bei Garköchen mit Bauchladen gekauft werden konnte. Darüber hinaus waren sie wichtiger Bestandteil von Banketten und Gastmählern. Gegrillt wurde dann allerdings nicht etwa auf einem herkömmlichen Bratwurstrost: Römer, die ihren Reichtum zur Schau stellen wollten, verwendeten einen Grill aus Silber und läuteten mit diesem übertriebenen Prunk den Untergang des römischen Reiches ein. Was übrig blieb waren Straßen und Aquädukte, Bäder und herrliche Bauten ... und die Begeisterung für gegrilltes Fleisch und Würste. Denn auch wenn im mittelalterlichen Europa eher raue Sitten herrschten und die Menschen von Pflege und Sauberkeit längst nicht mehr so viel hielten wie die alten Römer, so schmeckte ihnen eine ordentlich gebratene Wurst doch genauso gut wie ihren Vorfahren.

Wer kann, der kann: Im 16. Jh. waren die Küchen reicher Haushalte üppig mit Grillgeräten bestückt.

GRILLFESTE: NUR FÜR GELADENE GÄSTE

Leider kamen die einfachen Leute aber nur sehr selten in den Genuss dieser Köstlichkeiten: Grillfeste waren dem reichen Adel vorbehalten, die das Volk nur ausnahmsweise an ihrem Festschmaus beteiligten. Dabei wurden dann aber unglaubliche Mengen vertilgt: So ist zum Beispiel von der gut dokumentierten Landshuter Fürstenhochzeit im Jahre 1475 überliefert, dass innerhalb einer Woche 323 Ochsen, 285 Brühschweine, 1133 Schafe, 1537 Lämmer, 490 Kälber, 11 500 Gänse und 40 000 Hühner gebraten und verzehrt wurden. Bevorzugte Zubereitungsart war dabei das Braten am Spieß. Dabei wurde kurzerhand das ganze Tier auf lange Eisenspieße gesteckt und so lange über dem offenen Feuer gedreht, bis das Fleisch außen kross und innen zart und gar war. Diese Methode war so beliebt, dass es in Frankreich schon seit dem 13. Jahrhundert eine eigene Zunft gab, die sich um nichts anderes kümmerte, als die Fleischspieße über dem Feuer zu drehen.

ANDRE LÄNDER, ANDRE SITTEN

In der neuen Welt bot sich ein etwas anderes Bild: Vor der Entdeckung Amerikas 1492 war das Schmieden von Eisen noch gänzlich unbekannt, so dass die amerikanischen Ureinwohner sich mit Holzrosten behelfen mussten. Dazu flochten sie junge Holzstöcke zu einem Gitter, tränkten es mit Wasser und hängten es über die Glut, um darauf Fisch, Fleisch und andere Lebensmittel zu garen. Erst als Kolumbus mit seinen Spaniern an der Küste Nordamerikas anlegte, machte auch dieser Kontinent die recht zweischneidige Bekanntschaft von geschmiedetem Eisen.

In Argentinien dagegen dachte man gleich in größeren Dimensionen und spannte ganze Schafe oder Ziegen auf Eisenkreuze, um sie dann sehr langsam über einem Bodenfeuer zuzubereiten. Eine Methode, die übrigens auch heute noch gebräuchlich ist und sehr an die Ursprünge des amerikanischen Barbecues erinnert, bei dem ganze Schweine oder Rinder tagelang im heißen Rauch gegart werden.

Ohne Feuer geht es also nicht – nirgendwo auf der Welt. Und wenn man ehrlich ist: Bei einem tiefen Blick in die Flammen fallen die Jahrtausende schnell von uns ab, und wir scharen uns wieder wie unsere Ur-Ur-Ur-Ahnen um die Feuerstelle in der Hoffnung auf ein schönes Steak.

Margarethe Brunner

VON BERUF SPIESSDREHER?
IM 13. JH. NICHTS
UNGEWÖHNLICHES!

Pelzjäger bei der Arbeit: Über der Lichtquelle wird gleich noch gegrillt und geräuchert.

100
212
75
167
50
122
°F
°C

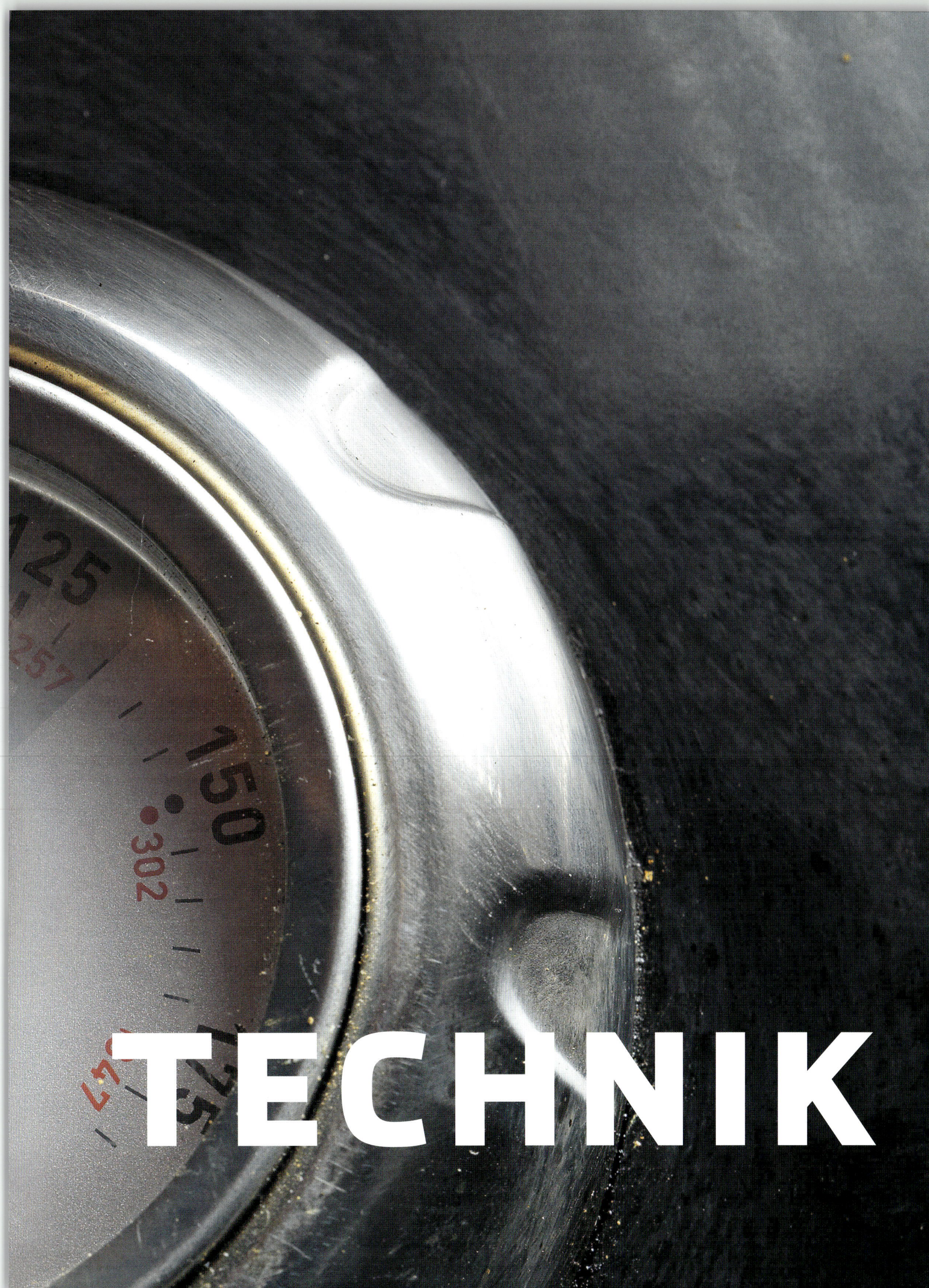

TECHNIK

GRILLEN

DAS SPIEL MIT DEM FEUER
DIREKT UND INDIREKT

Einen Rost, zwei Steine und eine Lage Holzkohle: Mehr braucht man eigentlich nicht zum Grillen, abgesehen von einem guten Steak natürlich. Mit neuen Techniken, innovativen Geräten und mehr Know-how ist aber noch viel mehr drin!

Glut herstellen: Anzündkamin mit Briketts füllen, 2 bis 3 Anzündwürfel (S. 37) auf den Kohlerost legen und anzünden. AZK darüberstellen, nach 25 bis 30 Minuten ist die Glut perfekt.

Grillen bei direkter Hitze: Das Grillgut liegt direkt über der Glut auf dem Rost. Die Hitze strahlt nur von unten ab – Fleisch und Fisch müssen ein- oder mehrmals gewendet werden.

Grillen bei indirekter Hitze: Das Grillgut liegt im geschlossenen Grill über einer Tropfschale neben der Glut, wird von heißer Luft umströmt und braucht nicht gewendet zu werden.

Archaisch, ursprünglich, elementar: Das Hantieren mit Feuer und Glut macht einfach Spaß. War vor ein paar Jahren bei Steak und Würstchen noch Schluss, landet heute so gut wie alles auf dem Rost. Wer weiß, welche Grilltechnik sich für welches Stück eignet, ist hier klar im Vorteil. Meist hat man sogar mehrere Optionen. Als Faustregel gilt: Entweder kurz und heiß oder lang bei weniger Hitze! Wer erst mal den Zusammenhang von Temperatur und Zeit im Blut hat, kann selbst erfolgreich am Rost experimentieren.

DARÜBER ODER DANEBEN?

Am heißesten und kürzesten ist die direkte Methode (oben und S. 40–41). Die glühenden Kohlen strahlen eine enorme Hitze ab. Fleisch oder Fisch liegen direkt darüber – nur eine Handbreit von der Glut entfernt. Die Temperaturen steigen auf 300 °C und mehr. Das Wasser aus den Randzonen des Grillguts verdampft, an der Oberfläche bildet sich dank der Maillardreaktion eine braune Kruste. Köstliche Röstaromen entstehen. Rasch wandert die Wärme nach innen und drängt den Fleischsaft nach außen, wo er sogleich verdampft. Auch die Farbe des Fleischs verändert sich: Aus Rot wird Grau. Um nicht zu verkohlen, muss alles mindestens einmal (Fisch), manches aber besser öfter (Fleisch), gewendet werden. So wirkt die Hitze nicht zu lange auf dieselbe Stelle ein. Direktes Grillen verlangt die ungeteilte Aufmerksamkeit des Grillmeisters. Es gilt, den optimalen Zeitpunkt zu erwischen, zu erkennen, wann das Fleisch ausreichend Röststoffe hat, innen aber noch rosa und saftig ist.

Einfacher wird's, wenn man die Glut nur auf der Hälfte des Rosts verteilt (Zweizonenglut) oder eine Dreizonenglut einrichtet (s. unten). Über der leeren Fläche bekommt das Grillgut weniger Hitze ab und kann auch mal kurz »parken«.

Weniger heiß und deutlich entspannter geht's beim indirekten Grillen zu (oben und S. 64–65): Fleisch & Co. garen hier im geschlossenen Grill nicht über, sondern neben der Glut, meist bei Temperaturen zwischen 140 bis 180 °C. Die Hitze kann gleichmäßig zirkulieren, nichts brennt an, kein Fett tropft in die Glut. Wenden und ständiges Beobachten sind nicht notwendig, der Grillmeister kann sich entspannt zurücklehnen und muss nur das Thermometer im Auge behalten.

Ideal: Eine Dreizonenglut mit geringer (links), mittlerer (Mitte) und starker Hitze (rechts). Dafür die glühenden Briketts nach dem Prinzip »leer, ⅓, ⅔« auf dem Rost verteilen.

EINER FÜR ALLE DER KUGELGRILL

Vielseitig wie kaum einer meistert der Kugelgrill (fast) jede Herausforderung. Offen eignet er sich bestens zum direkten Grillen. Doch zugeklappt trumpft er erst richtig auf: In seinem (möglichst) großen Innenraum kann die heiße Luft prima zirkulieren. So gelingen auch größere Fleischstücke und ganze Hähnchen perfekt – Wenden ist nicht nötig, der Grillmeister kann sich in aller Ruhe seinen Gästen (oder seinem Bier!) widmen. Nur die Temperatur sollte er im Auge behalten. Sie lässt sich über die Luftzufuhr steuern: Je mehr davon durch die unteren Öffnungen strömt, desto heißer wird's und umgekehrt. Hochwertige Kugelgrills mit durchdachten Details funktionieren im Grunde alle nach demselben Schema.

METALLRAHMEN
zum Einhängen des Grillrosts in zwei zusätzlichen Höhen, ein typisches Merkmal des PRO22K von Napoleon Gourmet Grills

IM INNERN: KOHLEROST
aus Stahl mit ausreichend Abstand zum Boden für eine gute Belüftung

GROSSER ASCHEBEHÄLTER
aus Stahl, leicht abnehmbar, zum einfachen Ausleeren der Asche

ZWEI METALLBEINE
für sicheren Stand

1300–800 V. CHR.: Feuerböcke in Form eines Mondhorns aus der Urnenfelderzeit (späte Bronzezeit).

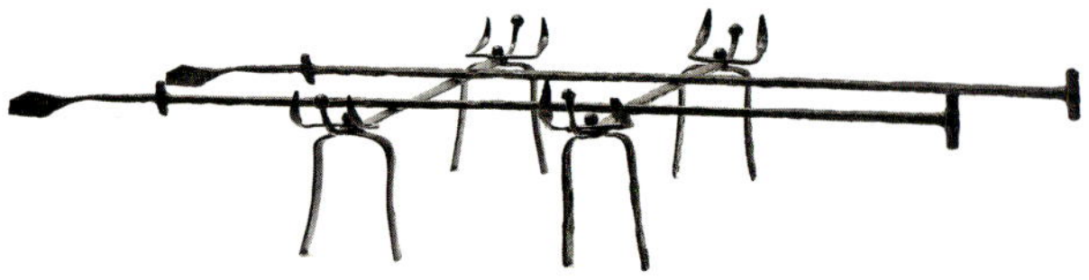

800–450 V. CHR.: Feuerböcke mit Bratspießen aus Eisen. Grabfund aus der Hallstattzeit.

GRILLS IM LAUF DER ZEIT

2. HÄLFTE 5. JH. V. CHR.: Opferszene mit Grillspieß. Griechische Vasenmalerei. Außenbild einer Oinochoe (Weinkanne) aus Etruria, Toskana (Italien).

Ein Blick zurück auf gut 3000 Jahre Grillgeschichte zeigt: Gegrillt wurde schon immer gern. In Homers »Odyssee« ist von einem gegrillten Rind die Rede. Gegrilltes war Teil von Opferritualen und Gerätschaften dafür fand man in Gräbern. Und dafür war schließlich nur das Beste gut genug! In der Antike war Grillen eher eine Outdoor-Angelegenheit, im Mittelalter wurde dann meist inhouse gegrillt. Bevorzugt am Drehspieß vor der offenen Feuerstelle. Fisch und Würste hängte man zum Trocknen dann einfach darüber in den Rauchfang.

FRAUEN AM GRILL? IM MITTELALTER USUS

Seinerzeit war Grillen übrigens keine reine Männerdomäne, jahrhundertelang drehten auch Frauen am Spieß. Bis gegen Ende des 15. Jhts. n. Chr. dann Apparate erfunden wurden, die diese Arbeit übernahmen – und man die Hände für anderes frei hatte. Auch Leonardo da Vinci machte sich Gedanken über die ideale Antriebstechnik. Seine Lösung: Gewichtszug oder Warmluftturbine!

1952: Die »Boje«. Der erste Weber Grill ging als »George's Barbecue Kettle« in den Verkauf. Bald darauf begann George Stephen Sr. mit der professionellen Produktion von Kugelgrills.

1960ER-JAHRE: AEG Infragrill GUL 16. Elektro-Drehspieß-Grill für drinnen und draußen. Mit Zeitschaltuhr und zwei Heizstufen.

600–200 V. CHR.: Spätkeltische eiserne Fleischgabel aus der La-Tène-Zeit (vorrömische Eisenzeit).

450–150 V. CHR.: Feuerböcke aus Eisen mit Stierkopfenden aus der späten La-Tène-Zeit.

50–250 N. CHR.: Bratrost/Grillgitter aus der mittleren römischen Kaiserzeit.

DER HEILIGE LAURENTIUS († 258 N. CHR. IN ROM) wurde der Legende nach auf dem Rost gefoltert, weil er den Kirchenschatz an Leidende und Arme verteilt hat, statt ihn an Kaiser Valerian auszuliefern. Er ist einer der meistverehrten Heiligen der katholischen Kirche und der Schutzpatron für Berufe, die mit Feuer zu tun haben, wie z. B. Feuerwehrleute, Bierbrauer, Bäcker und Köche. Venezianisches Relief, 16. Jh.

14. JH. N. CHR.: Ein Mann dreht in der Küche Fleisch am Spieß neben offenem Feuer.

Die hielt er für am besten geeignet, weil »... der Braten sich langsam oder schnell dreht, je nachdem das Feuer mäßig oder stark ist.«

Bald gab es auch Modelle mit Federantrieb, die Technik wurde immer aufwendiger. Gut 200 Jahre später drehten sich dann bereits mehrere Fleischstücke gleichzeitig auf verschiedenen Spießen am Räderwerk. Etwas in Vergessenheit geraten ist das bis ins 18. Jahrhundert hinein sehr beliebte

1970: Cuocispedini von Ferabolli. Schmaler italienischer Holzkohlegrill aus Edelstahl. Fürs Spießchengrillen ohne Rost (spart das Putzen!).

2000: Geschmiedetes Grillgitter mit Griff (aus Umbrien/Italien). Ideal fürs Outdoor-Grillen am Feuer.

CA. 2005: Eck PIUM-Pro. Zum Koffer zusammenklappbarer Edelstahl-Mangal mit Motor zum Drehen der Schaschlikspieße.

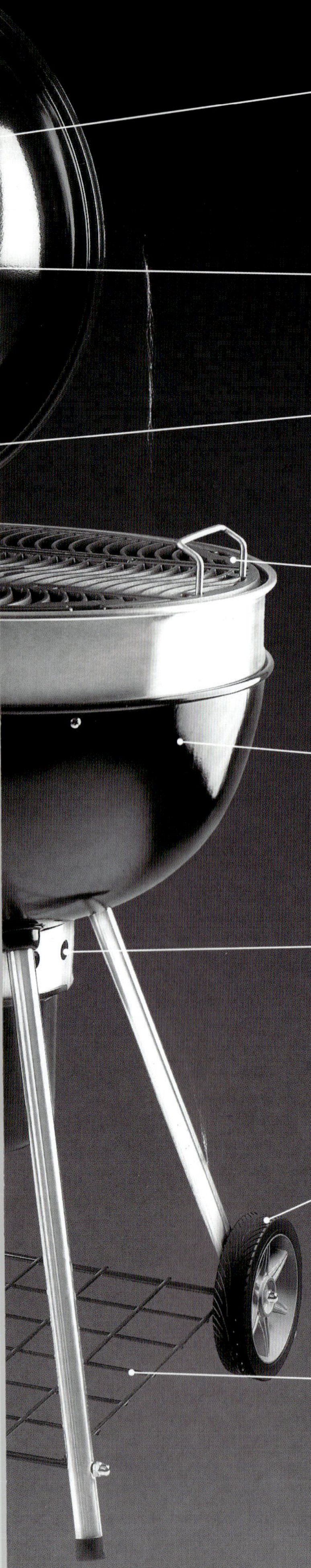

INTEGRIERTES THERMOMETER
zum Kontrollieren der Innenraumtemperatur beim indirekten Grillen

LÜFTUNGSSCHLITZE
aus rostfreiem Material zum Regulieren der Grilltemperatur

KLAPPBARER FESTER DECKEL
mit Eckscharnier und großem hitzefestem Griff, für sicheres Hantieren über der Grillfläche

SOLIDER GRILLROST
aus Gusseisen, mit 57 cm Durchmesser, dreifach klapp- und teilbar, zum problemlosen Nachfüllen der Glut und für ein perfektes Branding

ROBUSTES MATERIAL
Kessel und Deckel sind aus robustem Platinum-Porzellan mit viel Volumen im Innern – von Vorteil beim Grillen großer Stücke

LÜFTUNGSVENTILE
aus Edelstahl zum Regulieren der Temperatur

ZWEI GROSSE RÄDER
aus wetterbeständigem Material mit Gummiauflage für einfaches Manövrieren

ABLAGEGITTER
für Grillutensilien wie Küchenbretter, Grillzange oder Kohleschaufel

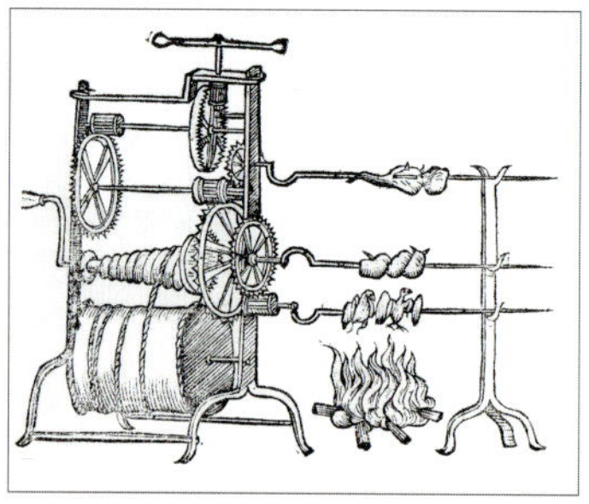

17. JH. N. CHR.: Mechanische Vorrichtung zum gleichzeitigen Drehen mehrerer Grillspieße über dem Feuer.

1774 N. CHR.: Drehspieß auf einem gemauerten Herd in der Küche. Radierung von Schleuen.

GRILLEN UND RÄUCHERN IM FREIEN: IN CÁDIZ WAR BBQ SCHON IM 16. JAHRHUNDERT DER HIT!

ähnlich. Beim Blick auf die Geschichte der Geräte erstaunt, wie aufwendig und ausgeklügelt Grilltechnik bereits im Mittelalter war. Viele Ideen von damals tauchen heute wieder auf, beispielsweise beim Schwenkerlator, der Warmluftturbine von Klaus Marx. Andererseits ist auch Uraltes wie Grillgitter und Grillspieß noch erfolgreich im Einsatz. Elektromotoren machen das Spießgrillen heute leichter. Als direkte Hitzequelle ist Strom aber immer noch ein Außenseiter. Nur wenige Modelle bringen so viel Hitze her wie Gas, Holz, Holzkohle oder Briketts. Und so bleibt, trotz allem High-Tech-Equipment, beim Grillen & Räuchern doch noch vieles archaisch.

Katrin Wittmann

16. JH. N. CHR.: Fleisch und Geflügel drehen sich am Spieß, Würste hängen im Rauch, frischer Fisch liegt bereit. Tafel zur Illustration des Lebens im spanischen Cádiz.

2013: Brodem 4Z, limitierte Sonderauflage. Mit vier Drosselklappen lässt sich die Temperatur regulieren und der Vierzylinder von Standard- auf Reverse-Flow-Betrieb (S. 93) umstellen.

2013: Eno Elektro-Plancha mit 3-fach emaillierter Gusseisen-Kochplatte. Kommt mit Strom auf 300 °C und mehr. Ideal für Fisch und Meeresfrüchte.

1562 N. CHR.: Ochsengrillen am Spieß anlässlich der Krönung Kaiser Maximilians II. in Frankfurt.

1591 N. CHR.: Frühes BBQ in Florida: Indianer (Timucua) trocknen Fleisch und Fisch über dem Feuer im Rauch. Stich von Theodore de Bry.

Grillen am Spieß erst, als das Feuer in den Herd verbannt wurde. Schließlich verfügte ja nicht jeder über eine eingebaute Rotisserie wie König Ludwig II.
Damit war drinnen erst mal Schluss. Grillen & Räuchern fand jetzt wieder draußen statt. In den USA versammelte man sich bei gutem Wetter um gemauerte Ziegelsteingrills zum BBQ, bis George Stephen 1952 die »Boje« erfand. Der erste Kugelgrill war noch recht einfach, doch schon vier Jahre später kamen die ersten schwarz-emaillierten Webergrills auf den Markt. Sie legten den Grundstein für die Weber-Erfolgsgeschichte und sahen heutigen Grills schon ziemlich

UM 1500 N. CHR.: Raffiniert: Der mit Hähnchen bestückte Spieß wird mit einer Kurbel bewegt. Schwungkugeln halten ihn dann mittels Zahnradübertragung (linke Seite) noch eine Weile in Bewegung. Oben hängen Würste zum Räuchern in der Esse.

… DIE RICHTIGE ART, FLEISCH ZU BRATEN.

LEONARDO DA VINCI

2007: Barbecook Banika. Drehspieß-Holzkohlegrill mit Haube und rückseitigem, vertikalem Glutkorb, mit Holz beheizbar.

2009: Vertikaler Drehspießgrill mit thermischem Antrieb durch Schwenkerlator-System und seitlichem Glutkorb. Durch die aufsteigende Luft dreht sich der Spieß von ganz alleine.

2010: Napoleon Mirage PRO605. Luxuriöser Holzkohlegrill mit 5-fach höhenverstellbarer Kohlenwanne und vertikalem Glutbehälter zum Spießgrillen.

HIN UND MIT
GRILLEN TO GO

Manche passen perfekt auf den Balkon, andere treiben sich lieber draußen rum. Die kleinen Grills sind tragbar und leisten beim Grillen Großes! Und das gleich in mehreren Disziplinen, sofern man ihnen eine Haube aufsetzt. Sie beanspruchen nur wenig Platz und sind gut zu verstauen. Mit den Kleinen to go geht der Trend ganz klar zum Zweitgrill!

COBB GRILL
- tragbarer Kompaktgrill für Balkon und unterwegs (Camping/Boot) mit Tasche
- kleiner Brennkorb für Briketts, sparsam im Verbrauch
- dank isolierender Hülle auch während des Betriebs tragbar
- mit umfangreichem Zubehör (Wok, Gussgrillplatte, Backform) in verschiedenen Größen erhältlich – auch als Gasgrill

SON OF HIBACHI
- Gusseisenklappgrill mit zwei Rosten, ideal zum Mitnehmen (im Auto)
- kein Anzündkamin notwendig, durch den Kamineffekt glühen die Briketts (im zusammengeklappten Grill) rasch durch
- mit hitzebeständiger Tasche, zusammengeklappt lässt sich der Grill noch heiß verpacken und transportieren

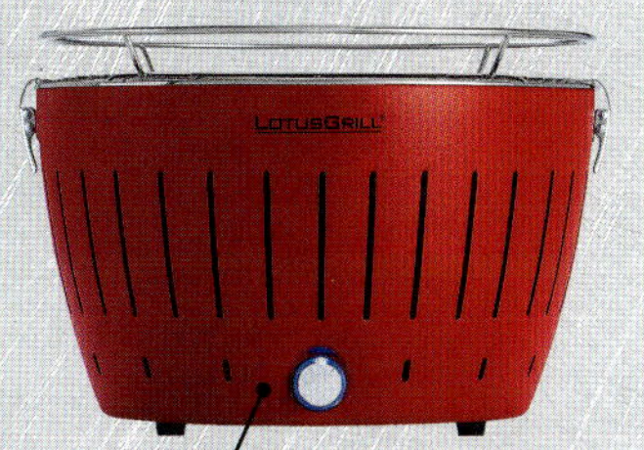

LOTUSGRILL
- Holzkohle-Tischgrill für Balkon und Terrasse, mit eingebautem Gebläse für rauchfreies Grillen und schnelles Durchglühen der Kohle
- Temperatur durch Regelung des Gebläses steuerbar, geringer Holzkohleverbrauch
- Haube, Pizzastein und Teppanyakiplatte optional erhältlich

MAJOR CHILI (BARBECOOK)
- Säulengrill für Holzkohle oder Briketts
- dank guter Luftzirkulation im Fuß kein Vorglühen im Anzündkamin notwendig
- Rost 4-fach höhenverstellbar

JOYA (BARBECOOK)
- handlicher Balkon-Tischgrill für Briketts
- die wassergefüllte Keramikschale wird außen nie zu heiß, dafür dauert das Durchglühen der Briketts etwas länger
- ideal für Spießchen, Meeresfrüchte und andere kleine Leckerbissen

SMOKEY JOE (WEBER)
- der Klassiker für Balkon und Kleingarten, mit Holzkohle und Briketts beheizbar
- dank Tragegriff ideal zum Mitnehmen, lässt sich zugedeckt auch heiß transportieren
- mit Deckel auch für indirektes Grillen geeignet

BUDDY (RÖSLE)
- tragbarer Edel-Gasgrill für drinnen und draußen, mit Tragetasche für unterwegs
- einfache Handhabung durch elektrische Zündung und stufenlose Hitzeregulierung
- Haube zum indirekten Grillen und Pizzastein-Set als Zubehör erhältlich

DIE HARDWARE
BESTE FREUNDE

Sie sind treu, zuverlässig, standfest und schick: Grills aus Edelstahl und Emaille machen alles mit und versprechen großen Grillspaß. Ob mit Gas oder Holzkohle muss jeder für sich entscheiden – beides hat seine Vorzüge (S. 37). Und: Je größer die Grillfläche, desto einfacher die Handhabung! Je voluminöser die Haube, desto mehr – und Größeres – passt drunter! Auch hilfreich: ein gut funktionierendes Thermometer im Deckel.

KOHGA DELUXE (SCHICKLING)

- ein Grill für Kohle und Gas. Beide Systeme lassen sich mit wenigen Handgriffen unkompliziert und ohne Werkzeug auswechseln. Platzsparend, wenn man beides will
- hochwertige, gut verarbeitete Materialien, Grillrost 57 cm Ø, Gasgrill mit Piezozündung

TORONTO (THÜROS)

- Holzkohlegrill aus Edelstahl mit Kaminzug-Standfuß und einer Grillfläche von 42 x 42 cm
- vielseitig erweiterbar durch umfangreiches Zubehör von Gas- und Barbecueaufsatz über Schwenkhaube bis Drehspieß; auch mit größerer Grillfläche (60 x 40 cm) erhältlich

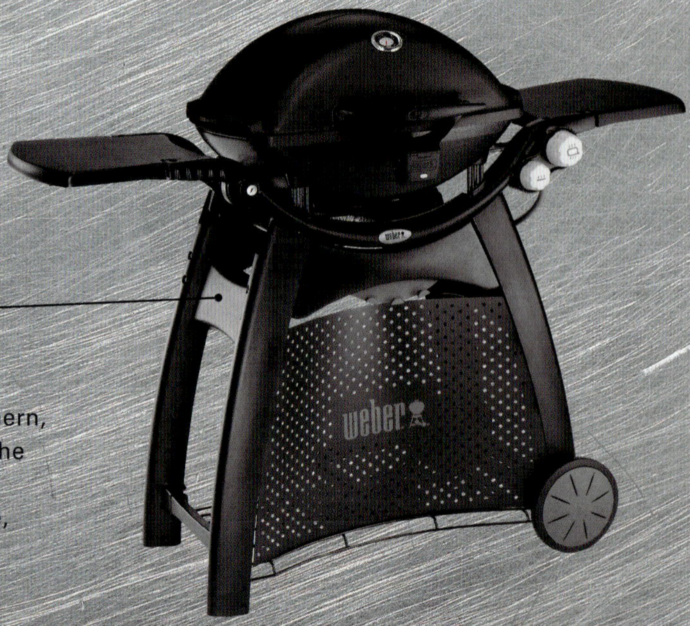

Q 3200 BLACK LINE (WEBER)

- Gasgrill mit Deckel aus Aluguss, ausgestattet wird mit zwei Brennern, Piezozündung und einer Grillfläche von 63 x 45 cm
- praktisch: klappbare Seitentische, Warmhalterost und Grifflicht

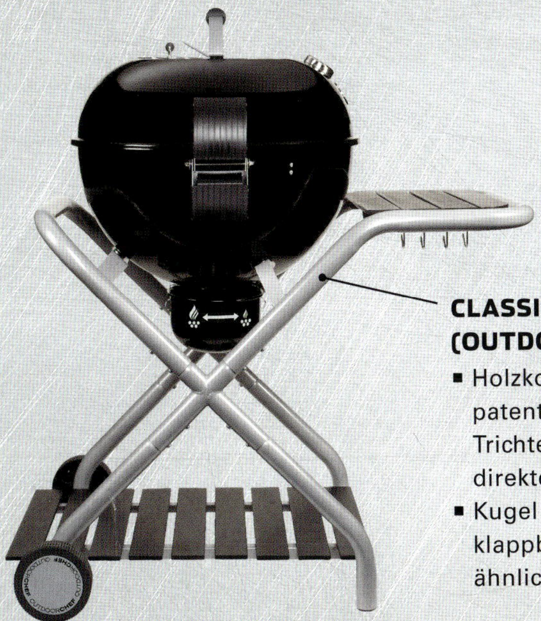

CLASSIC 570 C (OUTDOORCHEF)

- Holzkohle-Kugelgrill mit patentiertem rotierbarem Trichtersystem für einfaches direktes und indirektes Grillen
- Kugel porzellanemailliert, klappbarer Rost mit 54 cm Ø; ähnlich auch für Gas erhältlich

NO. 1 F60 (RÖSLE)

- formschön und komfortabel: Holzkohle-Kugelgrill mit stabilem Stahlrohrrahmen und großem, klappbarem Rost (60 cm Ø). Ähnlich auch für Gasbetrieb erhältlich
- Kugel aus porzellanemailliertem Stahl mit extra hohem Deckel und praktischer Außenreling zum Aufhängen von Grillequipment

PREMIO XL (SCHICKLING)

- hochwertiger funktioneller Holzkohlegrill aus Edelstahl mit großer Grillfäche (71 x 44,5 cm) mit viel Zubehör wie Garhaube und Drehspieß; ähnlich auch als Gasgrill erhältlich
- mit raffinierten Details wie höhenverstellbarem Rost, einzeln entnehmbaren Edelroststäben zur besseren Reinigung und Windschutz

MASTER-TOUCH GBS (WEBER)

- Multitalent unter den Weber Holzkohle-Kugelgrills
- Deckel und Kessel porzellanemailliert, Grillfläche 57 cm Ø, Klappgrill-rost mit runder Aussparung für die Einsätze des Gourmet-BBQ-Systems

PURER LUXUS!
FÜR ECHTE FREAKS

Wer seinen Nachbarn vor Neid erblassen sehen will, stellt sich eine Hydra in den Garten. Oder tauscht das Sportcoupé seiner Frau gegen einen Hajatec in 24 Karat. Mit etwas Glück passt ja auch beides in die Garage! Luxuriös grillen lässt sich's aber auch mit den anderen Schmuckstücken hier. Die High-End-Grills sehen nicht nur gut aus, sondern können auch was.

HYDRA 900

- Holzkohlegrill von Antonio Basile in spektakulärem Design. Das Edelstahl-Ungeheuer entsteht in reiner Handarbeit und bringt es auf beachtliche 2,5 m Höhe.
- Der Gigant punktet mit durchdachten Details wie öldruckgedämpfter Haube, Bodenausgleichsregulierung, höhenverstellbarem, schwenkbarem Grillrost (90 cm Ø) und bester Verarbeitung.

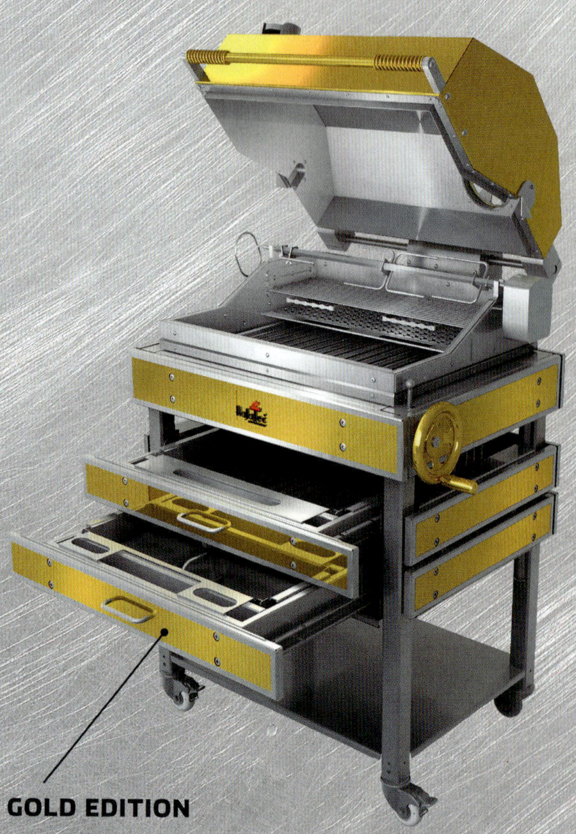

HAJATEC GOLD EDITION

- Der Luxusliner von Hajatec. Mit seinem Überzug aus echtem Gold ist das handgefertigte Edelstahl-Schwergewicht der wohl teuerste Grill der Welt.
- Innovativer Holzkohlegrill: Zwei übereinander liegende, gegeneinander verschiebbare Grillroste verhindern, dass auch nur ein Tropfen Fett in die Glut gelangt. Mittels Handkurbel lässt sich die Temperatur gut steuern.

BOB GRILLSON

- Der Pelletgrill von Grillson sieht cool aus und garantiert rundum sorgloses Grillvergnügen.
- Die gewünschte Temperatur lässt sich gradgenau einstellen und bei der Premium-Version sogar per iPhone fernsteuern. Alles funktioniert vollautomatisch und dank Pyrolyse bei 480 °C entfällt auch das Schrubben des Rosts.

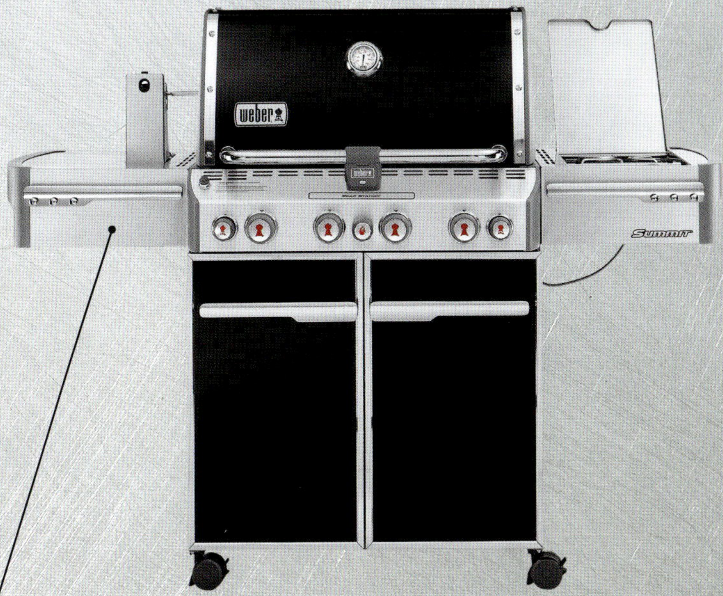

SUMMIT E 470

- Das Flagschiff von Weber ist die ideale Kompaktküche für den Outdoorbereich.
- Neben vier Hauptbrennern verfügt der Gasgrill über einen stufenlos regulierbaren Räucherbrenner, einen Seitenkocher (rechts) und einen rückwärtigen Infrarotbrenner fürs Grillen am Spieß. Mit dem extraheißen Sear Station Burner gelingen Steaks perfekt.

PRESTIGE II PT750RSBI

- Der Gourmet-Gasgrill von Napoleon lässt keine Wünsche offen und grillt selbst große Mengen spielend.
- Unter der linken Haube stecken zwei superheiße Infrarotbrenner (Sizzle Zones) für perfekte Steaks, unter der rechten drei Edelstahlbrenner. Der rückseitige Infrarotbrenner versorgt das Grillgut auf dem Drehspieß mit Hitze. Und auf dem Seitenbrenner rechts ist noch Platz zum Woken von Gemüse.

SCHWENKEN
GRILLEN IM SAARLAND

Ganz Deutschland grillt mit Kohle und Gas … ganz Deutschland? Nein! Ein von unbeugsamen Enthusiasten bevölkertes kleines Bundesland am Rande der Republik, aber mitten in Europa, bleibt eigen und heizt ein mit Holz, mit Buche, um genau zu sein.

»Schwenk The World«: Poster zum Schwenk-Event in La Paz von Initiator Björn Gottschall.

Schwenken by night: Grillen auf Saarländisch in gemütlicher Runde: So lässt sich's aushalten.

Manche machen viele Worte, wenn's um zentrale Dinge geht. Im Saarland ist das anders: Für das wirklich Wichtige reicht hier ein Einziges: SCHWENKER! Ist von ihm die Rede, geht's um das landestypische (Grill-)Sportgerät. Klassisch ein Dreibein mit einem runden, an Ketten aufgehängten Rost. Schwenker heißt aber auch, was auf dem Grill brutzelt, meistens jedenfalls. Und damit nicht genug: Ein Schwenker ist auch noch, wer dem Rost den richtigen Schwung verpasst.

HEILIGE DREIFALTIGKEIT

Schwenken geht im Saarland immer und (fast) überall. Am Fluss, im Park oder im Garten. Abgesehen von den drei »S«, dem Schwenker hoch drei, braucht's jetzt nur noch eine Feuerstelle, ein paar Leute drumrum und gute Laune. Hat man dann noch die drei »B« zusammen – Bier (ganz wichtig!), Buchenholz (unentbehrlich!) und Brot (am liebsten Baguette!), ist alles im grünen Bereich – es kann losgehen.
Wer's selbst probieren will, muss sich erst mal um die entsprechende Hardware kümmern. Einen Schwenker schweißt man traditionell selbst zusammen – für einen Saarländer kein Problem, ihm liegt's im Blut. Alle anderen bestellen das Original-Equipment aber doch besser im Internet. Ob der Rost dabei am Dreibein hängt oder am Galgen baumelt, ist eher eine Platz- und Geschmacksfrage, es klappt so oder so. Wichtig ist die Aufhängung. Sie muss so beschaffen sein, dass sich der Rost leicht in der Höhe verstellen und in alle Richtungen hin und her bewegen lässt. Nur so kann der Schwenker (der Grillmeister!) den züngelnden Flammen ausweichen. Seine Schwenker (das Grillgut!) holt sich der Saarländer meist fertig beim Metzger: 2 bis 3 cm dicke, mit viel Zwiebeln und Kräutern würzig eingelegte Schweinenackensteaks. Und auch beim Brennstoff ist er klar im Vorteil: Gescheitete Buche gibt's im Saarland an jeder Tankstelle. Für den Rest der Republik wird's etwas aufwendiger. Aber nichtsdestotrotz: Mit ein bisschen gutem Willen und ausreichend Bier müsste es zu schaffen sein.
Und wofür das Ganze? Gibt's tatsächlich Unterschiede? Nun, Grillholz bringt im Gegensatz zu Holzkohle und Gas selbst schon Geschmack mit. Hinzu kommt, dass die Hitze durch die ständige Bewegung nie zu lange an derselben Stelle auf das Fleisch einwirkt. Das dauert dann zwar etwas länger, doch bleibt alles immer schön saftig. Und nach ein oder zwei Bier sind die Schwenker dann perfekt.

»SCHWENK THE WORLD«

Schwenken ist aber noch mehr. Es ist eine Frage der Einstellung! Diese herrlich unaufgeregte Art des Grillens über das Saarland hinaus bekannt zu machen, ist die Mission von Björn Gottschall und seinen Jungs. Unaufhaltsam eilt ihre Botschaft von Kontinent zu Kontinent. Und ihr Song »Legalize the Schwenking« ist ein Hit auf Youtube. Worauf also noch warten? Nichts wie ran an den Schwenker!

Katrin Wittmann

ZÜNDSTOFF UND BRENNMATERIAL

Aus Kokosschalen hergestellte Briketts brennen sehr heiß und lange, vor allem die runde, röhrenförmige Variante der Kokosbriketts.

Wachsgetränkte Holzwolleballchen sind perfekt zum Anzünden von Holzkohle und Briketts, eignen sich aber auch zum Anfeuern von Holz.

Bio-Anzündwürfel sind ebenfalls guter Zündstoff: 2 bis 3 Stück auf den Kohlerost legen, anzünden, gefüllten Anzündkamin draufstellen und fertig.

Richtig Hitze unter den Rost bringen Holzkohle, Briketts und Gas. Flüssig in 5-l-Leihflaschen oder Kartuschen abgefüllt, brennt Propan- oder Butangas gleichmäßig und ist stufenlos regulierbar. Der Vorteil: Das Halten der gewünschten Temperatur wird so zum Kinderspiel. Damit Steaks oder Burger aber nicht doch noch in der Pfanne landen, empfiehlt sich, immer eine Ersatzflasche oder -kartusche griffbereit zu haben.

Etwas mehr aufpassen muss man bei Holzkohle und Briketts – und das gleich beim Einkauf. Beides ist nämlich in recht unterschiedlicher Qualität im Handel. Gute Holzkohle aus heimischer Buche ist tiefschwarz, gleichmäßig gestückelt und hinterlässt nur wenig Asche. Sie brennt schneller und heißer als Briketts. Dafür halten die runden oder ovalen Presslinge aus Holzkohlestaub, gemahlenen Kohlestückchen und Getreidestärke die Hitze aber deutlich länger. Holzkohle eignet sich daher optimal zum direkten Grillen und bringt ordentlich Hitze her für 1 Stunde. Für langes indirektes Grillen sind Briketts erste Wahl. Sie glühen immerhin 3 bis 4 Stunden. Geschmacklich sind die Unterschiede zwischen den dreien geringer als gedacht: Weil weder Gas noch Kohlenstoff Aroma ans Grillgut bringen kann. Die Grillaromen kommen vielmehr vom herabtropfenden (aber bitte möglichst nicht in der Glut verbrennenden!) Saft und Fett. Ganz anders beim Anfeuern mit Holz: Hier sind tatsächlich zusätzliche Aromen mit im Spiel (S. 111–114). Gefragt ist Holz als Brennstoff beim Schwenken und Smoken. Aber auch im Kugelgrill lässt sich mit ein paar Scheiten schon mal ein Feuer entfachen. Zwar dauert's so etwas länger bis zur perfekten Glut (etwa 45 Minuten) und die Hitze ist auch nicht ganz so groß wie bei der sehr viel leichteren Holzkohle, dafür stimmt aber die Atmosphäre.

HOLZKOHLE, GAS ODER STROM?

Jede Befeuerung hat ihre Vorzüge: Mit Strom grillen macht den geringsten Aufwand. Für größere Runden ist es aber weniger geeignet, weil Geräte mit ausreichend Heizleistung eine eher kleine Grillfläche haben. Auf Terrasse und Balkon fehlt halt der Starkstromanschluss! Gasgrills sind im Handumdrehen startklar und heizen ordentlich ein. Modelle mit einem extra Steakburner schaffen locker 800 °C und mehr. Ideal für alle, die nicht lange fackeln, sondern sofort loslegen möchten. Dafür fällt dann, zumindest bei den Edelstahlmodellen, etwas mehr Zeit fürs Putzen und Polieren an. Beim Grillen mit Holzkohle und Briketts dauert's etwas länger, bis die optimale Betriebstemperatur erreicht ist. Das Vorglühen im Anzündkamin geht aber quasi von alleine. Dafür sorgen dann fliegende Funken und rotglühende Kohlen auf dem Rost fürs perfekte Grill-Feeling. So bleibt's bei der Qual der Wahl oder man leistet sich gleich mehrere Grillgeräte.

SCHWARZARBEIT
WIE AUS HOLZ KOHLE WIRD

Seine Grillkohle holt man heute mal eben schnell im Baumarkt oder an der Tankstelle um die Ecke (aber bitte nur die gute aus Buchenholz!). Die Vorräte scheinen unerschöpflich und der Nachschub gesichert. Kaum jemand weiß noch, wie viel Arbeit hinter einem einzigen Sack Holzkohle steckt, wenn »von Hand« geköhlert wird. Das fängt beim Holz an und hört beim Absacken auf. Für einen einzigen 10-kg-Sack Kohle braucht es immerhin 100 kg Holz, im Idealfall beste Buche. Und die will erst geschlagen sein. Ganz zu schweigen vom Aufschichten der Scheite, dem Abdichten des Meilers mit Reisig und Erde und dem tagelangen Bewachen des verglimmenden Holzes. Wer das selbst mal ausprobieren will, merkt schnell: Köhlern ist ein Knochenjob und braucht Zeit. Viel Zeit! Die war einst reichlich vorhanden, als Holzkohle noch unentbehrlicher Brennstoff zur Metallgewinnung war. Doch seit Steinkohle und Strom die benötigte Energie liefern, hat die Holzkohle für die Industrie an Bedeutung verloren – und mit ihr verschwanden die Köhler.

SIE RAUCHEN WIEDER ...

Ein paar Hartgesottene aber halten durch: Die Mitglieder des Harzer Köhlervereins zum Beispiel. Sie und die anderen, in einem der rund 50 deutschen Vereine engagierten Köhler wissen noch, wie's geht. Wie lang die Scheite sein müssen, wie ein Meiler errichtet wird und wie viel Luft es braucht, damit das Holz gleichmäßig verkohlt. Als erstes wird der Quandel aufgebaut – so heißt der Schacht in der Mitte des Meilers, in den später die Glut zum Anzünden gekippt wird. Ringsum stapeln die Köhler dann möglichst dicht 1 m lange Scheite auf. Die letzten Hölzer oben liegen quer. So bleibt der Kegel flach, erinnert eher an einen Hügel als an eine Pyramide. Zum Schluss wird alles noch mit Reisig oder Heu bedeckt und mit Erde abgedichtet, bevor es dann ans Anzünden geht.

Jetzt kommt der schwerste Teil der Übung: Ständig muss kontrolliert werden, ob der Prozess der Verschwelung gleichmäßig verläuft. Auskunft darüber gibt der Rauch: Anfangs qualmt es dunkel-rußig aus dem Erdmeiler. Folgt darauf weißer »Rauch«, ist das ein gutes Zeichen. Wasser und Gase entweichen, übrig bleiben die leichten festen Stoffe – die Holzkohle. Steigt dagegen wieder dunkler Rauch auf, muss es schnell gehen – das Holz bekommt zu viel Luft und verbrennt. Doch die Herren der Holzkohle wissen, was zu tun ist: Sie regulieren die Luftzufuhr – stechen hier ein Loch durch die Erdschicht und stopfen dort ein anderes. Zeigt sich der Rauch schließlich bläulich transparent, ist es so weit! Mit dem Reißhaken ziehen sie die großen Brocken zum Abkühlen auseinander. Jedes Jahr produzieren die Harzer Köhler so um die 50 Tonnen Holzkohle – in der Region wieder ein gefragter Brennstoff für den Grill!

Katrin Wittmann

Lage für Lage wächst der Meiler. Rings um den Quandelschacht in der Mitte stapeln sich die meterlangen Holzscheite dicht an dicht.

Ist alles fertig, wird das Holz erst mal mit Reisig, Laub, Moos oder Stroh, dann mit Erde abgedichtet und der Meiler mit Stützen stabilisiert.

Ein Eimer glühender Kohlen im Quandelschacht bringt die Scheite zum Schwelen. Ab jetzt ist alle paar Stunden eine Kontrolle des Meilers fällig.

STREIFENKULT
DIREKTES GRILLEN

Heiß her geht's beim direkten Grillen: Schnell steigt die Temperatur über der Glut auf 300 °C und mehr. Es zischt beim Auflegen, Wasser verdampft und Fleisch oder Gemüse beginnen zu bräunen (Maillardreaktion). Schnell bilden sich begehrte Röstaromen und eine braune Kruste. Aber Achtung: Zwischen schön gebräunt und schwarz verbrannt (und innen roh!) liegen oft nur Augenblicke. Hier ist der Grillmeister gefordert. Keine Minute darf er den Rost aus den Augen lassen! Gut zum direkten Grillen eignet sich Flaches wie Burger und Steaks, Geflügelkeulen und Fischfilets oder auch Meeresfrüchte, Würstchen und Gemüse. Einfach alles, was nicht länger als 20 bis 30 Minuten braucht.

1 Eine Stunde vor Grillbeginn das Fleisch, hier ein T-Bone-Steak, aus der Kühlung nehmen und salzen (z. B. mit Saltflakes oder Fleur de Sel). Holzkohle oder -briketts im Anzündkamin (S. 19) zum Glühen bringen. Nach etwa 25 Minuten sind sie von einer dünnen weißen Ascheschicht überzogen. Zeit, die Glut auf den Kohlerost zu kippen und gleichmäßig zu verteilen. Achtung: Dabei unbedingt lange feuerfeste Grillhandschuhe (aus Leder oder Silikon) tragen und auf geschlossenes Schuhwerk achten.

2 Den Grillrost (am besten aus Gusseisen) auflegen, heiß werden lassen und mit einer Drahtbürste kurz säubern. Dann kommt das Ölen: Dafür ein Küchenpapier mehrfach falten, in Öl (Sonnenblumen- oder Rapsöl) tauchen und das ölgetränkte Küchenpapier mit einer Grillzange mehrmals über den Rost ziehen. Das Steak direkt über der Glut auflegen und auf jeder Seite 2 Minuten grillen. Tipp: Für ein perfektes Gitter-Branding das Steak jeweils nach 1 Minute wenden und die gestreifte Seite dann um 90 °C drehen.

3 Das T-Bone-Steak unter mehrmaligem Wenden bis zum gewünschten Gargrad fertig grillen. Dieser ist erreicht, wenn das Fleisch auf Daumendruck leicht nachgibt und wieder zurückfedert. Einfacher lässt sich der Garzustand jedoch mit einem Fleischthermometer überprüfen: Bei 52 °C (rare) bis 56 °C Kerntemperatur (medium) ist das Steak im Innern noch rot oder rosa und schön saftig.

4 Das Steak vom Grill nehmen und an einem warmen Ort noch 5 Minuten ruhen lassen. Dann mit Pfeffer und Fleur de Sel würzen und das Fleisch quer zur Faser in Scheiben schneiden. Je nach Größe reicht es für 2 bis 3 Portionen. Tipp: Dicke Steaks gelingen noch besser, wenn sie nach dem Angrillen bei direkter Hitze (2 Minuten pro Seite) indirekt (S. 64) bei Temperaturen unter 140 °C fertig gegrillt werden. Dabei wirkt eine »Zweizonen-Glut« Wunder. Dafür werden die glühenden Briketts oder Kohlen auf eine Hälfte des Kohlenrosts geschoben, die andere Hälfte bleibt frei. Das Steak kommt dann nach dem Angrillen über der Glut auf die weniger heiße, glutfreie Fläche und wird dort fertig gegrillt.

AUCH GUT: RÜCKWÄRTS GRILLEN UND SOUS-VIDE

Mit der gezeigten Methode – kurzes Angrillen bei 300 °C, indirektes Fertiggrillen bei 110–120 °C bis zur gewünschten Kerntemperatur – gelingen hervorragende Steaks. Experten schwören aber auch auf die umgekehrte Reihenfolge: Beim Rückwärtsgrillen wird das Steak erst unter der Haube bei indirekter Hitze auf eine Kerntemperatur von 54–55 °C gebracht. Bevor es dann bei größtmöglicher Hitze in kürzester Zeit mit Röstaromen und Branding das optimale Finish erhält. Mit den ultraheißen Brennern hochwertiger moderner Gasgrills ist dies ein Kinderspiel. Temperaturen von bis zu 800 °C und mehr schaffen sie mit links. Perfekt werden dicke Steaks aber auch mit der Sous-Vide-Methode: Hier gart das vakuumierte Fleisch einige Stunden im 55 °C warmen Wasserbad, bis es eine Kerntemperatur von 53 bis 54 °C erreicht hat. Vor dem Servieren kommt es dann auch nur noch 1 Minute pro Seite auf den Rost – und fertig.

FAVORITE CUTS
DIE BESTEN STEAKS

Der Traum eines jeden Grillmeisters: prächtige Steaks von Färse oder Weideochse, gut marmoriert. Die feinen intramuskulären Fettadern bringen Geschmack und schützen vor dem Austrocknen. Aufliegendes Fett wird bis auf 5 mm entfernt. Wichtig: Steaks nicht zu dünn schneiden! Alles unter 3 cm ist sowieso »Carpaccio«. Ideal sind Steaks mit 3 bis 4 cm Dicke.

RIBEYE MIT KNOCHEN

- stark marmoriertes Steak vom Wagyu-Rind mit dem typischem Fettkern (Eye). Bei uns auch als Entrecôte, in den USA als Cowboy Steak bekannt.
- Gewicht: 300–500 g
- aus dem vorderen Rücken

PORTERHOUSE-STEAK

- großer Bruder des T-Bone mit höherem Filetanteil, hier vom Hereford-Rind – in New York ein Klassiker
- Gewicht: 750–900 g
- aus dem hinteren Rücken

T-BONE-STEAK
- vom Black-Angus-Rind. Der typische T-Knochen teilt das Steak in das größere Roastbeef und den kleinen Filetteil.
- Gewicht: 600–800 g
- aus dem vorderen Teil des hinteren Rückens

ROASTBEEF
- stark marmoriert, vom Wagyu-Rind. Das ovale Steak heißt hierzulande auch Rumpsteak, in den USA Strip Steak. Den typischen Fettdeckel vor dem Grillen bis auf etwa 5 mm entfernen
- Gewicht: 250–400 g
- aus dem hinteren Teil des Rückenmuskels

RIBEYE-STEAK DRY AGED
- der Steakklassiker, hier vom Black Angus, trocken am Knochen gereift (dry aged) mit besonders intensivem, nussig-buttrigem Fleischgeschmack
- Gewicht: 250–400 g

SKIRT-STEAK

- grob gemasertes, flaches Teilstück, hier vom Wagyu-Rind – mit starker Marmorierung. Bei uns auch als Saumfleisch bekannt. Sehr guter Geschmack, nach dem Grillen dünn quer zur Faser aufschneiden
- Gewicht: 250–350 g
- aus dem Zwerchfell

KALBSKOTELETT MIT KNOCHEN

- mager, rosa und mild im Geschmack. Mit Knochen saftiger, nicht bei zu starker Hitze grillen, sonst gerät es zu trocken
- Gewicht: 150–200 g
- aus dem oberen Rücken

GESCHMACK PUR VON RIND BIS BISON

Teilstücke vom Rind wie Skirt- und Flank-Steak zählen in den USA zum gängigen Grillrepertoire. Bei uns sind sie noch weniger bekannt und müssen meist beim Fleischer oder im Internet bestellt werden. Aber sie lohnen sich! Ihre grobfaserigere Textur wird durch einen ausgeprägt kräftigen Geschmack wettgemacht. Ebenfalls eine Entdeckung wert: Bisonfleisch mit seinem frisch-würzigen Aroma.

BURGER PATTIES
- vom Wagyu-Rind: für besonders saftige, geschmackvolle Burger
- Gewicht: 150–170 g
- aus Wagyu-Rindfleisch und Gewürzen

FILETSTEAK VOM BISON
- das zarteste Stück vom Bison, mager und würzig, heißt in den USA Tenderloin; direkt nicht zu heiß grillen oder indirekt/sous-vide vorgaren und nur kurz aromatisieren
- Gewicht: 200–250 g
- aus dem Rücken

FLANK-STEAK
- grob gemasertes, ovales, sehr geschmacksintensives Teilstück, hier vom Wagyu-Rind – in den USA ein Klassiker für Grill & Smoker
- Gewicht: 500–800 g
- aus der Dünnung (Bauchlappen)

LAMMKOTELETTS

- mit langen Rippenknochen zählen zu den besten Stücken vom Lamm
- entweder einzeln bei starker direkter Hitze 5 bis 8 Minuten grillen
- oder im Ganzen von beiden Seiten 4 bis 5 Minuten direkt angrillen, dann bei indirekter mittlerer Hitze in 10 bis 15 Minuten fertig grillen

SCHWEINEBAUCHSCHEIBEN

- Bauch, ein Klassiker vom Grill, zählt zu den fettesten Teilen vom Schwein und hat ein kräftiges Aroma
- etwa 1 cm dicke Scheiben 7 bis 10 Minuten bei direkter Hitze grillen, bis sie auf beiden Seiten schön gebräunt und knusprig sind

LAMMRÜCKENFILET

- oder Lammlachs, wie der ausgelöste Rücken auch heißt, ist mager und zart
- in 2 cm dicke Medaillons schneiden und direkt bei starker Hitze 6 bis 8 Minuten grillen
- oder im Ganzen erst bei starker, dann bei mittlerer direkter Hitze 15 bis 20 Minuten grillen

LAMMSTEAKS AUS DER KEULE

- werden dünn quer zum Knochen geschnitten, mit kräftigem Geschmack
- die 1 bis 1,5 cm dicken Steaks direkt bei starker Hitze von jeder Seite 2 bis 3 Minuten grillen

DURCHWACHSEN, BITTE

Fett ist das Geheimnis! Es macht das Fleisch vom Schwäbisch-Hällischen, vom Bunten Benheimer, vom Mangalitza- oder Ibérico-Schwein zum Hit vom Grill! Die gute Marmorierung hält das Fleisch schön saftig und sorgt für ein unvergleichliches Geschmackserlebnis.

SCHWEINENACKENSTEAK

- stark durchwachsen, der höhere Fettanteil bringt Geschmack und schützt die Steaks vor dem Austrocknen, der Klassiker vom Grill
- 1,5 bis 2 cm dicke Steaks brauchen bei starker direkter Hitze 4 bis 5 Minuten auf jeder Seite

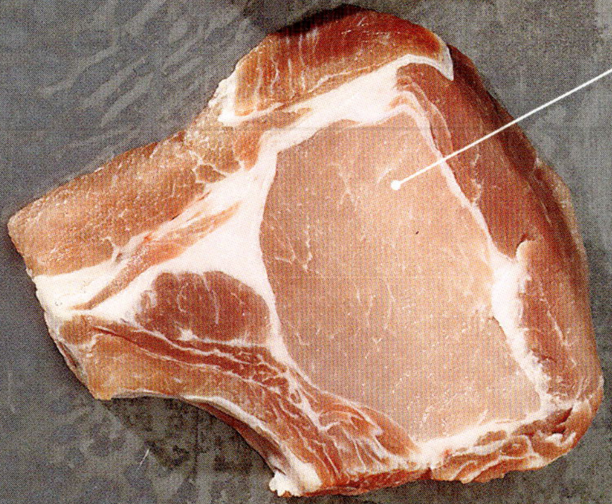

SCHWEINEKOTELETT MIT KNOCHEN

- Koteletts vom Schwein sind im Mittelteil relativ mager
- Tipp: Koteletts vor dem Grillen 1 Stunde in Salzlake (S. 146–147) einlegen
- nicht zu lang grillen: 1 bis 2,5 cm dicke Koteletts brauchen 5 bis 10 Minuten bei direkter starker Hitze

NACKENKERN (PRESA)

- vom Schwein, landet vor allem in Spanien gern auf dem Rost
- vom Ibérico-Schwein besonders stark marmoriert, mit feinem, nussigem Geschmack
- bleibt beim Grillen im Ganzen wunderbar saftig. Erst kurz von beiden Seiten bei starker Hitze direkt angrillen, dann bei mittlerer Hitze 20 bis 30 Minuten indirekt fertig grillen (Kerntemperatur 56–60 °C)

SCHWEINEFILET-MEDAILLONS

- sind mager und dürfen nicht zu lange auf dem Rost liegen, damit sie nicht austrocknen
- je nach Dicke genügen pro Seite 2 bis 3 Minuten. Perfekt sind die Medaillons, wenn sie im Kern noch rosa sind.

GUTES FLEISCH ERKENNEN UND KAUFEN

Was macht gute Qualität aus? Ist die Marmorierung allein schon Garant für Genuss? Gerade bei Fleisch lohnt es, genauer hinzusehen und nachzufragen!

Wie perfektes Fleisch vom Grill aussieht, ist klar: außen braun mit herrlichen Röstaromen, innen zart und saftig. Wie aber am rohen Stück erkennen, ob es dafür taugt? Erste Hinweise geben Fleischfarbe und Marmorierung: Kräftig rotes, von zahlreichen feinen weißen Fettäderchen durchzogenes Rindfleisch lohnt einen Versuch. Sind die Steaks eher dunkelrot bis bräunlich, muss das auch nicht schlecht sein. Ganz im Gegenteil! Das könnte darauf hindeuten, dass das Fleisch drei bis vier Wochen trocken am Knochen gereift und darum besonders zart und aromatisch ist.

HÖCHSTE LIGA

»Dry Aging« ist im Grunde nichts Neues. Vor gut 50 Jahren reifte Rindfleisch auch bei uns noch bei jedem Metzger so. Dann aber setzte sich aus Gründen der Wirtschaftlichkeit das »Wet Aging« durch, die Reifung im Vakuum. Zart wird das Fleisch dabei auch, schmeckt allerdings völlig anders – eher leicht säuerlich und metallisch. Viele kennen Rindfleisch nur noch so. Umso mehr lohnt es sich, beim MSV (Metzger seines Vertrauens) nach Dry aged beef zu fragen oder eine andere Quelle (Internet, S. 347) aufzutun, um den ursprünglichen feinen, leicht nussigen Geschmack von Rindfleisch wieder zu entdecken, nach dem sie in den Steakhäusern von New York ganz wild sind. Dabei ist die Reifung noch nicht alles. Ob das Fleisch von Tieren aus extensiver, artgerechter Haltung stammt, ob die Fütterung gestimmt hat und das Schlachten weitgehend stressfrei verlief, das kann man Fleisch nicht ansehen. Das merkt man erst später auf dem Teller. Hier hilft nur: fragen, fragen, fragen und dann einfach ausprobieren!

WAS QUALITÄT NOCH AUSMACHT

Tatsächlich spielen Haltung, Futter und Schlachtung neben Rasse, Geschlecht und Alter der Tiere die entscheidende Rolle. Für eine wirklich herausragende Fleischqualität kommt es vor allem darauf an, wie die Tiere gelebt haben. Konnten sie sich im Freien bewegen, auf der Weide nach Futter suchen und hatten sie ausreichend Zeit dazu? Denn nur langsam aufgezogene, nicht zu jung geschlachtete Tiere bestimmter Rassen sind in der Lage, ausreichend intramuskuläres Fett in ihre Muskeln einlagern. Im Gegensatz zu den Turbozüchtungen der letzten Jahrzehnte bringen die alten Haustier- und Landrassen beste Voraussetzungen dafür mit. Darüber machen sich die wenigsten viel Gedanken. Wohl aber

engagierte Landwirte, Metzgermeister und Gastronomen wie Jürgen Lochbihler. Der Wirt des Münchner Pschorr setzt sich seit Jahren für den Erhalt des Murnau-Werdenfelser-Rinds ein, einer alten, vom Verschwinden bedrohten Fleischrasse mit einem hervorragenden Geschmack. Weil Bauern und Wirte hier eng zusammenarbeiten, ist es gelungen, den Bestand zu sichern und gleichzeitig eine ausgezeichnete Fleischqualität auf den Teller zu bringen. Eine Win-Win-Situation, wie's auf Neudeutsch so schön heißt. Auch Karl Ludwig Schweisfurth sieht im Zusammenschluss von Erzeugern, Vermarktern und Verbrauchern eine Lösung. Das funktioniert in Herrmannsdorf ebenso wie bei der »Bäuerlichen Erzeugergemeinschaft Schwäbisch Hall« oder beim Husumer »Salzwiesenlamm«. Gerade darum ist Nachfragen so wichtig. Nur wer weiß, was er kauft und wo's herkommt, kann wirklich sicher sein, gute Qualität auf den Rost zu legen. Misstrauen ist dagegen bei den Sparangeboten angesagt, mit denen Supermärkte und Discounter zur Grillsaison immer wieder locken: Nackensteaks, grillfertig mariniert oder ganze Grillpakete, fix und fertig zum Auflegen. Der geringe Preis resultiert meist aus hohen Stückzahlen und das bedeutet Massentierhaltung.

Angesichts des gedankenlosen Umgangs mit Tieren und den daraus produzierten Lebensmitteln ist Karl Ludwig Schweisfurth zum Auswärtsvegetarier geworden. Zum »Metzger, der kein Fleisch mehr isst, wenn er nicht genau weiß, wo es herkommt und wie das Tier gelebt hat«.

Ihm geht es darum, uns eine artgerechte Tierhaltung und ehrliches Handwerk wieder näherzubringen. Dazu hat er in den 1980er-Jahren die Herrmannsdorfer Landwerkstätten gegründet. Einen Vorzeigebetrieb, der dennoch wirtschaften kann. Dabei hat er viel gelernt von seinen Tieren. Dass Schweine Feinschmecker sind, zum Beispiel. Mit ihrem Rüssel durchwühlen sie den Boden, immer auf der Suche nach Wurzeln und Würmern. Die naturnahe Haltung im Freien und eine ausgewogene Ernährung macht das Fleisch der sorgsam aufgezogenen, respektvoll und stressfrei geschlachteten Herrmannsdorfer Schwäbisch-Hällischen zum kulinarischen Erlebnis. Die Qualität von Fleisch und Fett der »www-Schweine« – die drei »W« stehen für Weide, Wühlen, Würmer – ist schmeckbar, beim Fleisch, beim Schinken und beim Speck. Dafür darf's dann auch mal ein bisschen mehr kosten. Schluss jetzt mit »Geiz ist geil«!

Katrin Wittmann

GEFLÜGELTES & WILD VOM ROST

Geflügel oder Wild kommen perfekt vom Grill. Wichtig: Fürs direkte Grillen dürfen die Teil-stücke nur nicht zu groß sein. Sonst trocknet das eher magere Fleisch außen schon aus, bevor es innen durch ist. Und das sollte es schon sein: Geflügel und Wild werden mit einer Kerntemperatur von 75 bis 80 °C serviert. Bei Rehrücken, Wildschwein-filet und Hähnchenbrust darf es etwas weniger sein, sie sind bei 60 bis 65 °C innen noch rosa.

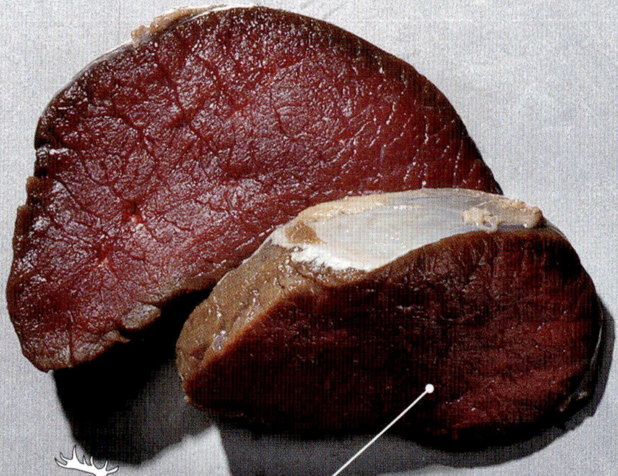

HIRSCHMEDAILLONS AUS DER KEULE
- werden quer zur Faser aus der Nuss, der Unter- oder Oberschale geschnitten
- mager und zart, von beiden Seiten etwa 4 Minuten bei mittlerer Hitze (220–250 °C) direkt grillen

WILDSCHWEINHALSSTEAK
- durchwachsen, aromatisch und saftig
- 1,5 bis 2 cm dicke Steaks bei direkter starker Hitze 8 bis 10 Minuten grillen (Kerntemperatur 75–80 °C)

WILDSCHWEINFILET
- mager und aromatisch
- 2 cm dicke Medaillons bei starker direkter Hitze 4 bis 5 Minuten grillen

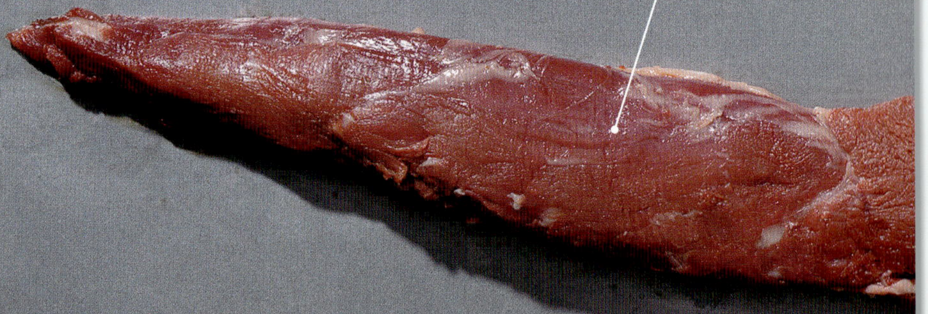

REHRÜCKENMEDAILLONS
- kurzfaseriges, zartes Fleisch
- ideal sind sie mit einer Stärke von 2 bis 3 cm
- die Medaillons auf beiden Seiten 2 bis 3 Minuten bei mittlerer Hitze direkt grillen

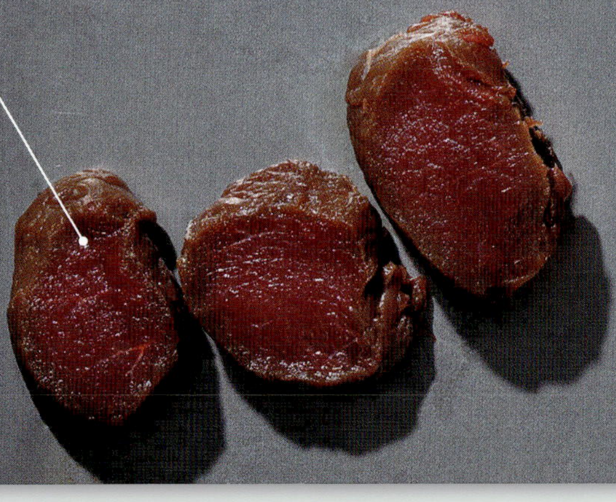

HASENRÜCKENFILET
- vom Feldhasen, zart und saftig
- mit Speck umwickelt trocknet es auf dem Rost nicht aus
- bei starker direkter Hitze 5 bis 6 Minuten grillen

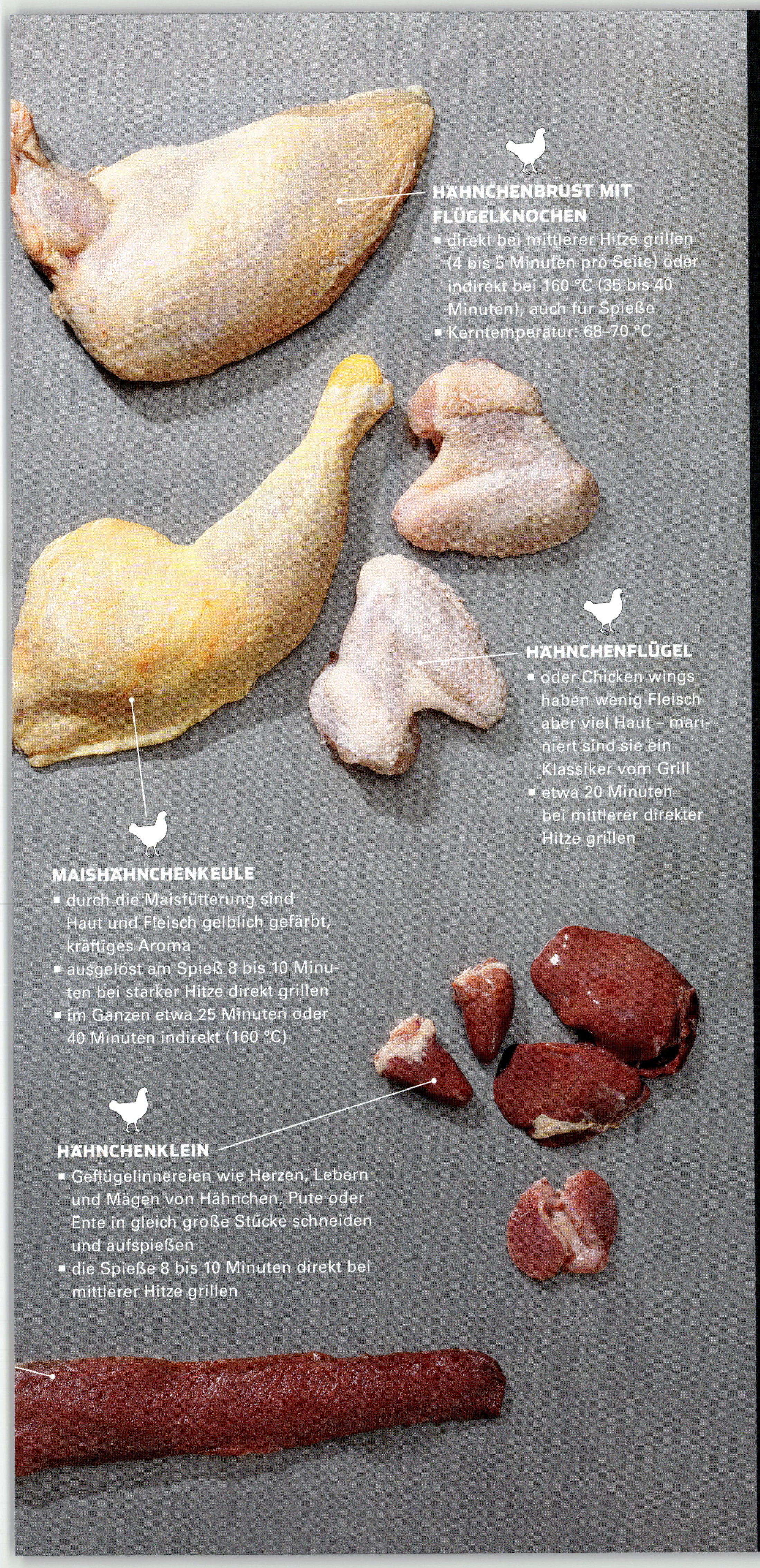

HÄHNCHENBRUST MIT FLÜGELKNOCHEN

- direkt bei mittlerer Hitze grillen (4 bis 5 Minuten pro Seite) oder indirekt bei 160 °C (35 bis 40 Minuten), auch für Spieße
- Kerntemperatur: 68–70 °C

HÄHNCHENFLÜGEL

- oder Chicken wings haben wenig Fleisch aber viel Haut – mariniert sind sie ein Klassiker vom Grill
- etwa 20 Minuten bei mittlerer direkter Hitze grillen

MAISHÄHNCHENKEULE

- durch die Maisfütterung sind Haut und Fleisch gelblich gefärbt, kräftiges Aroma
- ausgelöst am Spieß 8 bis 10 Minuten bei starker Hitze direkt grillen
- im Ganzen etwa 25 Minuten oder 40 Minuten indirekt (160 °C)

HÄHNCHENKLEIN

- Geflügelinnereien wie Herzen, Lebern und Mägen von Hähnchen, Pute oder Ente in gleich große Stücke schneiden und aufspießen
- die Spieße 8 bis 10 Minuten direkt bei mittlerer Hitze grillen

MAGERES MAG SPECK

Fettarme Teilstücke von Wild oder Geflügel werden gern mit Speckstreifen oder Geflügelhaut umwickelt oder abwechselnd mit einem Stück Speck oder Haut auf Spieße gesteckt. So bleibt Mageres saftiger und trocknet weniger aus. Wichtig außerdem: Bei Geflügel und Wild besonders auf Hygiene achten!

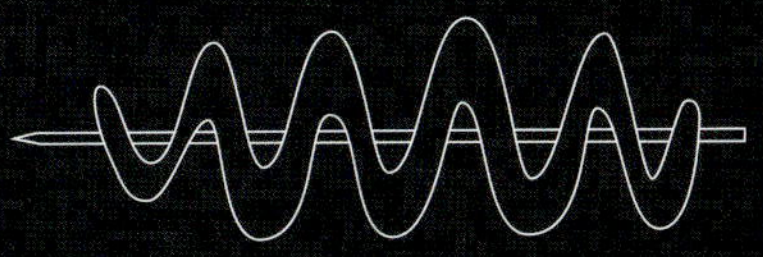

Für Satéspieße lange Streifen Wild- oder Geflügelfleisch wellenförmig aufspießen

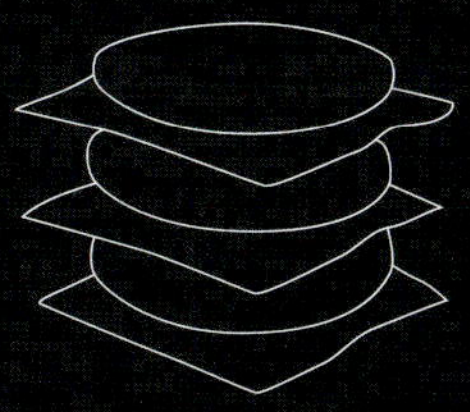

Gewolft schmeckt Wild auch als Burger ganz hervorragend vom Grill

Hähnchenklein zum Grillen am besten auf längere Spieße stecken

RING FREI FÜR WURST & WÜRSTCHEN

Groß, klein, dick, dünn: Wenn's um die Wurst geht, hat jeder seine Vorlieben. Manch einer schwört auf Currywurst, andere bevorzugen Rostbratwürste. Doch gebrüht oder roh: Es kommt vor allem drauf an, was in der Pelle steckt. Von Meistern ihres Fachs oder selbst fabrizierte Würste sind einfach ein Erlebnis. Aber Achtung: Zu heiß mögen sie's nicht!

WILDSCHWEINBRATWURST
- fein, gebrüht, aus Wildschweinfleisch und Schweinespeck
- bei mittlerer Hitze direkt grillen

NÜRNBERGER ROSTBRATWÜRSTCHEN
- kurze, feine, fingerdicke gebrühte Rostbratwurst aus Schweinefleisch, mit Majoran gewürzt
- direkt und nicht zu heiß grillen

FRÄNKISCHE BRATWURST
- meist mittelfeine rohe Bratwurst aus Schwein (oder Schwein und Rind)
- indirekt angrillen und direkt bräunen

MERGUEZ
- aus Nordafrika; aus rohem, mittelfeinem Brät von Lamm, Rind oder einer Mischung aus beidem, mit Harissa scharf gewürzt
- bei mittlerer Hitze direkt grillen

CHORIZO
- spanische pikante grobe Brat- oder Rohwurst aus Schweinefleisch, mit geräuchertem Paprikapulver
- mehrmals seitlich einstechen und langsam direkt grillen

THÜRINGER ROSTBRATWÜRSTE
- mittelgrob, meist roh, hier gebrüht, aus Schwein oder Rind, mit Majoran gewürzt
- roh: indirekt an-, dann direkt fertig grillen

CURRYWURST
- feine Brühwurst aus Schwein (oder Schwein und Rind), meist ohne Darm
- bei mittlerer direkter Hitze nur noch kurz bräunen

SALSICCIA
- italienische grobe, rohe Bratwurst aus Schweinefleisch, kräftig mit Kräutern und/oder Fenchelsamen gewürzt
- indirekt angrillen und dann direkt über der Glut bräunen

DAS MEER AUF DEM GRILL

Fisch, Krustentieren und Mollusken bekommt die starke Hitze bestens, solange sie nicht von Dauer ist. Sonst werden Seezunge und Sepia trocken und zäh – und das wäre jammerschade. Wichtig: Beim Einkauf auf Top-Qualität, Frische und angenehmen Geruch achten.

SEEZUNGE
- ist fettarm und gilt als der feinste unter den Plattfischen
- 6 bis 8 Minuten bei mittlerer Hitze direkt grillen

AUSTERN
- in der Schale auf einem Muschelgitter oder auf zerknüllter Alufolie gerade auf den Rost setzen
- und bei direkter starker Hitze 3 bis 8 Minuten grillen

MUSCHELN
- waschen, säubern, offene Muscheln aussortieren
- im Grillwok 5 bis 8 Minuten grillen, bis sie sich öffnen, geschlossene Exemplare wegwerfen

KAISERGRANATE
- fein im Aroma, aber empfindlich
- bei starker direkter Hitze 2 bis 4 Minuten grillen (Garnelen brauchen gleich lang!)

HUMMER
- Hummer (gekocht) halbieren, Scheren abnehmen und leicht aufbrechen
- Scheren und Hälften (zuerst mit der Schnittfläche nach unten) 8 bis 12 Minuten bei mittlerer direkter Hitze grillen

SEPIA
■ küchenfertig vorbereiten, häuten und trocken tupfen
■ kleine Exemplare bei starker Hitze nur kurz direkt grillen, größere eventuell vorkochen und nur noch 1 bis 2 Minuten auf den Grill legen
KRAKE
■ vor dem Auflegen weich klopfen oder 20 bis 30 Minuten pochieren
■ dann bei mittlerer Hitze noch 10 bis 15 Minuten direkt grillen
BABY-KALMARE
■ mit Küchenpapier trocken tupfen
■ und direkt bei starker Hitze 2 bis 3 Minuten grillen
ROTBARBEN
■ mit Küchenpapier gut trocken tupfen
■ bei mittlerer Hitze 10 bis 15 Minuten direkt grillen
SARDINEN
■ mit Küchenpapier trocken tupfen
■ je nach Größe bei starker Hitze 5 bis 6 Minuten direkt grillen
JAKOBSMUSCHELN
■ weißes Fleisch (Nüsschen) gut trocken tupfen
■ bei starker direkter Hitze von jeder Seite 2 bis 3 Minuten grillen

FLACH IST TRUMPF
FILETS & KOTELETTS

Vor allem Flaches verträgt starke Hitze. Dicke Fische brauchen länger und eignen sich drum eher zum indirekten Grillen (S. 70–71). Filets und Koteletts sind dagegen oft schon nach wenigen Minuten gar. Faustregel: Pro Zentimenter Dicke genügen 1 bis 2 Minuten Grillzeit pro Seite. Tipps zum Wenden: 1. Grillgut trocken tupfen, 2. Fisch einölen, 3. Auflagefläche ebenfalls leicht ölen, 4. dickere Filets auf der Fleischseite auflegen, 5. Deckel (falls vorhanden) schließen, 6. die erste Seite etwas länger grillen und 7. Fischfilets und -koteletts nur einmal wenden.

LACHS

- mit seinem höheren Fettgehalt eignet sich sehr gut zum Grillen
- Koteletts je nach Dicke bei starker direkter Hitze 6 bis 8 Minuten grillen, bis sie gerade nicht mehr glasig sind

LACHSFORELLEN

- sind große Regenbogenforellen mit rötlichem Fleisch, dank spezieller Fütterung
- Filets bei starker Hitze 6 bis 10 Minuten direkt grillen

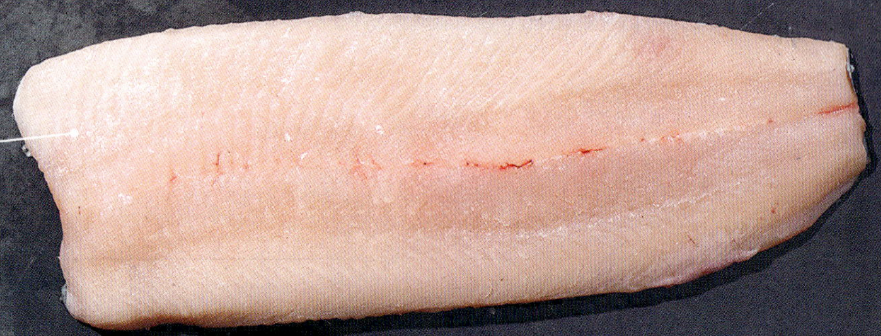

FORELLEN

- kommen als Filet (ohne Gräten) oder im Ganzen (mit Gräten) auf den Rost
- Filets bei mittlerer Hitze 3 Minuten auf der Hautseite grillen (Deckel zu), in einem Grillgitter 1 bis 2 Minuten pro Seite oder in Alufolie (7 Minuten)

SEETEUFEL
- feines, festes weißes Fleisch ohne Gräten
- Koteletts oder Medaillons bei starker Hitze von jeder Seite etwa 3 Minuten direkt grillen

THUNFISCH
- festfleischig, bleibt gut in Form, ideal zum Grillen
- Steaks bei starker Hitze 4 bis 7 Minuten direkt grillen, Thunfischspieße 4 bis 5 Minuten

HECHT
- feines, festes Fleisch, aber grätenreich, zum Grillen am besten filetieren
- bei mittlerer Hitze 5 bis 10 Minuten direkt grillen

HEILBUTT
- fettreich, ohne Gräten und zum Grillen optimal
- Filet bei mittlerer direkter Hitze 6 bis 10 Minuten grillen

SO KLEBT NICHTS AN

Zum Grillen von Fisch gibt's spezielle Gerätschaften, die das Ankleben verhindern. Das sind zum einen klappbare Grillkörbe (S. 123 und unten), zum andern spezielle Fischhalter (S. 123 und unten). Damit das auch funktioniert, den Fisch erst mit Küchenpapier trocken tupfen, dann dünn mit Öl bestreichen und zum Schluss auch Fischhalter, -gitter oder -korb einölen.

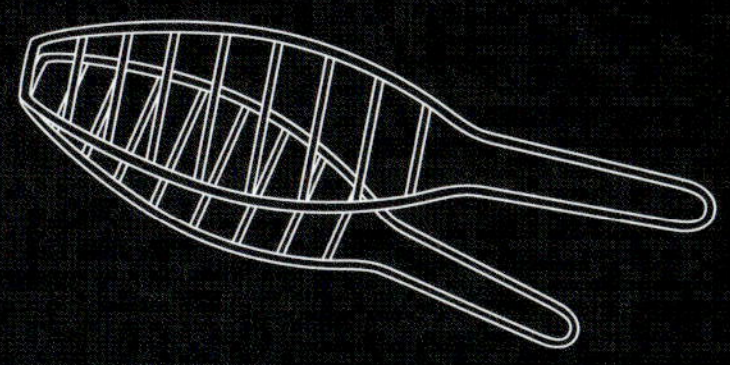

Klappgitter für ganze Fische zum Direktgrillen (Forellen 8 bis 10 Minuten bei mittlerer Hitze)

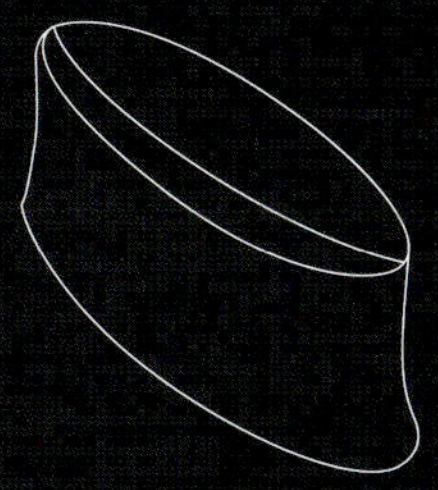

»Flying Fish« – Fischhalter aus Keramik zum Befüllen mit Flüssigkeit (Wein) und Gewürzen

»Gourmet Fischgriller Multi« – Fische aufspießen und einhängen, sie berühren den Rost nicht

STRAUCHTOMATEN
■ gefüllt oder ungefüllt im Ganzen bei direkter Hitze grillen (mit Zange wenden)
■ oder halbieren, leicht mit Zucker bestreuen und auf der Schnittfläche grillen
GRÜNER SPARGEL
■ bei mittlerer Hitze direkt grillen
■ Tipp: mehrere Stangen mit Spießen zusammenstecken, so lassen sie sich leichter wenden
ZUCCHINI
■ in 1 cm dicke Scheiben schneiden und direkt grillen
■ oder halbieren, füllen und indirekt grillen
GEMÜSEPAPRIKA
■ unter Wenden ringsum direkt grillen, bis sie leicht schwarz sind, dann häuten
■ oder bei mittlerer Hitze nur anbräunen und mit Haut verwenden
RADICCHIO
■ vierteln oder halbieren, von jeder Seite direkt kross grillen
■ mit Balsamcio und Olivenöl beträufeln
FRÜHLINGSZWIEBELN
■ im Ganzen oder längs halbiert bei mittlerer Hitze direkt grillen
GEMÜSEMAIS
■ ohne Hüllblätter direkt bei mittlerer Hitze grillen, dabei mit Butter bestreichen; mit Hüllblättern brauchen sie 10 bis 15 Minuten länger
■ oder Maiskolben vorgaren und bei starker Hitze direkt fertig grillen

GRÜNZEUG AUF DEM ROST

... kann nur gewinnen: Durch die starke Hitze verdampft ein Teil des Wassers. Der Fruchtzucker karamellisiert und das Aroma wird noch intensiver. Damit nichts kleben bleibt, wird der Grillrost vorher leicht geölt und das Gemüse mit Öl bepinselt oder in eine würzige Marinade gelegt. Noch ein Tipp für Kenner: Ein paar kleine Holzscheite auf der Glut bringen eine rauchige Note an Paprika & Co.

AVOCADOS
- geschält und in Spalten geschnitten direkt grillen
- halbiert und gefüllt werden sie auf der Hautseite indirekt gegrillt

CHICORÉE
- oder Romana-Salat halbieren und bei starker Hitze direkt grillen
- oder füllen und indirekt grillen

FENCHEL
- schmeckt in Scheiben gegrillt vorzüglich, flache Knollen nur halbieren
- eignet sich zum direkten Grillen bei starker Hitze

WEISSER SPARGEL
- schälen und bei mittlerer Hitze direkt grillen
- dicke Stangen einzeln grillen, dünne mit Spießen verbinden

TOMATEN
- Fleischtomaten in dicke Scheiben schneiden und bei starker Hitze direkt grillen
- aromatische Kirschtomaten am Spieß oder an der Rispe grillen – direkt bei starker Hitze

AUBERGINEN
- runde Auberginen in Scheiben schneiden oder achteln und bei mittlerer Hitze direkt grillen
- schlanke Auberginen über starker Hitze direkt grillen, aushöhlen, pürieren und als Dip servieren

DICKKÖPFIG & HARTNÄCKIG

Kartoffel, Kürbis und Karotte sind harte Kerle. Aber auch sie kriegt man weich! Im Ganzen schön langsam bei indirekter Hitze gegrillt, schmecken sie fantastisch. Auch gut und deutlich schneller fertig sind sie in Stücke geschnitten und am Spieß oder im Gemüsekorb (S. 123) gegrillt. Auf der sicheren Seite ist, wer dicken Artischocken, Rüben und Knollen ein Bad in kochendem Salzwasser gönnt, 10 bis 20 Minuten reichen schon. Dann kurz abtropfen lassen und ab auf den (geölten!) Rost. Und auch Pilze lieben's heiß: Kleine Köpfe kommen am Spieß, größere flach auf den Grill. Nur gefüllte Hüte brauchen mehr Geduld und weniger Hitze.

KARTOFFELN
- in Scheiben (1 cm) schneiden und bei mittlerer Hitze direkt grillen
- im Ganzen etwa 1 Stunde indirekt oder in Alufolie auf der Glut grillen
- kleine neue Kartoffeln halbieren und direkt bei mittlerer Hitze grillen

SÜSSKARTOFFELN
- in Scheiben bei mittlerer bis starker Hitze direkt grillen
- im Ganzen je nach Größe etwa 1 Stunde bei mittlerer Hitze indirekt grillen

MÖHREN
- im Ganzen vorgaren und bei starker direkter Hitze grillen
- in Stiften mit Kräuterbutter in Alufolie oder im Gemüsewok indirekt grillen

BUTTERNUTKÜRBIS
- in fingerdicken Scheiben bei starker Hitze direkt an-, dann bei mittlerer Hitze fertig grillen
- oder halbiert indirekt grillen

HOKKAIDOKÜRBIS
- halbieren, in Spalten schneiden und in Alufolie indirekt grillen
- dickere Scheiben bei geringer Hitze direkt angrillen und bei starker Hitze direkt fertig grillen

KNOBLAUCH
- ganze Knolle indirekt bei mittlerer Hitze grillen
- einzelne Zehen zum Grillen in Grillkorb oder Alufolie packen

ZWIEBELN
- Gemüsezwiebeln halbieren oder füllen und indirekt bei mittlerer Hitze grillen
- in fingerdicken Scheiben direkt bei mittlerer Hitze grillen
- mittelgroße Zwiebeln in Blätter teilen und am Spieß bei mittlerer Hitze direkt grillen
- Zwiebelringe in Alufolie oder im Grillkorb bei mittlerer Hitze direkt grillen

SCHALOTTEN
- und kleine runde Zwiebeln im Ganzen auf Spieße stecken
- oder halbieren und jeweils bei mittlerer Hitze direkt grillen

KLEINE ARTISCHOCKEN
- ohne Heu halbieren und auf dem Rost bei mittlerer Hitze direkt grillen
- oder in Scheiben oder Spalten schneiden und im Gemüsekorb grillen

GROSSE ARTISCHOCKEN
- im Ganzen 10 bis 20 Minuten in Salzwasser vorgaren
- vorgegarte Artischocken halbieren und bei mittlerer Hitze noch etwa 5 Minuten direkt grillen

WAS KOMMT ZUERST

Gemüse grillen ist ganz einfach, doch gibt's ein paar Feinheiten zu beachten: Nicht alles ist gleichzeitig durch. Darum kommt, was am längsten dauert, zuerst auf den Rost. Beim Bestücken von Spießchen ebenfalls dran denken und Gemüse mit gleicher Garzeit wählen oder gleich bei einer Sorte bleiben.

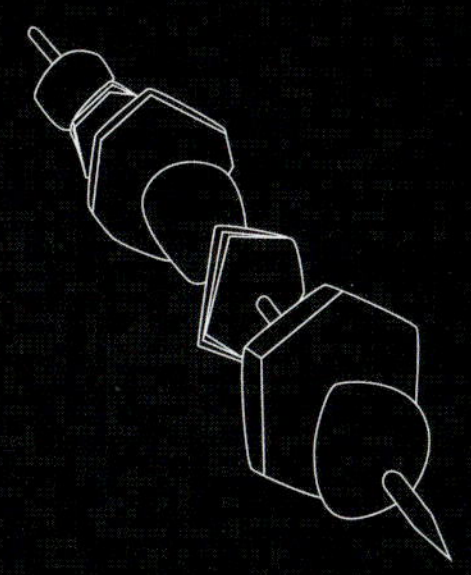

Gemüse in Stücken auf Spieße stecken und direkt grillen

Gemüse in Spalten (Kürbis) erst direkt über der Glut, dann indirekt grillen

Gemüse in Alufolie (Rote Beten) indirekt oder auch direkt auf der Glut grillen

FRUCHTFLEISCH ZUM AUFLEGEN

Obst grillen? Aber sicher! Zum Dessert, zum Aperitif oder auch zwischendurch. Klare Favoriten auf dem Grill sind Exoten wie Ananas, Mango und Banane. Aber auch Sommerfrüchte und Melonen machen sich gut. Und sogar säuerlicher Rhabarber und Orangen sind der Hit vom Rost. Nur saftige Beeren eignen sich weniger, sie werden schnell matschig. Fruchtiges vom Grill schmeckt pur, mit einem Tick karamellisierter Süße von Rohrohrzucker, Ahornsirup oder Honig. Oder man genießt die Früchtchen mit einer leckeren Sauce und einer Kugel Eiscreme.

ANANAS
- schälen, in Scheiben schneiden und bei mittlerer Hitze direkt grillen
- oder in Spalten schneiden und mitsamt der Schale indirekt grillen

BANANEN
- ganz oder halbiert in der Schale bei mittlerer Hitze direkt grillen
- geschälte Hälften in der Grillpfanne mit Sirup oder Honig direkt grillen

RHABARBER
- geschälte Stangen in längere Stücke schneiden und mit flüssiger Butter bestreichen
- Rhabarberstreifen mit Puderzucker bestreuen und bei mittlerer Hitze direkt grillen

MANGOS
- in Spalten oder Scheiben schneiden (Schale und Stein entfernen) und bei mittlerer Hitze direkt grillen

WASSERMELONEN
- mit der Schale in dicke Scheiben schneiden
- leicht zuckern oder mit Chilipulver bestreuen und bei mittlerer Hitze auf dem geölten Rost (ohne Butter) kurz direkt grillen

ERDBEEREN
- vertragen Hitze nicht lange und kommen nur kurz auf den Grill, sonst werden sie zu weich

PFIRSICHE, NEKTARINEN UND APRIKOSEN
- entsteint und halbiert, mit oder ohne Füllung bei mittlerer Hitze direkt grillen
- Zwetschgen und Pflaumen schmecken am Spieß bei mittlerer Hitze direkt gegrillt

ÄPFEL UND BIRNEN
- Äpfel vom Kerngehäuse befreien und mit einer feinen Füllung im Ganzen indirekt grillen oder smoken
- Birnen halbieren, Kerngehäuse entfernen und pur oder gefüllt mit Ziegenfrisch- oder Blauschimmelkäse indirekt grillen

FRUCHT UND BUTTER!

Ein Stück Butter und etwas Zucker in Grillpfanne oder Folie geben den meisten Früchten ein herrliches Karamellaroma. Spalten und Spieße glänzen besonders mit einem Überzug aus zerlassener Butter. Damit nichts kleben bleibt, den Rost vorher zusätzlich leicht einölen.

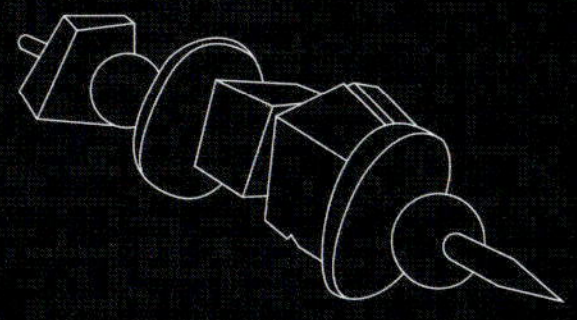

Fruchtig bestückt: Spießchen mit verschiedenem Obst sind der Renner vom Grill

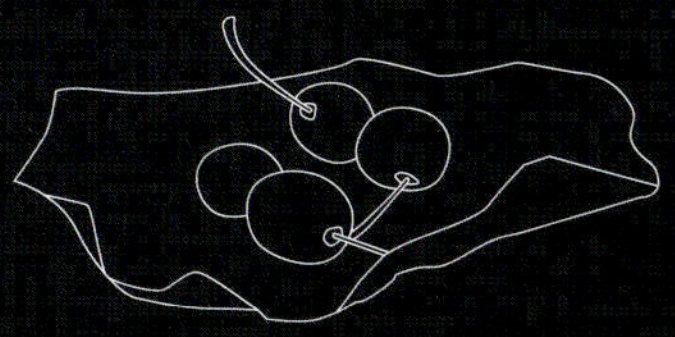

Fruchtiges mit viel Saft wie Kirschen oder mit feiner Füllung grillt man besser in Folie

Törtchen-Tipp: Saftige Beeren & Co. auf Teig grillen oder in der Grillpfanne schwenken

AB UNTER DIE HAUBE
INDIREKT GRILLEN

Wer denkt, der Deckel an seinem Grill – ob Holzkohle oder Gas – sei überflüssig und bestenfalls ein Regenschutz, der täuscht sich. Liegt die Haube auf, wird der Grill zum geschlossenen Garraum. Was den Vorteil hat, dass die Hitze innen zirkulieren kann und so auch große Bratenstücke gar werden. Das dauert zwar etwas länger, dafür bleiben Fleisch und Fisch schön saftig. Sogar Pizza- und Brotbacken geht. Und weil die Glut hier neben dem Grillgut liegt, kann auch kein Fett reintropfen – ein weiterer Vorteil. Also: Zum entspannten Grillen einfach mal den Deckel auflegen.

1 Das Hähnchen mit Küchenpapier abtupfen und salzen, dabei nach Belieben Einmalhandschuhe verwenden. Den (Kugel-)Grill fürs indirekte Grillen vorbereiten: Nützlich sind dabei zwei Kohlekörbe (S. 121). Darin die Briketts abmessen und im Anzündkamin vorglühen. Die Körbe mit der geraden Seite aneinander auf den Kohlerost stellen und die glühenden Briketts einfüllen. Kohlekörbe auseinander ziehen, in die Mitte eine Tropfschale stellen und diese zur Hälfte mit warmem Wasser füllen.

2 Das Hähnchen mit den Keulen nach unten auf eine halbvolle Dose Bier (ist was für Puristen!) oder besser auf einen zur Hälfte mit Bier oder Wein gefüllten Geflügelhalter aus Edelstahl platzieren. Damit es gut »sitzt«, die Keulen nach vorn und die Flügelspitzen auf den Rücken ziehen und, falls nötig, mit Küchengarn fixieren. Die Keulen an den Fesseln einschneiden und auf der Unterseite mehrmals einstechen, damit Fleischsaft und Fett austreten können. Tipp: einen Geflügelhalter mit Schale verwenden. Darin kann man dann gleich noch etwas Gemüse oder Kartoffeln mitgaren und den Saft auffangen.

3 Das Hähnchen ringsum mit einer Marinade nach Wahl einpinseln (hier aus Paprikapulver, Salz, Pfeffer, Öl und 1 Prise Zucker). Tipp: Sie können das Hähnchen auch einen Tag vorher in eine Salz-Zucker-Lösung legen. Oder Salzlake in die Brustfilets spritzen, dann bleibt die Partie saftiger. Für eine knusprige Haut das Hähnchen außen kräftig salzen, um ihr Wasser zu entziehen, dann abspülen und trocken tupfen. Auch gut: Das Huhn anfangs nur leicht ölen und salzen, nach 30 Minuten dann mit einem Wet Rub (Würzpaste) nach Wahl einreiben.

4 Das Dosenhuhn mittig über der Tropfschale auf den Grillrost stellen. Den Deckel des (Kugel-) Grills auflegen und das Hähnchen 40 bis 60 Minuten bei 160 bis 180 °C indirekt grillen. Je nach Größe des Huhns und Hitze kann es auch mal ein bisschen schneller gehen oder länger dauern. Währenddessen bleibt das Huhn am besten sich selbst überlassen. Der Grillmeister hat Zeit für ein Bier, seine Gäste oder zum Vorbereiten anderer Dinge. Er sollte der Versuchung widerstehen, zu oft unter die Haube zu schauen. Mit jedem Spicken erhöht sich die Garzeit nämlich um etwa eine Viertelstunde.

5 Nach 40 bis 45 Minuten mit einem digitalen Fleischthermometer die Kerntemperatur überprüfen. Dafür den Fühler an der dicksten Stelle der Keule einstechen, ohne dabei einen Knochen zu berühren. Wenn am Display 75 bis 80 °C abzulesen sind, ist das Hähnchen fertig. Das Dosenhuhn vor dem Tranchieren und Servieren 5 Minuten ruhen lassen – fertig! Tipp: Wer Raucharomen liebt, kann eine Handvoll Räucherspäne (Chips) am Anfang auf die Glut legen, dadurch erhält das Hähnchen noch einen leichten Rauchgeschmack.

HIRSCHRÜCKEN, ENTBEINT
- parieren und mit Salz, Pfeffer und nach Belieben noch mit Wacholder und Piment würzen
- bei starker direkter Hitze ringsum 5 bis 8 Minuten angrillen, dann indirekt bei 160 °C in 15 bis 20 Minuten fertig grillen (Kerntemperatur 54–60 °C)

ROASTBEEF AM STÜCK
- Fettauflage nicht entfernen, leicht ölen und mit einem Rub nach Wahl einreiben
- bei 120–140 °C indirekt etwa 2,5 bis 3 Stunden grillen (Kerntemperatur 54–60 °C)

LAMMRÜCKEN MIT KNOCHEN
- nach Belieben über Nacht marinieren (z. B. in einer Kräuter-Knoblauch-Marinade mit Olivenöl)
- bei 140 °C bis zur Kerntemperatur von 55–60 °C indirekt grillen

FRÄNKISCHE BRATWURST
- rohe Bratwürste immer frisch kaufen und am selben Tag auf den Rost legen
- bei 150–160 °C 7 bis 10 Minuten indirekt grillen, dabei öfters wenden. Dann bei starker direkter Hitze ringsum bräunen

GRÖSSER GRILLEN FÜR FESTE IDEAL

Indirektes Grillen bekommt vor allem größeren Stücken gut. Ein Roastbeef vom Rind, ein bis zwei Kilo Schweinenacken, ganze Haxen, Rücken von Wild und Lamm oder auch Geflügel sind zum direkten Auflegen zu dick! Sie wären außen bald verkohlt, aber innen noch roh. Viel besser ist in diesem Fall das Garen in heißer Luft: Dafür den Grill auf etwa 160 °C vorheizen, Grillgut einlegen, Deckel zuklappen und warten … Den Rest erledigt der Grill ganz von alleine – genial, wenn Gäste kommen.

SCHWEINSHAXE

- in leicht gesalzenem Wasser 70–80 Minuten vorkochen und im Sud abkühlen lassen
- Schwarte rautenförmig einritzen und die Haxe bei 150–160 °C bis zu einer Kerntemperatur von 63 °C grillen. Die Haxe bei 180–200 °C dann bis zu einer Kerntemperatur von 72–75 °C knusprig grillen
- oder: Haxen würzen, ölen, in Alufolie einwickeln und 90 Minuten bei 190 °C indirekt grillen, dann Folie öffnen, Haxen mit Bier bestreichen und knusprig grillen

HÄHNCHEN

- Hähnchen nach Belieben marinieren oder Salzlake injizieren
- auf einem Geflügelhalter (S. 64) bei 160–180 °C 40 bis 60 Minuten indirekt grillen (Kerntemperatur 70–80 °C)

PUTENKEULE

- mit Salz oder Rub nach Wahl einreiben
- bei etwa 160 °C indirekt grillen (Kerntemperatur etwa 75 °C)

GRILLEN AUF RÄDERN

Der GT 1200i ist der erste gasbefeuerte Bolide aus der exklusiven Grillschmiede. Typisch: die reduzierte Edelstahloptik und das schnittige Logo.

Einsteigermodell: der Grill-
anhänger fürs Fahrrad.

Auf Rollen zum Einsatz: keine Party ohne Jukebox.

Der Einstieg ins fahrbare Grillvergnügen ist ultramobil: Überall wo's mit dem Rad hingeht, ist der »Startfire Wheelie« leicht dabei. Mittels Universalkupplung lässt sich der Grillanhänger rasch montieren, dann kann die Suche nach dem besten Grillplatz losgehen. Ob im Park oder am Strand, im Handumdrehen liegen Steaks und Würstchen auf dem Rost. Einfach die große Kiste abheben (in die locker der ganze Rest reinpasst), Grill hochklappen, einrasten lassen, Glut entfachen – fertig!

Die »Ramster Jukebox« läuft auf kleineren Rollen. Mit ihr kommt man zwar nicht ganz so weit, dafür ist die Kiste aber der ultimative Partyknaller. Während die Gäste denken, außer Würstchen nichts gewesen, zaubert der Grillmeister nach drei bis vier Stunden zwei ganze Schinken aus der Kiste. Perfekt gebräunt und fertig zum Anschneiden. Der Applaus ist ihm sicher! Und für den späten Hunger hängt noch ein Topf Suppe über der Glut. Im Winter kann man sich dann mit Glühwein wärmen. A propos Winter, mit dem entsprechenden Equipment (auf Anfrage erhältlich) fährt die Jukebox sogar Ski. Für größere Gesellschaften gibt's das Ganze auch in XL, da passt dann gleich das Schwein (Spanferkel) im Ganzen rein.

BRENNWAGEN – DIE FORMEL EINS

Wer ganz groß am Rad drehen will, muss etwas tiefer in die Tasche greifen. Dafür gibt's dann einen Brennwagen aus der gleichnamigen Kölner Manufaktur. Und der hat allerhand zu bieten: geländegängige Niederquerschnittsreifen, Allradlenkung, Tiefbettfelgen, Sicherheitsbremssystem und Zentralmutter zum schnellen Reifenwechsel. Nicht von ungefähr denkt man dabei gleich an die Formel 1.

Tatsächlich haben die outdoortauglichen Brennwagen mehr mit den Rennwagen gemein, als man vermuten würde. Firmengründer Florian Wagner war immerhin früher Formel-1-Konstrukteur bei Toyota. Als sich der japanische Autokonzern 2009 kurzfristig aus dem Formel-1-Zirkus verabschiedete, machte der Stuttgarter Rennsportingenieur sein Hobby zum Beruf und verwirklichte seine Vision: Grillen, wie, wo und wann immer Du willst! Sein Know-how in Sachen Zerspanung und Metallverarbeitung war äußerst hilfreich. Heraus kamen handgefertigte Grillgeräte: perfekt, und mit herausragenden Fahreigenschaften.

Mit dem Holzkohlegrill GT 1200 ging 2010 der erste Brennwagen in Serie. Verarbeitet werden nur hochwertige Materialien: Die Karosserie ist aus Edelstahl, die Trägerkonstruktion aus leichtem, extrem robustem Aluminium und die Hitzeleitbleche werden auf Wunsch gar aus Titan gefertigt. Seinen Kunden von Köln bis Katar bietet Florian Wagner aber noch einen weiteren Service: Wer die jährliche Generalreinigung scheut, schickt seinen Boliden einfach zum Boxenstopp. Wie neu kommt der dann rechtzeitig zum Angrillen wieder aus der Garage. Das hat sich herumgesprochen: Der Umstieg vom Renn- zum Brennwagen ist geglückt.

Katrin Wittmann

WOHLTEMPERIERT AUF DEM ROST

Fisch und Meeresfrüchte sind schnell gar und trocknen bei zu viel Hitze rasch aus. Ganze Fische grillt man daher am besten flach in einem geölten Klappgitter (1 x wenden) oder setzt sie hochkant (kein Wenden nötig) auf Alufolie oder einem Fischhalter (S. 57) auf den Rost. Wer keinen Grill mit Deckel hat, packt die Fische in Alufolie oder Bananenblätter.

MAKRELEN

- waschen, trocken tupfen, leicht ölen und würzen
- direkt auf den geölten Rost legen, in Alufolie packen oder auf Holzspieße stecken (Steckerlfisch)
- bei 150–160 °C je nach Größe 10 bis 20 Minuten indirekt grillen

SEEWOLF

- auch Katfisch oder Steinbeißer genannt; waschen, trocken tupfen und beidseitig mehrfach rechtwinklig zur Rückenflosse einschneiden
- salzen, pfeffern und mit Öl einpinseln
- bei 160 °C 20 bis 25 Minuten indirekt grillen

RED SNAPPER

- waschen, trocken tupfen, mehrfach leicht quer einschneiden, mit Salz, Pfeffer und Öl einreiben, Bauchhöhle nach Belieben mit Kräutern füllen
- bei 150–160 °C im Bananenblatt, Fischgrillgitter oder hochkant auf einer unten angeschnittenen Kartoffel indirekt grillen, bis sich die Vorderflosse leicht herausziehen lässt

ZANDER

- waschen, trocken tupfen, leicht salzen, pfeffern und ölen, Bauchhöhe nach Belieben mit Kräutern oder Kräuterbutter füllen
- den Zander (geht auch mit Forelle, Saibling oder Wolfsbarsch) mit der Bauchhöhle nach unten auf einer länglichen, unten flach geschnittenen Kartoffel auf den Rost setzen
- bei 150–160 °C 20 bis 25 Minuten indirekt grillen

GRÜNE MUSCHELN

- waschen und mit einem Messer mit starker Klinge (Austernmesser) öffnen
- die Hälften mit dem Muschelfleisch auf den Rost legen, bei 180 °C 6 bis 8 Minuten indirekt grillen

RIESENGARNELEN

- waschen, abtropfen lassen und nach Belieben marinieren
- marinierte Garnelen bei etwa 160 °C je nach Größe 10 bis 15 Minuten grillen, am besten seitlich neben der Hitzequelle, damit kein Öl in die Glut tropft
- Schalentiere (Garnelen, Kaisergranate und Hummer) ohne Marinade eignen sich auch zum direkten Grillen (S. 54)

WOLFSBARSCH

- oder Seebarsch (Loup de mer) waschen, trocken tupfen, mehrmals quer einschneiden und leicht mit Salz, Pfeffer und Öl einreiben oder nach Belieben marinieren
- bei 150–160 °C etwa 20 Minuten indirekt grillen

HOLZVERTRAUEN
LACHS VON DER PLANKE

Die Idee, Empfindliches auf Holzplanken zu grillen, stammt von den indianischen Ureinwohnern Nordamerikas. Diese Art des Grillens bietet gleich mehrere Vorteile: Grillbretter verhindern das Ankleben von Fisch, Meeresfrüchten, Geflügel oder Gemüse auf dem Rost und schützen das Grillgut vor dem Austrocknen. Gleichzeitig geben sie ihm noch eine angenehm würzige Holznote mit. Besonders gut passt das Aroma von Zedernholz (red cedar) zu Lachs, aber auch Planken aus Buche, Erle, Kirsche, Apfel oder Hickory machen sich gut (S. 111–114).

1 Voraussetzung fürs Plank grilling ist die richtige Unterlage: Holzabschnitte aus dem Baumarkt kommen dafür nicht in Frage. Geeignet sind unbehandelte, 15 mm dicke, mindestens 30 cm lange Bretter vom Schreiner oder aus dem Grillfachhandel. Wer die alte Indianer-Technik zum ersten Mal probiert, wässert die Planke sicherheitshalber. Das Brett dafür mit einem Gewicht beschweren und 1 bis 2 Stunden ins kalte Wasser legen.

2 Erfahrene Grillmeister verzichten meist aufs Wässern, da die Planke anfangs nur Dampf ablässt, bevor sie dann zu rauchen beginnt. In diesem Fall darf der Abstand zur Glut aber nicht zu knapp und die Hitze nicht zu stark sein. Sonst fängt das Holz noch Feuer und verbrennt mitsamt dem Grillgut – suboptimal! Aber, gewässert oder nicht, ein leichtes Ölen der Oberseite des Bretts mit Oliven-, Sonnenblumen- oder Rapsöl empfiehlt sich unbedingt. Alternativ verhindert etwas gleichmäßig verteiltes Salz das Ankleben des Grillguts.

3 Grillen auf der Planke ist was für Fischfilets und zarte Meeresfrüchte, geht aber auch mit Schweinebauch, Gemüse oder Geflügel. Um das feine Aroma von Lachs optimal zur Geltung zu bringen, braucht es nicht viel: etwas Pfeffer aus der Mühle, Salt Flakes und ein paar Zitruszesten (von Bio-Orangen oder -Zitronen!) genügen schon. Kräftige oder säurehaltige Marinaden sind dagegen ungeeignet. Der Fisch reagiert beim Kontakt mit Zitronensaft oder einer anderen Säure sofort und verfärbt sich hell, was optisch nicht erwünscht ist.

4 Zum Anheizen des (Kugel-)Grills Briketts im Anzündkamin zum Glühen bringen. Die Kohlekörbe auf den Kohlerost stellen, mit Glut füllen und dazwischen eine Auffangschale platzieren oder einfach einen entsprechend breiten Streifen frei lassen. Das Lachsfilet (etwa 1 kg) mit der Hautseite nach unten auf das Grillbrett legen. Die Planke über der glutfreien Fläche auf dem Rost platzieren und den Grill schließen. Noch ein Tipp: Wird der Lachs vor dem Grillen bis auf die Haut in 4 bis 5 cm breite Streifen geschnitten, lässt er sich leichter servieren.

5 Das Lachsfilet bei 180 bis 190 °C indirekt grillen. Die Temperatur lässt sich über die Lüftungsklappen steuern. Zu oft sollte man der Versuchung, kurz einen Blick unter die Haube zu werfen, allerdings nicht nachgeben: Jedes Anheben des Deckels verlängert den Garprozess unnötig. Tritt dann nach 20 bis 25 Minuten etwas Flüssigkeit aus dem Fisch aus und ist die Planke an den Seiten schwarz angekokelt, hat man alles richtig gemacht. Der Lachs ist fertig zum Servieren! Die Planke anschließend mit Spülmittel reinigen, kalt abspülen und trocknen. So übersteht sie locker drei bis vier Grilleinsätze. Besonders intensiv bleibt die Holznote, wenn die Oberfläche des Bretts nach jedem Grillen leicht angeschliffen wird.

AUFGESPIESST
RUNDUM PERFEKT

Die Krönung: Ein ganzes Lamm vom Spieß. Das Highlight jeder Grillparty. Mit ein bisschen Organisationstalent und dem richtigen Grill wird das große Abenteuer zum Erfolg!

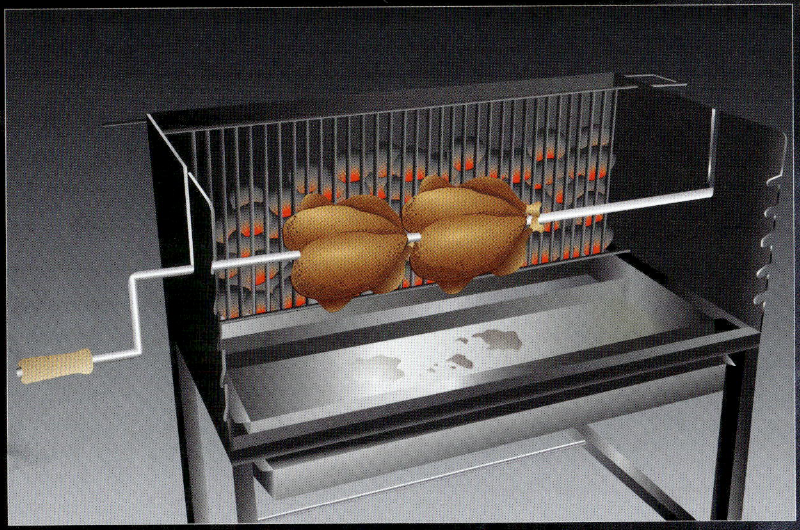

Ideal: Dreht sich der Spieß mit dem Grillgut seitlich neben der Hitzequelle, kann kein Fett in die Glut tropfen.

Außen kross, innen zart: Vom Drehspieß schmecken Fleisch und Geflügel besonders gut! Durch das langsame permanente Rotieren neben oder über der Glut wirkt die Hitze nie zu lange an derselben Stelle auf das Grillgut ein. Die Folge: Alles bleibt wunderbar saftig! Zugleich läuft das austretende Fett über Haut oder Schwarte und schützt sie vor dem Austrocknen. Das macht sie besonders knusprig und sorgt für noch mehr Geschmack. Zum Spießgrillen eignen sich ganze Tiere und Stücke, die überall denselben (oder ähnlichen) Durchmesser haben.

JE HEISSER, DESTO SCHNELLER

Gedreht wird der Spieß entweder von Hand, wofür man je nach Größe des Grillguts schon etwas Geduld oder eine Mannschaft an Grillgehilfen braucht. Gut geht's aber auch mittels Motor. Rotisserie-Aufsätze mit Elektroantrieb gibt's für die meisten Kugelgrills. Auch für viele der großen Gas- und Holzkohlegrills ist optional ein Drehspieß mit Motor erhältlich. Der reicht für Geflügel und Rollbraten allemal. Ein großer, 80 bis 90 cm langer Grillspieß hat Platz für mehrere Hähnchen und meistert sogar ein kleines Spanferkel mit 6 kg. Wer aber ein ganzes Lamm oder ein 20-kg-Spanferkel grillen will, braucht einen Spezialgrill. Der Handel bietet verschiedene Modelle (mit und ohne Dach) an. Dafür muss man dann etwas tiefer in die Tasche greifen. Wer die Möglichkeiten dazu hat, kann sich seinen Spanferkelgrill auch selber bauen. Anregungen und Bauanleitungen dazu finden sich im Internet. Oder aber, und das ist am einfachsten, man leiht sich »sein« Sportgerät kurzerhand beim Metzger oder einem Spezialanbieter übers Wochenende aus.

GUTE PLANUNG IST ALLES

Während für Geflügel und Rollbraten keine größeren Vorbereitungen nötig sind, erfordert das Grillen ganzer Lämmer oder Spanferkel schon ein bisschen Planung. Das fängt bei der Beschaffung an. Ganze Tiere liegen nicht einfach im Regal, sondern müssen meist beim Metzger oder Bauern/Schafzüchter vorbestellt werden. Ist der Grill nicht überdacht, ist ein Blick aufs Wetter hilfreich: Regenschauer machen die schönste Glut im Handumdrehen zunichte. Mit Bedacht sollte auch der Ort des Geschehens gewählt werden: Ein Motor benötigt Strom! Ist kein Stromanschluss vorhanden, tut's auch eine 12-Volt-Autobatterie. In der Regel ist dafür aber ein Adapter nötig, der vorher organisiert werden muss. Noch wichtig: An ausreichend Brennstoff (Holz, Briketts oder Holzkohle) und Durstlöscher denken, schließlich dauert das Vorhaben bei einem 20- bis 25-kg-Spanferkel leicht sechs bis sieben Stunden.

Ein großes Tranchierbrett fürs anschließende Zerlegen ist ebenfalls nicht verkehrt. Und: Würstchen und andere Kleinigkeiten für den ersten Hunger halten die Griller bei Laune. Im Gegensatz zu Rindfleisch sollte ein Spanferkel nämlich innen durch und außen herrlich knusprig sein.

SCHWEINEREIEN
SPANFERKEL VOM SPIESS

Los geht's schon am Vortag: Das Spanferkel innen und außen unter fließendem kaltem Wasser waschen und gut trocken tupfen. Die Schwarte ringsum mit einem Tenderizer (Nadelinstrument zum Zartmachen von Fleisch) oder mit einer Nadel einstechen. Das Schwein von innen und außen kräftig salzen oder nach Belieben würzen. Wer keine Möglichkeit zur Kühlung hat, bittet seinen Metzger darum, das Spanferkel für ihn zum Grillen vorzubreiten.

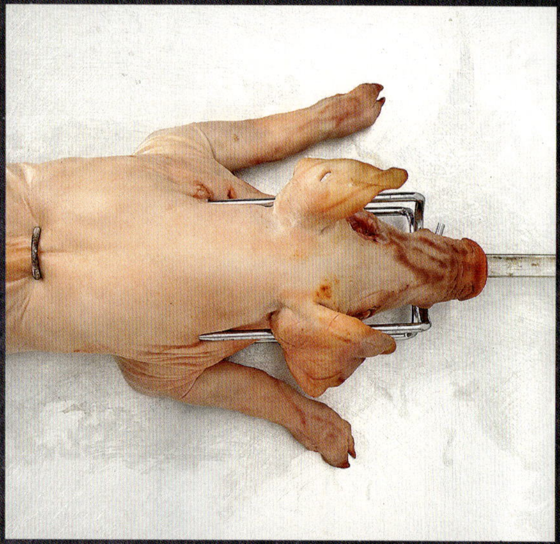

1 Am Tag des Grillens das Spanferkel rechtzeitig aus der Kühlung nehmen (spart Brennstoff!). Das Spanferkel am Drehspieß befestigen. Dafür den Spieß unterhalb der Wirbelsäude vom hinteren Ende Richtung Kopf durch die Schnauze schieben. Tipp: Stehen die Vorderpfoten weit ab, diese mit einem Draht neben dem Kopf fixieren, damit sie der Glut nicht zu nahe kommen.

2 Hinterpfoten und Wirbelsäule mit Klammern am Spieß befestigen (oder mit Draht nach hinten spannen). Den Bauch mit Draht zunähen. Falls vorhanden, Ausgleichsgewichte anbringen, damit das Gewicht möglichst gleich verteilt ist und Spieß und Motor rund laufen. Das Spanferkel ringsum mit Öl (Sonnenblumen- oder Rapsöl) einpinseln. Tipp: Abstehende Teile (Füße, Schwanz und Ohren) mit Alufolie umwickeln, damit sie nicht verbrennen. Bei einem Leihgrill, den man nicht genau kennt, ist es sinnvoll, das Spanferkel während der ersten Stunde komplett in Alufolie einzuwickeln und mit geringerer Temperatur als gewohnt zu starten, damit die Schwarte nicht zu dunkel wird.

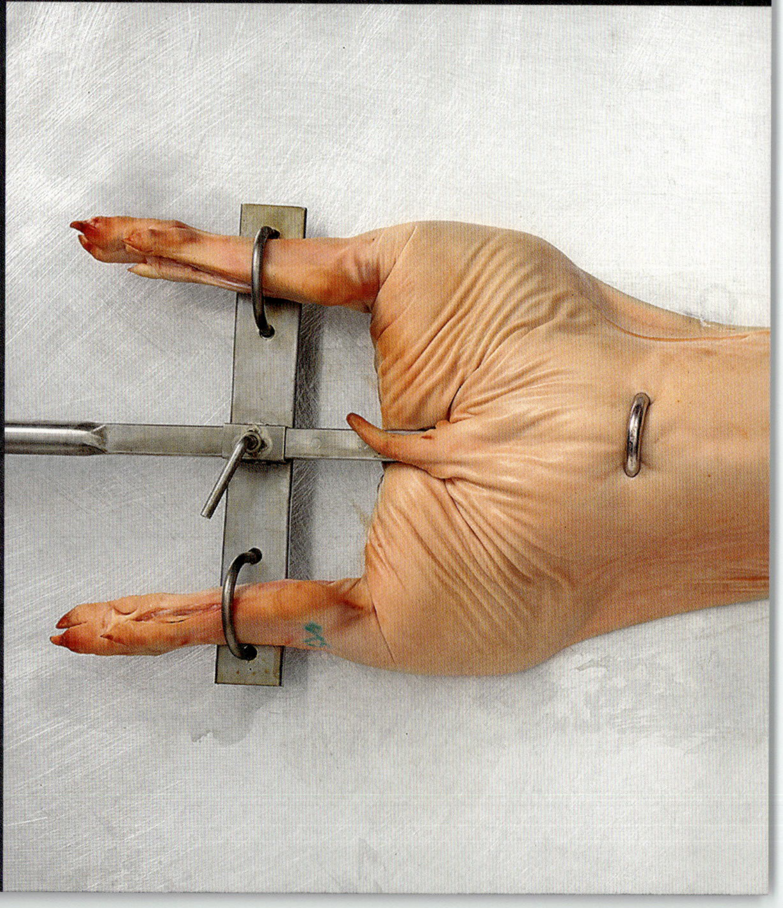

3 Den Grill entweder mit Holz anheizen (wie hier) oder einen halben Sack Holzkohle oder Briketts vorglühen und in das vertikale Glutgitter füllen. Befindet sich der Kohlerost unter dem Spanferkel, die Glut in Form eines Hundeknochens verteilen. Von Zeit zu Zeit am Rand neue Kohle oder Briketts nachlegen und später gleichmäßig verteilen. In jedem Fall für genügend Brennstoff sorgen: Je nach Grill werden etwa 20 kg Holzkohle oder Briketts benötigt. Tipp: Einfacher in der Handhabung sind gasbeheizte Spanferkelgrills (dann eine zweite Gasflasche bereithalten).

4 Das Spanferkel unter ständigem Drehen dann 5 bis 6 Stunden grillen, bis es rundum schön braun ist. Dabei die Schwarte immer wieder mit Bier bestreichen. Es empfiehlt sich, hin und wieder die Befestigungen zu kontrollieren und sie gegebenenfalls nachzujustieren. Gegen Ende der Grillzeit mit einem digitalen Fleischthermometer die Kerntempartur an der dicksten Stelle der Keule messen (ohne dabei einen Knochen zu berühren). Sie sollte mindestens 70 °C betragen, sonst schmeckt's nicht.

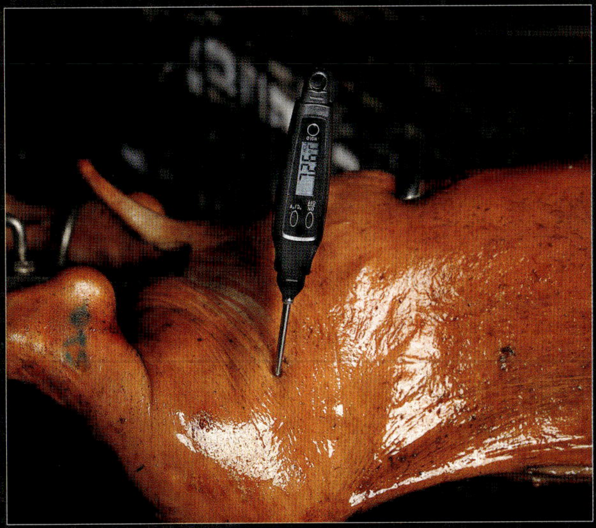

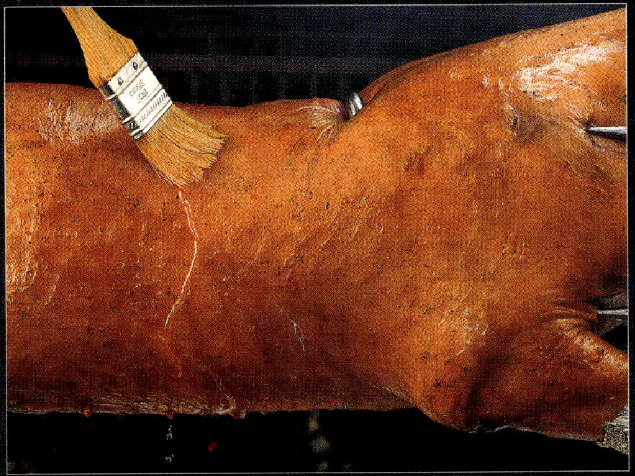

5 Etwa 30 Minuten vor Ende der Grillzeit das Spanferkel wiederholt mit heißem Öl bestreichen, damit die Schwarte schön kross wird. Zum Schluss noch einmal die Kerntemperatur überprüfen: Liegt sie zwischen 70 und 80 °C, ist alles perfekt. Das Spanferkel vor dem Anschneiden etwa 15 Minuten ruhen lassen. Dann auf ein großes Tranchierbrett oder in eine Edelstahlwanne legen, Spieß, Klammern und Draht entfernen. Erst Keulen und Schultern abtrennen, dann das Rückenfleisch. Tipp: Für eine Möglichkeit zum Warmhalten sorgen! Reste schmecken kalt, können aber auch tiefgekühlt werden.

SPIESSGRILLEN …

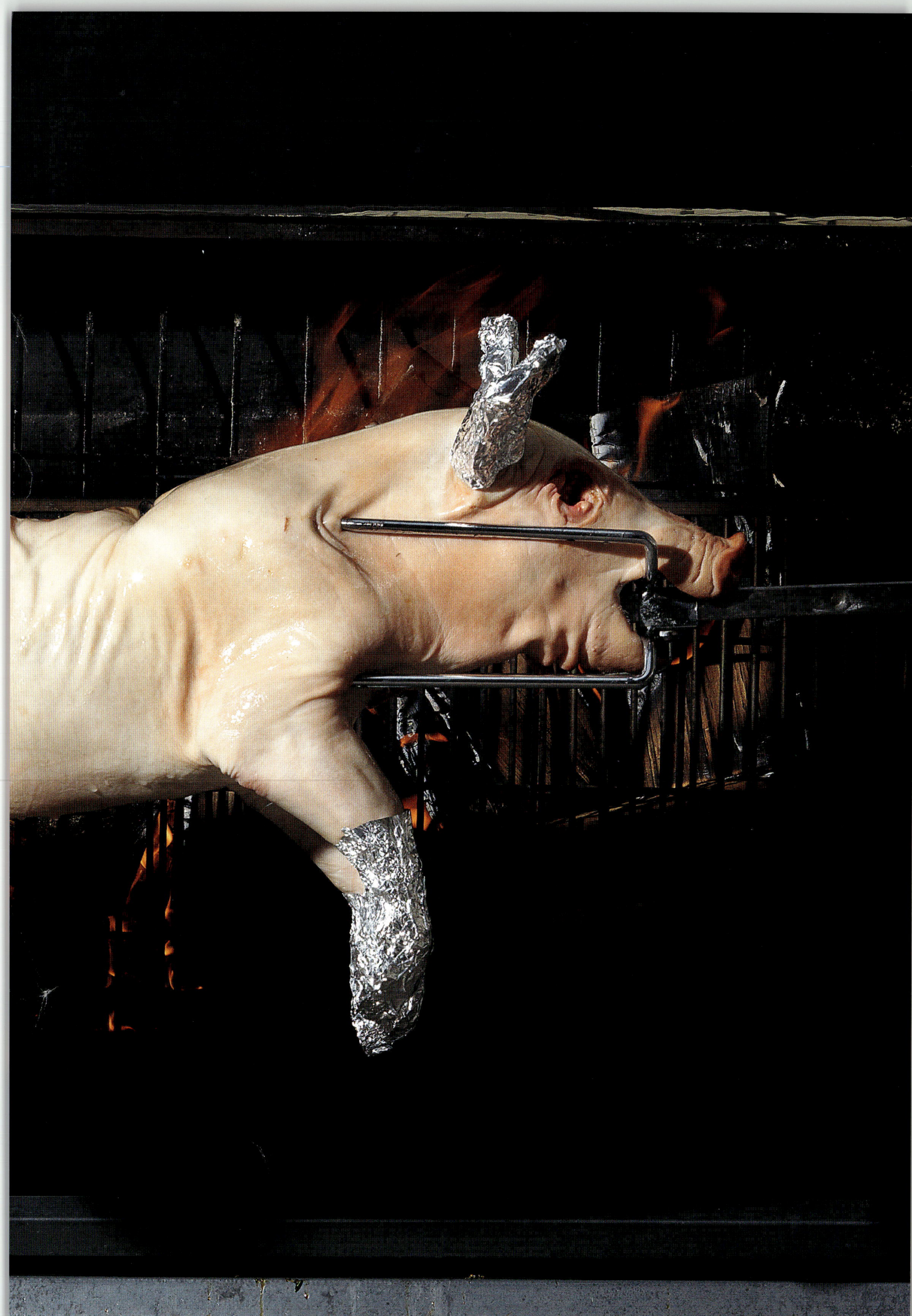

... IST EIN ECHTES
ABENTEUER,
MACHT SPASS ...

... UND IST
SAUGUT!

PERLHUHN
1 kg, salzen oder Marinade nach Wahl injizieren
bei mittlerer Hitze 1–1,5 Stunden am Spieß grillen (Kerntemperatur 75 °C)
WACHTEL
salzen oder nach Belieben würzen
30–35 Minuten grillen (Kerntemperatur 70–75 °C)
BARBARIE-ENTE
1,6 kg, Haut ringsum einstechen, vor allem auf der Brustseite
leicht ölen und salzen
70–80 Minuten am Spieß grillen (Kerntemperatur 70–80 °C)
ROLLBRATEN VOM SCHWEINEBAUCH
etwa 2 kg, salzen oder nach Belieben würzen
bei mittlerer Hitze 60–70 Minuten am Spieß grillen (Kerntemperatur 75–80 °C)

EINE FEINE SPIESSGESELLSCHAFT

Wer Großes vorhat, muss früh anfangen! Nicht vergessen: Spanferkel oder Lamm rechtzeitig beim Metzger, Bauern oder Schäfer vorbestellen. Einfacher in Beschaffung und Handling sind Rollbraten und Geflügel. Sie werden vor dem Aufspießen nur mit Küchenpapier trocken getupft und entweder innen und außen kräftig mit Salz eingerieben oder nach Belieben mariniert. Und dran denken: Keulen und Flügel mit Draht oder Küchengarn am Körper fixieren, damit sie nicht verbrennen.

STUBENKÜKEN

- 500–550 g, salzen oder nach Belieben würzen (gut: Kräuter in die Bauchhöhle!)
- bei mittlerer Hitze 30–40 Minuten am Spieß grillen (Kerntemperatur 70 °C)

SCHWEINEHALS

- 2 kg, trocken tupfen, nach Belieben würzen und wie einen Rollbraten in Form binden
- bei mittlerer Hitze 60–70 Minuten am Spieß grillen (Kerntemperatur 70–75 °C)

SPANFERKEL

- 15 kg (6 Wochen), salzen, die Schwarte ringsum einstechen
- bei mittlerer Hitze etwa 6 Stunden am Drehspieß grillen (Kerntemperatur 70–80 °C)
- für 15 bis 18 Portionen

GANZES LAMM

- 18 kg (5 bis 6 Monate), innen leicht ölen, mit Salz, Pfeffer, Knoblauch und Kräutern (Oregano, Rosmarin, Thymian) würzen oder eine gewürzte Lake einspritzen
- außen mit Öl und Salz einreiben und bei mittlerer Hitze 3,5–4 Stunden grillen (Kerntemperatur 70–75 °C)
- für 15 bis 20 Portionen

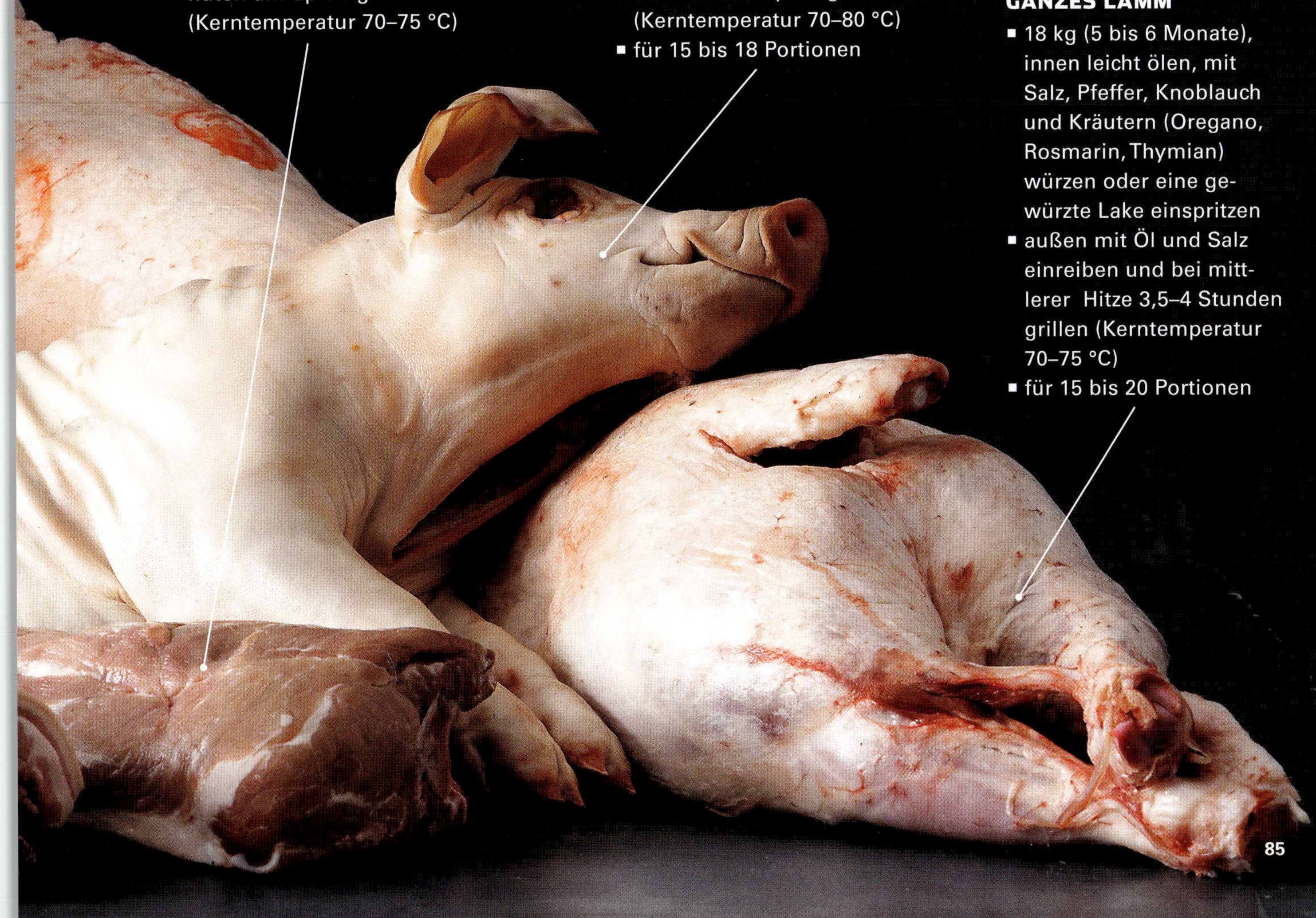

SMOKEN

LOW & SLOW
DAS KLASSISCHE BBQ

BBQ braucht seine Zeit – auf die Schnelle geht beim Smoken nichts. Vor dem Auflegen muss der Smoker erst mal auf Touren kommen. Und bis Brisket und Pulled Pork fertig sind, vergeht leicht ein ganzer Tag. Dann ist die Vorfreude umso größer!

Der Durchzug macht's: Beim Smoken befindet sich die Hitzequelle nicht unter, sondern seitlich des Garguts. Aus der Feuerbox strömen heiße Luft und Rauch in den Garraum (Pit) und weiter durch den Kamin nach oben. Dabei kühlt die Luft immer weiter ab, es entsteht ein Kamineffekt.

Grillen und BBQ – ist das nicht dasselbe? Nein, ist es nicht! Beim BBQ geht's mit 80 bis 120 °C meist weit weniger heiß her als beim Grillen (160 bis 300 °C). Dafür dauert es dann aber länger, bis alles fertig ist. Theoretisch wäre ein langsames Garen mit geringen Temperaturen auch im Backofen möglich, allerdings fehlt dort der Rauch. Und der entsteht nun einmal nur beim Verbrennen von Holz. Eigens zu diesem Zweck wurde der Barbecue-Smoker erfunden. Mit ihren seitlich versetzten, holzbefeuerten Brennkammern und dem großen Garraum sind die schwarzen, an Dampfloks erinnernden Offset-Smoker für große Stücke wie gemacht. Hitze und Rauch aus der Feuerbox durchströmen den langen Garraum, bevor sie durch den Kamin oder Räucherturm abziehen.

ERFAHRUNG MACHT DEN MEISTER

Im Handling ist ein Smoker allerdings durchaus anspruchsvoll: Temperatur und Zeit lassen sich hier nicht mit einem Griff einstellen wie beim Backofen. Die Hitze muss vielmehr durch Nachlegen von Holz oder Briketts und Öffnen oder Schließen der Lüftungsklappen »von Hand« reguliert und möglichst konstant gehalten werden. Smoken erfordert daher ständige Präsenz. Bis zu 20 Stunden und mehr ist ein Pitmaster im Einsatz. Wie gut dann das Ergebnis letztlich ist, hängt von vielen Faktoren ab. Neben der Qualität des Smokers (er sollte mindestens 5 bis 6 mm Wandstärke haben) spielt auch das Wetter eine Rolle. Regen kühlt heißen Stahl schnell ab. Da heißt es dann, rasch Brennstoff nachlegen, um den Smoker auf Temperatur zu halten. Auch kühler Wind beeinträchtigt den Betrieb, ein kalter Kamin zieht nicht mehr richtig. Daher sollte der Smoker möglichst windgeschützt stehen. Als weitere Herausforderung kommt hinzu, dass die Temperatur im Garraum nicht überall dieselbe ist. In der Nähe der Feuerbox ist es so heiß, dass man dort sogar grillen kann. Etwas weiter weg lässt die Hitze dann schon nach. Ideal zum Smoken sind Temperaturen um 110 °C. Bei entsprechend langer Garzeit gelingen damit selbst Stücke mit viel Bindegewebe und stark beanspruchte Muskelpartien. Nach ein paar Stunden kommen Schweineschulter, Rippchen und Rinderbrust – die großen drei des American BBQ – wunderbar zart, saftig und mit einem einzigartigen Aroma auf den Teller. Exakte Angaben zu Temperatur und Garzeit sind jedoch schwierig. Smoken ist Erfahrungssache und gilt nicht umsonst als Königsdisziplin!

REVERSE FLOW UND ANDERE SMOKER

Wer mehrere große Stücke auf einmal smoken will, legt ein Blech mit verschieden großen Bohrungen unten in den Garraum. Es verteilt die heiße Luft im Pit, so wird die Temperatur gleichmäßiger. Oder man legt sich gleich einen Reverse Flow Smoker (S. 93) zu. Vielbeschäftigte sind mit einem Pelletsmoker (S. 94–95) gut beraten. Der Vorteil: Das Raucharoma ist gewährleistet und Temperatur und Zeit lassen sich digital einstellen. Watersmoker und dickwandige Keramikgrills (S. 94–95) bieten zusätzliche Möglichkeiten, wie z.B. direktes und indirektes Grillen.

RAUCHABZUG
hier kommen heiße Luft und Rauch aus dem Smoker
THERMOMETER
zum Ablesen der Temperatur im Innern des Räucherturms
RÄUCHERTURM
oder Stack (je nach Modell auch ein dünnerer Kamin) mit mehreren Rosten im Innern zum Räuchern oder Warmhalten
GRIFF ZUM ÖFFNEN
des Räucherturms, zum Befüllen und Entnehmen von Gargut
TRANSPORTGRIFF
und Halter für diverse Grillwerkzeuge
AUFHÄNGUNG
für Fettabtropfeimer, muss nach jedem Smoken geleert werden
HOLZABLAGE
zum Bereithalten von Holzscheiten und Grillbriketts
STAHLRÄDER
mit Laufflächen aus Gummi, für mehr Beweglichkeit und zum Schutz empfindlicher Böden
ÖFFNUNGSHEBEL
für Kaminklappe zum Regulieren der Rauchintensität
GARRAUM
oder Pit, mit gut schließendem Deckel und Bimetall-Thermometer zur Kontrolle der Temperatur im Innern
SMOKY FUN

DIE KÖNIGSKLASSE DER BBQ-SMOKER

Qualität zählt – vor allem bei der Hardware: Hochwertige Offset- oder Barrel-Smoker sind schwer und massiv. Je dicker die Wände, desto länger speichern sie die Hitze und desto besser der Durchzug. Voraussetzung ist, dass Klappen und Türen dicht schließen. Und wenn die Wände mindestens 5 mm dick sind, steht dem Erfolg nichts mehr im Weg.

BIG CHIEF 5
von Smoky Fun, mit einem Rohrdurchmesser von 40 cm und 5 mm Wandstärke

BRENNKAMMERDECKEL
mit gerader Kochplatte, bei geschlossenem Deckel Platz für Topf, Pfanne oder Dutch oven

SCHWENKARM
oder Topfgalgen zum Einhängen von gusseisernen Töpfen und Dutch oven

DUTCH OVEN
aus schwerem Gusseisen, hält die Hitze gut und eignet sich zur Zubereitung von Beilagen wie Cowboy beans

EDELSTAHL-GRILLROST
zum direkten Grillen über der Glut auf dem Feuer-/Kohlerost

REGULIERUNGSKLAPPE
für die Luftzufuhr in der Brennkammer

BRENNKAMMER
oder Sidefirebox zum Einheizen des Smokers mit Holz oder Briketts

ASCHESCHIEBER
und Schürhaken, zum Entfernen der Asche und Arrangieren der Scheite in der Brennkammer

FRONTABLAGE
zum Abstellen von Gefäßen, Grillgut oder Mob-Eimer

DER GROSSE SCHWARZE
THE BIG PARTY

Nehmen die Loks erst Fahrt auf, versetzen sie passionierte Pitmaster und BBQer in Entzücken. Die Schwarzbrenner sind zwar nicht grad anspruchslos in Sachen Platzbedarf, dafür aber unkaputtbar. Mit etwas Pflege und ein paar gelegentlichen Wartungseinheiten (S. 116–117) halten hochwertige Geräte mit Wandstärken von 5, 6 mm und mehr so gut wie ewig. Und das Verköstigen ganzer (Fussball-) Mannschaften geht mit ihnen auch ganz easy.

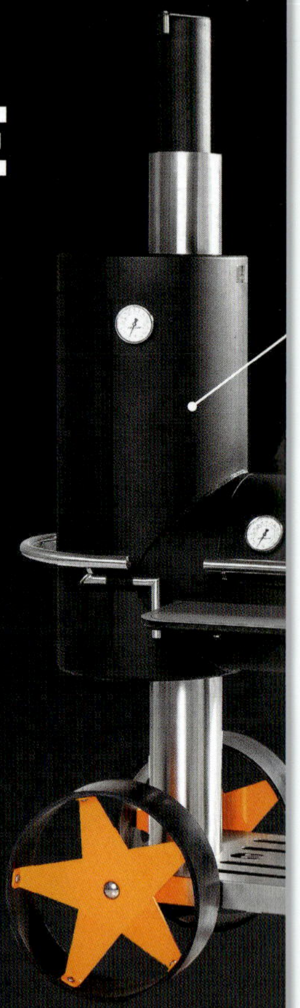

JOE'S BARBECUE SMOKER 20" CHUCKWAGON CATERING

- von Rumo BBQ bietet mit seinem großen Garraum enorm viel Grillfläche
- mit einem Schieber wahlweise einstellbares Hitzeverteilungssystem für eine gleichmäßige Temperatur im ganzen Garraum
- 6,35 mm Wandstärke

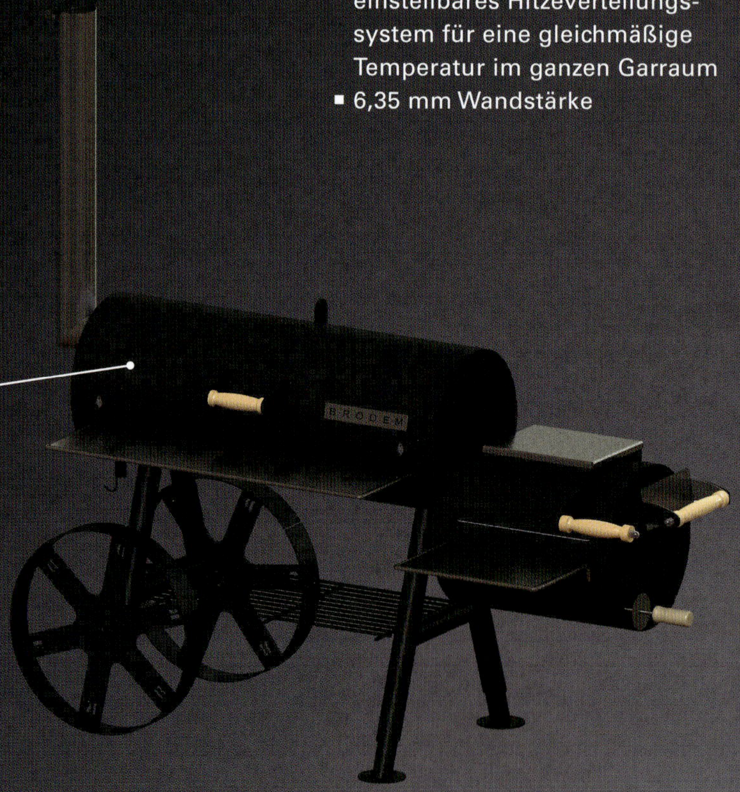

BRODEM B2

- von Waitkus PST aus Stahl/ Edelstahl mit Kamin
- Allrounder für Einsteiger und Fortgeschrittene, im Nachhinein mit Räucherturm und Beistelltisch erweiterbar
- 6,3 mm Wandstärke

OFFSET SMOKER DUTCH TROY

- Smoker in modernem Look
- mit Gummireifen und vertikaler Brennkammer mit Sichtfenster und Pizzaofen
- 6 mm Wandstärke

JOE'S BARBEQUE SMOKER 16'' REVERSE FLOW

- von Rumo BBQ, Kamin auf Seite der Feuerbox (Hitze und Rauch werden unter einem eingelegten Blech zum Ende des Garraums geleitet und darüber wieder zurück
- Vorteile: kaum Temperaturunterschiede im Garraum; zum Smoken großer Mengen bei geringem Brennstoffverbrauch
- 6,35 mm Wandstärke, zum »normalen« Offset-Smoker umrüstbar

FG TRAIN 420

- BBQ-Lok, Sondermodell von Farmer Grill mit 24'', zweifachem Garraum, Holzanhänger und Speisewagen für vier Personen
- auf Wunsch auch mit längeren Schienen und anderem Sonderzubehör erhältlich
- 6,2 mm Wandstärke

SMOKEN MIT R2D2
LOW & SLOW

Platzsparende Alternativen zu den Schwergewichten: Pellet- oder Watersmoker! Beide machen sich gut auf Balkon oder Terrasse – wie auch die dickwandigen Keramikgrills (Geheimtipp unter Kennern!). Alle Geräte eignen sich fürs BBQ und ermöglichen das langsame Smoken großer Stücke.

MEMPHIS ELITE
- Luxus-Pelletgrill von Memphis Grills in V2A-Edelstahlausführung mit großer, gastronomietauglicher Grillfläche
- beheizbar mit Holzpellets, Stromanschluss notwendig
- Temperatur gradgenau steuerbar (80–370 °C) zum Smoken und Grillen

MONOLITH
- aus extrem hitzebeständiger Keramik und Edelstahl zum Smoken und Grillen
- mit Holzkohle beheizbar, sparsam im Verbrauch
- eigenes System zum Befüllen mit Holzchips zum Smoken
- mit stabilem Rollgestell (optional)
- in 3 Größen erhältlich

DANIEL BOONE

- Stahl-Pelletgrill von GMG mit hohem Deckel (Innenhöhe 34 cm für hohe Stücke)
- beheizbar mit Holzpellets, Stromanschluss notwendig
- digital steuerbar im Temperaturbereich 70–260 °C, mit Kerntemperaturfühler und »Turbo«-Modus bei Kälte

APOLLO SMOKER AS300K

- von Napoleon Gourmet Grills aus porzellanemailliertem Stahl
- beheizbar mit Briketts, Öffnung zum Nachlegen von Holzchips und Chunks
- modulares Stacksystem, mit mehreren Lüftungsschlitzen zur Temperaturkontrolle
- hohe Haube mit intergrierter Stange zum Einhängen von Fischen
- All-in-One-Gerät zum Smoken, Räuchern und Grillen

BIG GREEN EGG XL

- robuster Keramikgrill mit Deckelventil und hochwertiger Glasur zum Smoken und Grillen
- mit Holzkohle beheizbar, sparsam im Verbrauch
- großer Grillrost (61 cm Ø), die Grünen gibt's aber auch kleiner (Mini bis Large)
- mit stabilem Rollgestell (optional)

SMOKEY MOUNTAIN COOKER

- von Weber, 2-fach teilbarer Watersmoker aus porzellanemailliertem Stahl zum Smoken, Räuchern und Grillen
- mit Briketts beheizbar
- mit großer Öffnung zum Nachlegen von Briketts, Chips oder Chunks
- in 3 verschiedenen Größen erhältlich

BABY BACK RIBS AUS DEM OFFSET-SMOKER

Sie sind ein echter Leckerbissen! Nicht umsonst zählen Ribs zu den drei berühmtesten Gerichten aus der schwarzen Lok. Das aus dem Süden der USA stammende Gericht gibt es in unzähligen Varianten, so dass selbst ein BBQ mit nichts als Schweinerippchen niemals langweilig werden würde. Je nach Zuschnitt (S. 104) und Zubereitung unterscheiden sie sich in Geschmack und Konsistenz: Vom Grill sind sie knusprig, aus dem Smoker unübertroffen zart. Wet Ribs werden vor und beim Smoken mit BBQ-Sauce bestrichen, Dry Ribs im Memphis Style nur trocken gerubbt. Eines aber ist bei allen gleich: Sie brauchen Zeit – »Good things take time!«

1 So geht's los: Erst mal muss das richtige Fleisch beschafft werden: Dafür 6 Stränge Baby Back Ribs beim Metzger vorbestellen, schmal zusägen lassen und die Silberhaut (dünne weiße Haut auf der Knochenseite) entfernen. Am besten löst man sie an einer Stelle etwas und zieht die Membran dann in einem Rutsch ab (gute Dienste leistet da ein Schraubenzieher!). Ein Rub aus Cayennepfeffer, Chiliflocken, Paprikapulver, Pfeffer, Zwiebelpulver, Meersalz und etwas Zucker herstellen. Die Ribs leicht ölen, ringsum mit dem Rub einreiben und zugedeckt über Nacht in den Kühlschrank stellen.

2 Am nächsten Tag die Rippchen 2 bis 3 Stunden vor dem Smoken aus dem Kühlschrank nehmen und auf Raumtemperatur bringen. Den Smoker anheizen: Dafür in der Brennkammer zwei dünne (Buchen-)Holzscheite (4 bis 5 cm dick und 25 cm lang) mit etwas Abstand parallel auf den Feuerrost legen. Darüber im rechten Winkel eine zweite Lage Holz legen und so fort, bis ein lockerer Stapel entsteht. 3 bis 4 Anzünder (wachsgetränkte Holzwollebällchen) zufügen und mit einem langen Streichholz oder Feuerzeug das Feuer entfachen. Je nach Größe des Smokers dauert es 1 Stunde (16") bis 2 Stunden (20"), bis der Smoker seine Betriebstemperatur erreicht.

3 Wenn der Smoker seine Betriebstemperatur von etwa 110 °C erreicht hat, die marinierten Rippenbögen in der Mitte des Garraums auf den Rost legen. Wichtig ist nun, die Temperatur konstant auf 110 °C zu halten. Hitze und Intensität des Rauchs lassen sich durch Öffnen oder Schließen der Lüftungsklappen beeinflussen. Strömt viel Sauerstoff in die Brennkammer, brennt das Holz und entwickelt viel Hitze. Je weniger Sauerstoff ans Holz gelangt, desto mehr Rauch entwickelt sich und die Temperatur bleibt niedriger.

4 Die Ribs nun 3 bis 4 Stunden smoken. Dabei sollte es nicht zu stark rauchen, sonst sind sie bald »oversmoked«. Steigt eine leichte Rauchfahne aus dem Kamin, passt's. Die Rippchen dann mit einer heißen Mischung aus Apfelsaft und Apfelessig (Verhältnis 3 : 1) oder auch nur mit Apfelsaft moppen und noch mal 1 bis 2 Stunden smoken, dabei wiederholt moppen. Zum Schluss sind sie so zart, dass sie fast vom Knochen fallen.

Noch ein Tipp: Wer im Smoker heiß- oder kalt räuchern will – auch das ist möglich – schließt die Zuluftklappe und lässt den Abzug halb auf.

DEM SMOKER EINHEIZEN

Anheizen funktioniert auch nach der »Schweizer Methode«: Dafür in der Feuerbox einen Holzstapel errichten, bei dem die Scheite von unten nach oben kleiner und dünner werden. Zum Schluss ein paar Späne und Grillanzünder auflegen und das Feuer oben entzünden. Es brennt relativ rauchfrei von oben nach unten ab (klappt wirklich!). Der Smoker kann aber auch mit Briketts oder Holzkohle auf Temperatur gebracht werden. Dafür einen Spezialeinsatz verwenden, damit nichts durch den Feuerrost fällt.

BBQ FÜR EINSTEIGER
SMOKEN IN DER TONNE

Wer sich nicht mal eben einen Offset-Smoker in den Garten stellen kann, muss trotzdem nicht auf die legendären BBQ-Spezialitäten verzichten. Auch kleinere, mit Holzpellets beheizte Geräte eignen sich gut zum Smoken, ebenso wie dickwandige Keramikgrills (S. 94–95). Mit beiden ist vom direkten Grillen über Pizza- und Brotbacken bis zum Smoken alles möglich. Klassisch sind aber auch die aus den USA stammenden Watersmoker (S. 94–95). Kaum größer als ein Kugelgrill (nur höher), finden sie auf kleinstem Raum Platz. Wer das Smoken erst mal ausprobieren möchte, vielleicht mit einer Baby-Pute, liegt mit ihnen richtig.

1 Eine Baby-Pute (am besten in Bio-Qualität) beim Geflügelhändler oder Bauern bestellen. Den Vogel mit einem Küchentuch gründlich abtupfen. Etwa 1,5 Stunden vor Beginn des Smokens eine leere Dose (800 ml) mit Briketts füllen, in den Anzündkamin kippen und durchglühen lassen. Inzwischen die Pute ringsum mit Lake einspritzen. Dafür 70 g Salz in 1 l Wasser lösen, die Mischung mithilfe einer Marinierspritze ins Fleisch spritzen und die Baby-Pute mit Küchengarn in Form binden.

2 Den unteren Teil des Watersmokers an einer windgeschützten Stelle aufbauen. Die Briketts darin nach der »Minion-Methode« anordnen: Dafür die leere Dose mittig in den Kohlekorb stellen. Ringsum zuerst die kalten Briketts und darauf das Räucherholz (Chunks oder Chips, S. 111–114) verteilen. Die Dose vorsichtig abheben. In die so entstandene Lücke die glühenden Briketts aus dem Anzündkamin füllen. So hält der Smoker für mehr als 7 Stunden seine Temperatur, ohne dass Glut nachgelegt werden muss.

3 Den Watersmoker zusammensetzen und die Wasserwanne mit heißem Wasser füllen. Den Deckel auflegen und die Lüftungsregler oben und unten bis auf einen Spalt schließen. Nach etwa 1 Stunde hat der Watersmoker dann seine Betriebstemperatur von etwa 110 °C erreicht. Tipp: Bei langen Smoke-Sessions kann es notwendig werden, Wasser nachzugießen. Wem das zu aufwendig ist, der füllt die Wasserwanne mit Marmorkies und deckt diesen mit einer Lage Alufolie ab, damit kein Fett drauftropft.

4 Die vorbereitete Baby-Pute mittig auf den Grillrost über der Wasserwanne legen. Den Fühler eines digitalen Fleischthermometers an der dicksten Stelle der Brust oder Keule einstechen, ohne dabei einen Knochen zu berühren. Das Thermometer außen anbringen und den Deckel auflegen. Die Pute etwa 4 Stunden bei 110 °C smoken. Dabei den Deckel möglichst selten öffnen, sonst geht viel Hitze verloren und die Garzeit verlängert sich unnötig. Als Faustregel gilt: 1 x Deckel auf und das Ganze dauert 15 bis 20 Minuten länger.

5 Den Garzustand während des Smokens immer wieder am Digitalthermometer kontrollieren. Die Pute ist fertig, wenn sie eine Kerntemperatur von 70 bis 75 °C hat. Wer mag, kann die Baby-Pute vor dem Smoken mit einem würzigen Rub einreiben oder für 24 Stunden in eine gewürzte Salzlake (70 g auf 1 l Wasser + Gewürze) legen. In diesem Fall wird der Vogel vor dem Smoken kalt abgespült und mit Küchenpapier trocken getupft. Durch die niedrigen Temperaturen wird zwar die Haut nicht kross und knusprig wie beim Grillen, dafür trocknet aber das Fleisch nicht aus, es bleibt schön saftig.

NO – IT'S SMOKING, PLEASE: DIE URFORM DES AMERIKANISCHEN BARBECUE

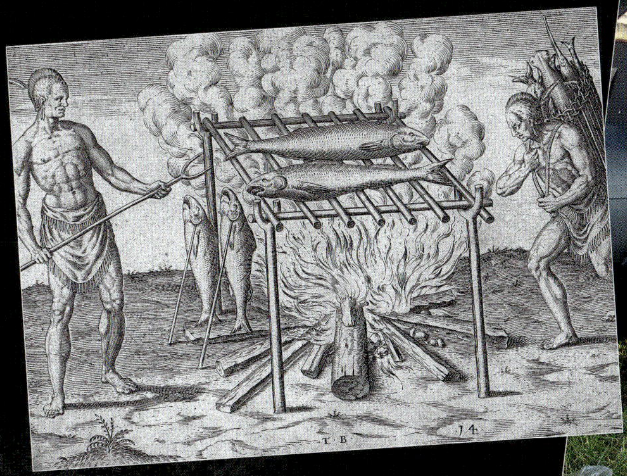

Amerika damals und heute: Smoken hat hier einfach eine lange Tradition.

Rauchsäulen steigen über Twelve Oaks auf. Dumm nur, dass das Korsett so kneift! Scarlett O'Hara erlebt in Margaret Mitchells Epos »Vom Winde verweht« das Dilemma einer echten Südstaatenlady: Essen ist undamenhaft, aber der Anblick des Rauchs allzu verlockend. Denn er verrät, dass das Barbecue auf der Plantage der Familie Ashley in vollem Gange ist. Kein Barbecue ohne Rauch – aber vor allem: kein Rauch ohne Barbecue. Klassisches amerikanisches Barbecue bedeutet ja nichts anderes als Smoken, also Garen bei geringer Hitze im Rauch eines Holzfeuers. Das Prinzip brachten spanische Kolonialisten als »barbacoa« mit in den Süden des nordamerikanischen Kontinents. Sie hatten in der Karibik erlebt, wie Fleisch und Fisch auf Holzgestellen (»bucca« bedeutet in der Sprache der karibischen Ureinwohner »Stock«) über stark rauchenden Feuern gegart wurden. In der Hitze der Tropen war das Heißräuchern oder Rauchgaren eine Konservierungsmethode, und der Rauch hielt dabei zusätzlich Insekten ab.

In den Kolonien im Süden Nordamerikas benutzte man allerdings ab Anfang des 18. Jahrhunderts statt der Holzgestelle lieber Erdgruben (»pits«) oder gemauerte Brennkammern. Dort garte Fleisch im Rauch von Hickory- oder Eichenholzfeuern manchmal bis zu 24 Stunden bei Temperaturen zwischen 90 und 110 Grad Celsius. Es erwies sich als ideale Methode für die Gegend. Die ärmere Bevölkerung ernährte sich hauptsächlich vom Fleisch der Schweine, die halbwild in den Wäldern lebten – Fleisch allerdings, das vermutlich eher zäh war. Die langen Garzeiten beim Barbecue sorgten dafür, dass sich das Bindegewebe der stark beanspruchten Muskeln in weiche Gelatine umwandelte. Außerdem verdampfte das enthaltene Wasser nicht einfach, wie es das beim schnellen, heißen Rösten getan hätte. Das Ergebnis: saftiges Fleisch, das mürbe vom Knochen fiel. Der Rauch wiederum verlieh reichlich Geschmack, ohne dass teure Gewürze benutzt werden mussten.

Bald merkten auch die Reichen, was hier Köstliches in der Luft lag. Barbecues entwickelten sich von nachbarschaftlichen Schlachtfesten zu geselligen Veranstaltungen für alle – und von dort zur prägenden kulinarischen Errungenschaft der Südstaaten. Zum Glück für die dortige Landschaft muss allerdings schon lange nicht mehr bei jedem Barbecue eigens eine Grube ausgehoben werden. Stattdessen wird meist ein dampflokartig aussehendes Gerät befeuert: der Smoker. Er besitzt dicke Metallwände, die hervorragend die Hitze speichern, und getrennte, meist nebeneinander angeordnete Kammern für die Holzverbrennung und das Fleischgaren. Aber wenn die großen Barbecue-Festivals der USA stattfinden, dann liegt immer noch der Duft von Rauch über allem – und erinnert auch heute daran, dass es eine schlechte Idee ist, Kleidung zu tragen, die kneift.

Sabine Schlimm

BÜRGERMEISTERSTÜCK

- auch Pastorenstück oder Tri Tip genannt, vom unteren Teil der Hüfte, gut marmoriert
- bei 110 °C etwa 4 Stunden smoken, moppen, dann weitere 2 Stunden in Alufolie bei 100 °C smoken (Kerntemperatur 70 °C)

RINDERBRUST

- oder Brisket ist einer der drei großen US-Klassiker aus dem Smoker
- gut eignet sich die marmorierte Brustspitze mit Fettdeckel
- am Vorabend rubben, dann bei 110 °C 10, 5–14 Stunden smoken, dabei alle 1,5 Stunden moppen (Kerntemperatur 90–95 °C)

GRÖSSE ZEIGEN UND GEDULD HABEN

Für große Fleischstücke ist der Smoker das Sportgerät der Wahl. Nirgendwo sonst erhalten diese einen derart feinen Rauchgeschmack und werden so herrlich zart und saftig. Hinzu kommt, dass manches, was sonst nur in der Suppe köchelt oder im Topf schmort wie Rinderbrust (Brisket) und Schweineschulter (Pulled Pork), deutlich preiswerter ist als die Klassiker Steak und Filet. Einziger Haken: Manches Stück braucht wegen des hohen Bindegewebsanteils ordentlich Zeit. Also: Früh aufstehen und dranbleiben!

BISONRIPPENSTÜCK

- mit Knochen, frischwürzig im Geschmack, muss meist beim Züchter oder Lieferanten vorbestellt werden
- nach Belieben rubben
- bei 110 °C im Ganzen 3–4,5 Stunden smoken (Kerntemperatur 54–60 °C, medium–medium well), dabei öfters moppen

KALBSHAXE

- hat viel Sehnen und Bindegewebe, wird im Smoker aber wunderbar weich und zart
- die Haxe rubben oder mit Salz einreiben
- bei 110 °C 4 Stunden oder bei 150 °C 2,5–3 Stunden smoken (Kerntemperatur 80–85 °C), dabei alle 20 Minuten moppen

HOCHRIPPE AM STÜCK

- oder Standing Rib Roast, großes Stück Rib Eye mit Knochen, stark marmoriert
- im Ganzen über Nacht marinieren, trocken tupfen, rubben und 2 Stunden bei Raumtemperatur durchziehen lassen
- bei 110 °C 3–4 Stunden smoken, bis es eine Kerntemperatur von 54–60 °C (medium–medium well) erreicht hat, dabei alle 30 Minuten moppen

SCHWEIN GEHABT!

Beim BBQ genießt Schweinefleisch Kultstatus, seit die Spanier es einst im Süden der USA etablierten. Spareribs, Schulter oder Nacken zählen zu den absoluten Highlights aus dem Smoker. Einen Kamin voll Rauch vertragen aber auch Teile vom Spanferkel oder Lamm.

BABY BACK RIBS

- Loin Ribs, Leiterchen oder Kotelettrippchen. Oberes, an die Wirbelsäule anschließendes Viertel des Rippenbogens (beste Qualität)
- werden oft als etwa 10 cm breite und 30 cm lange Stränge angeboten
- nach Belieben rubben und 12 Stunden durchziehen lassen
- bei 110 bis 120 °C 2–3,5 Stunden smoken oder bei 160 °C 1 Stunde indirekt grillen (Kerntemperatur 65 °C)

SPARE RIBS

- Bauch- oder Schälrippchen. Der untere, längere Teil des Rippenbogens
- in den USA zerteilt in St. Louis Cut Ribs (zweites und drittes Viertel) und Rib Tips (unterstes, viertes Viertel, knorpelig, aber schön saftig)
- rubben, bei 110 °C 5–6 Stunden smoken und nach Belieben 1 bis 2 Stunden vor Ende glasieren oder bei 160 °C etwa 1,5 Stunden indirekt grillen (Kerntemperatur 65 °C)

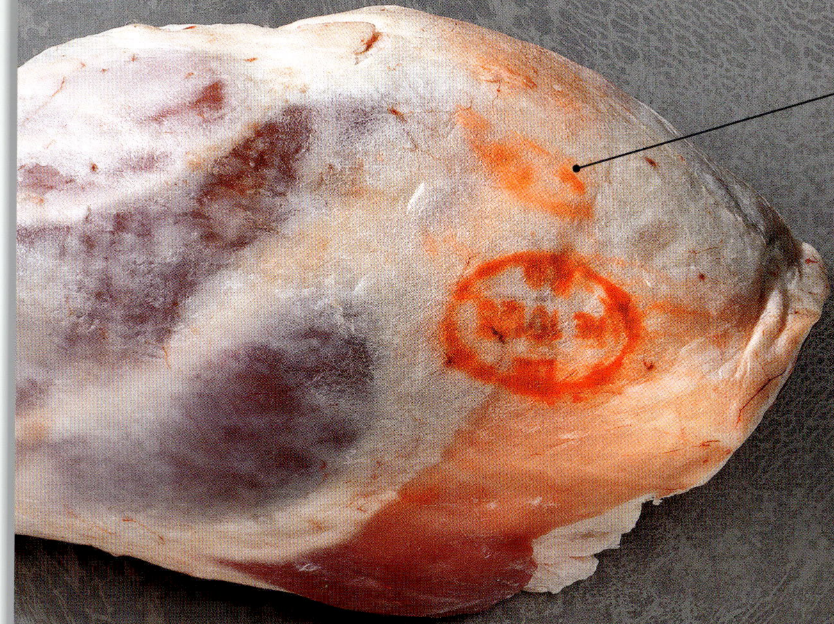

LAMMKEULE MIT KNOCHEN

- nach Belieben über Nacht in Öl-Kräuter-Marinade einlegen
- Keule trocken tupfen, Raumtemperatur annehmen lassen und bei 120 °C 3–3,5 Stunden smoken (Kerntemperatur 65–75 °C)
- vor dem Anschneiden noch 15 Minuten ruhen lassen

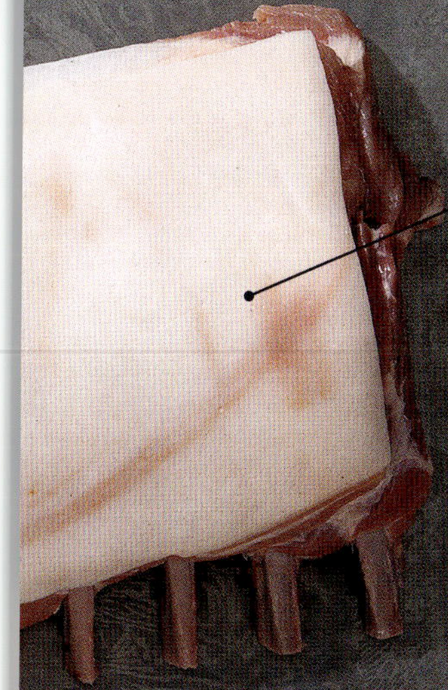

SPANFERKELRÜCKEN

- mit Knochen. Schwarte rechteckig einschneiden, nach Belieben mit einem Knoblauch-Kräuter-Rub einreiben und 12 Stunden marinieren
- bei 110 °C 2,5–3 Stunden smoken (Kerntemperatur etwa 70 °C)
- oder bei 160 °C 40–60 Minuten indirekt grillen

SCHWEINENACKEN

- oder -kamm (3–5 kg) eignet sich wie Schweineschulter (mit und ohne Knochen) bestens für Pulled Pork
- Fleisch mit einem Rub nach Wahl einreiben und 12 Stunden marinieren
- den Smoker auf etwa 110 °C Betriebstemperatur bringen
- das Fleisch (Raumtemperatur!) darin 12–14 Stunden smoken, nach 5 bis 6 Stunden wiederholt moppen (Kerntemperatur 93–95 °C)
- oder 1–2 kg Schweinehals bei 160 °C etwa 1,5 Stunden indirekt grillen (Kerntemperatur 73–75 °C)

MIT MASS UND ZIEL
DER NASE NACH

Junges Wild und feines Geflügel (Perlhuhn, Wachtel, Fasan) vertragen Rauch – aber nicht zu viel, sie sind schnell oversmoked. Auch mit dem Würzen sollte man es bei ihnen nicht übertreiben. Kräftige Würzmischungen und Marinaden passen besser zum Wildbret älterer Tiere. Hausgeflügel wie Pute, Ente und Huhn darf gerne kräftig gewürzt werden.

HIRSCHKUGEL

- ohne Knochen; das Teilstück aus der Keule nach Belieben in Speck wicken und bei 200 °C ringsum direkt angrillen
- dann bei 110–120 °C 2–3 Stunden smoken oder indirekt grillen (Kerntemperatur 70 °C)

REHSCHULTER MIT KNOCHEN

- von Sehnen und Häuten befreien (parieren), nach Belieben mit einem Kräuter-Rub einreiben oder gewürzte Salzlake injizieren
- bei 110–120 °C 3,5–4 Stunden smoken oder indirekt grillen (Kerntemperatur 70 °C)

WILDSCHWEINSCHULTER

- ohne Knochen; nach Belieben gewürzte Salzlake oder eine Mischung aus 200 ml Apfelsaft und 20 g zerlassener Butter injizieren
- bei 200 °C ringsum direkt angrillen, dann bei 120 °C etwa 3,5 Stunden smoken oder indirekt grillen (Kerntemperatur 72–75 °C)

WILDSCHWEINRÜCKEN

- mit Knochen. Parieren, leicht mit Öl und einem Rub nach Wahl (Wacholder, Piment, Salz, Pfeffer) einreiben
- bei 100 bis 110 °C 3,5–4 Stunden smoken oder indirekt grillen (Kerntemperatur 72–75 °C)
- ebenfalls gut: Wildschweinrippchen (bei 120 °C 2–2,5 Stunden smoken)

ENTE

- eignet sich für den Smoker, sollte aber nicht zu fett sein (Haut auf der Brustseite mehrfach einstechen)
- bei 110–120 °C je nach Größe 3–4 Stunden smoken (Kerntemperatur 60–75 °C)

BABYPUTE

- nach Belieben Salzlake oder flüssige Butter injizieren
- bei 110 °C etwa 4 Stunden smoken (Kerntemperatur 70–75 °C)

SEAFOOD GESMOKED

Schon bei den BBQs der amerikanischen Ureinwohner war Seafood (S. 25, 101) beliebt – und das schon lange vor Schwein und Rind. Und es lohnt sich übrigens auch, auf dem Rost mal mit Lachs, Wels, Makrelen oder Muscheln zu experimentieren.

GANZE LACHSSEITE

- nach Belieben vorher 4–6 Stunden in eine gewürzte Lake (Brine) legen
- Lachsseite möglichst weit weg von der Brennkammer mit der Haut nach unten auf den Rost legen
- bei 90–110 °C 35–55 Minuten smoken (Kerntemperatur 60 °C)
- auch gut: fettreiche Fische wie Makrele, Hering, Aal oder Karpfen

THUNFISCHSTEAKS

- 3 cm dicke Steaks nach Belieben marinieren und in einer heißen Pfanne beidseitig kurz anbraten
- bei 90–110 °C für 20–25 Minuten in den Smoker legen (Kerntemperatur 62 °C)
- der Thunfisch ist innen dann noch ziemlich roh; für andere Fischfilets und Garnelen rechnet man je nach Dicke 20–30 Minuten

SEEFORELLEN

- heißen große, in Seen lebende Forellen (auch Lachsforellen genannt)
- nach Belieben 6–10 Stunden in Lake legen (S. 146–147)
- bei 90–110 °C 40–50 Minuten smoken (Kerntemperatur 62 °C)

JAKOBSMUSCHELN

- öffnen und nach Belieben 1 Stunde in Lake legen (Salz-Zucker-Verhältnis 2 : 1) oder 20 Minuten trocken beizen (S. 146–149)
- Jakobsmuscheln und andere Muscheln bei 90–110 °C etwa 20 Minuten smoken
- bei Miesmuscheln, Clams etc. alle Exemplare, die nach 15 Minuten noch geschlossen sind, aussortieren

AUSTERN

- vorsichtig öffnen, auslösen und das Austernwasser auffangen
- aus Austernwasser und Würzzutaten eine Lake herstellen und die Austern 30 Minuten einlegen, dann abtropfen und 1 Stunde auf einem Tuch trocknen lassen
- Austern in der unteren Schalenhälfte in eine Grillpfanne setzen
- bei 90–110 °C etwa 40 Minuten smoken

SCHLEIE

- die Fische (300 g) nach Belieben 6–10 Stunden in Lake legen(S. 146–147)
- bei 90–110 °C 30–40 Minuten smoken (Kerntemperatur 62 °C)
- auch gut: Forelle, Saibling, Äsche oder Quappe

DAMIT NICHTS ANKLEBT

Fisch & Co. kleben weniger an, wenn sie auf der Hautseite auf den Rost kommen. Koteletts oder dünne Filets schützt Alufolie, Backpapier oder eine Holzplanke (S. 72) vor dem Anhängen. Kleineres wie Muscheln und Garnelen wird in einem Gefäß in den Smoker gestellt.

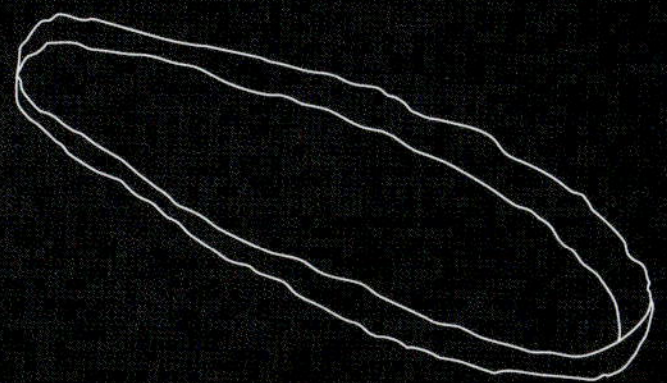

Ein »Boot« aus dreifach gefalteter Alufolie eignet sich für kleinere ganze Fische

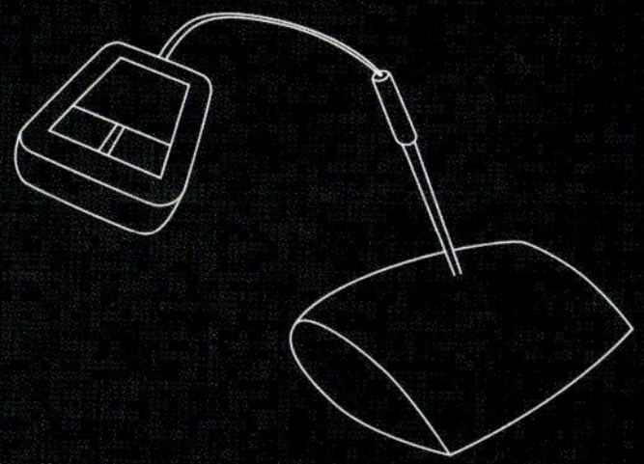

Kerntemperatur bei Fisch mit dem Digitalthermometer an der dicksten Stelle messen

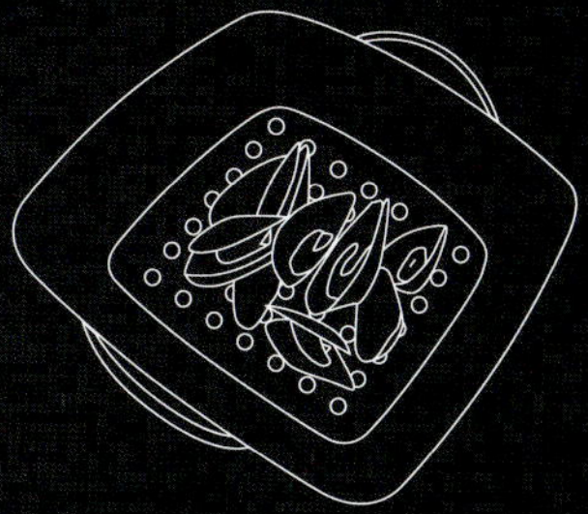

Muscheln, Krebse und Garnelen in einer Lochpfanne oder auf einem Spezialgitter auflegen

AROMATISCHE BBQ-HÖLZER

Ohne Holz kein Rauch und ohne Rauch kein BBQ! Tatsächlich hat die Wahl des Holzes beim Smoken und Räuchern einen entscheidenden Anteil am Geschmack des Endprodukts. Jedes Holz entwickelt ein eigenes Aroma: heimisches Hartholz, fruchtige Obsthölzer oder Exoten wie Walnuss und Weinrebe. Typisch amerikanisch sind Hickory und Mesquite, einen Versuch lohnen Späne von ausrangierten Whiskey- und Weinfässern oder mediterranes Zitrus- und Olivenholz. In Rauch auf geht meist das, was gerade da ist. Holz aus der Umgebung, im Ausnahmefall auch mal Nadelgewächse wie Tanne oder Fichte. Für den Anfang eignen sich allerdings Hölzer mit einem milden Raucharoma besser, etwa Buche, Erle, Wacholder, Apfel oder auch Kirsche.

HOLZ BRINGT GESCHMACK, NICHT HOLZKOHLE

Die Voraussetzung: Räucherholz muss trocken und frei von Harz, Chemie und Motoröl (Axt statt Motorsäge!) sein. Dann steht dem Experimentieren mit Feuer und Rauch nichts mehr im Wege. Wie entsteht das ultimative Raucharoma? Mit Chips oder Chunks? Was ist besser, wässern oder nicht? Verschiedene Hölzer kombinieren oder auf eine Sorte setzen? Fest steht: Räuchern ist Erfahrungssache! Am besten einfach anfangen. Wichtig ist, dass nicht zu viel Sauerstoff ans Holz kommt, damit es nicht vorschnell verbrennt anstatt zu glimmen. Als dann: Gut Holz!

1. Buche ist der Klassiker unter den Räucherhölzern, angenehm mild im Aroma, universell verwendbar, von Fisch über Geflügel bis zu Schinken und Fleisch.
2. Erle ist ebenfalls beliebt. Der feine, milde Rauch mit einem Hauch Süße passt gut zu Fisch, Meeresfrüchten, hellem Fleisch und Gemüse.
3. Eiche entwickelt einen stark aromatischen Rauch, der an Hickory erinnert. Er würzt Fleisch, Wild und Geflügel – anfangs aber besser sparsam dosieren.

AUF DEM HOLZWEG: CHIPS, CHUNKS & DUST

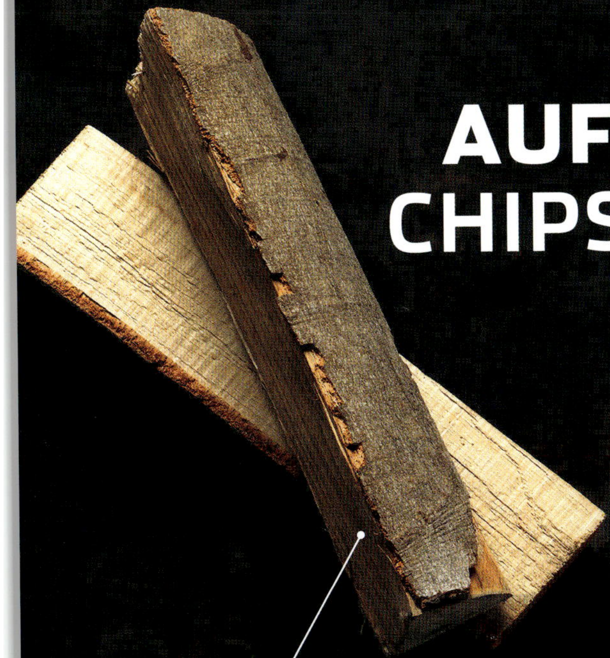

HOLZSCHEITE, KLEIN

- Scheitholz mit einer Länge um 25 cm ist ideal zum Anfeuern der Sidefirebox des Offset-Smokers
- fein gespalten brennen die Scheite schnell und sorgen für eine gute Glutentwicklung
- kleine Holzscheite eignen sich auch als Grillholz im Kugelgrill

HOLZSCHEITE, GROSS

- gröberes Scheitholz mit Längen zwischen 33 und 50 cm eignet sich für Lagerfeuer und zur Herstellung einer Holzkohlenglut im Freien
- guter Brennstoff für große Smoker und Feuerstellen

CHUNKS (HOLZSTÜCKE)

- Wood Chunks sind etwa faustgroß.
- kommen beim Smoken in geschlossenen Grills oder Watersmokern direkt auf die Glut
- Chunks beginnen rasch zu glimmen und rauchen – zu stark darf die Hitze aber nicht sein, sonst verbrennen sie

CHIPS (HOLZSPÄNE)

- Wood Chips gibt es in verschiedenen Größen von 0,5 bis mehrere Zentimeter
- bringen bei Gas- und Holzkohlegrills die gewünschten Raucharomen ans Grillgut
- Chips kommen meist nicht direkt auf die Glut, sondern in einer Räucherbox oder -pfeife aus Metall

SAWDUST (FEINSTE HOLZSPÄNE)

- bis zu 4 mm große feine, gleichmäßige Späne
- universell einsetzbar und in vielen Sorten erhältlich
- fürs Smoken und Räuchern geeignet, wird verwendet wie Holzmehl

RAUCHZEICHEN SETZEN

HOLZMEHL

- mit einer Grammatur von 0 bis 2 mm ist Holz- oder Räuchermehl sehr fein
- klassischer Rohstoff zum Heiß- und Kalträuchern
- gut geeignet für Räuchertöpfe, Tischräuchergeräte und Räucherschränk

HOLZPELLETS

- die Stäbchen werden sortenrein aus rindenfreiem Holz oder Holzmehl gepresst
- der Brennstoff für Holzpellet-Smoker
- Pellets eignen sich auch zum Smoken. Im Holzkohle- und Keramikgrill kommen sie direkt auf die Glut, im Gasgrill in eine Räucherbox oder -pfeife aus Metall

WOOD PAPER (HOLZPAPIER)

- dünn vom Stamm geschnittenes (gemessertes) Holz schützt Zartes vor dem Austrocknen
- Holz- oder Grillpapier ist in verschiedenen Sorten erhältlich
- das Grillgut wird in das gewässerte Holzpapier eingerollt und erhält ein feines Raucharoma

HOLZDISCS

- hergestellt werden die Bisketten genannten Disks aus gepressten Hartholzspänen
- der richtige Brennstoff für Bradley Smoker. Es gibt sie in verschiedenen Sorten
- alle 20 Minuten verbrennt eine Disk und erzeugt dabei das gewünschte Raucharoma

WOOD PLANK (HOLZBRETT)

- Planks sind idealerweise mindestens 1 cm dick
- Grillbretter gibt's aus verschiedenen Harthölzern, sehr beliebt sind Red Cedar Planks
- das Grillgut bleibt auf den (meist) gewässerten Bretter schön saftig

4. Birke wird seltener verwendet, entrindet eignet sich das Holz aber gut zum Räuchern. Mild und leicht süß im Aroma, für Fisch, Schweinefleisch und Geflügel.

5. Apfel entwickelt ein mild-fruchtiges Aroma und passt perfekt – wie Birne auch – zu Fisch, Geflügel und Räucherschinken.

6. Kirsche ist der Geheimtipp unter den heimischen Obsthölzern. Feinfruchtig und mild harmoniert das Aroma gut mit Schwein, Geflügel und Fisch.

7. Pflaume entwickelt kräftigen, aromatischen Rauch und der ist bestens geeignet für Rind, Schwein und Wild.

8. Ahorn passt mit seinem milden, süßen Raucharoma einfach ideal zu Fisch, Geflügel und Schwein.

9. Hickory – der Klassiker aus den USA – gibt mit seinem intensiven Aroma den Klassikern Ribs, Pulled Pork und Brisket den richtigen Geschmack.

10. Pecan ist mild und süßlich, ergänzt viele US-Räuchermischungen.

11. Mesquite hat ein stark ausgeprägtes kräftiges Raucharoma, unverzichtbar für original Südstaaten-BBQs.

12. Zedernholz ist aromatisch und wohlriechend. Bereits die alten Indianer verwendeten es als Grillbrett.

13. Barolo Wood Chips werden aus alten Rotwein-Eichenfässern (Barrique) hergestellt. Sie entwickeln einen intensiven kräftigen Rauch, für Fleisch, Wild und Geflügel.

14. Whiskey Chips stammen von alten Fässern, in denen (Bourbon-)Whiskey gelagert wurde. Ersatz: Eichenholz-Chips in Whiskey. Für US-BBQs ein Muss.

15. Walnuss entwickelt einen leicht nussigen Rauchgeschmack und eignet sich für Fleisch und Geflügel.

16. Weinrebe ist ein echter Geheimtipp unter Kennern. Das aromatische Holz eignet sich bestens zum Grillen und Räuchern von Fleisch.

17. Olivenholz entwickelt ein sehr feines Aroma und passt für Fleisch und Fisch.

18. Zitrushölzer (Zitrone, Orange, Grapefruit) lohnen ebenfalls einen Versuch im Räucherofen. Ihr Aroma ist leicht scharf mit erkennbarer Zitrusnote, die prima zu Schwein, Geflügel und Fisch passt.

MIT EIN WENIG WARTUNG ROSTFREI SMOKEN

Smoker trotzen Wind und Wetter, doch das Leben im Freien hinterlässt Spuren: Rost und Ausbleichen lassen sich nicht vermeiden.

Gut abbürsten: Rostige Stellen und Flugrost mit einer groben Drahtbürste behandeln, dann fein abschleifen und den Staub entfernen.

Wieder wie neu: Die gebürsteten, abgeschliffenen Stellen mit hitzebeständigem, mattschwarzem Lack einsprühen – fertig!

Unproblematisch, aber notwendig sind Smokerreinigung und pflege. Beides ist mit wenigen Handgriffen erledigt, doch die müssen sein! Ganz wichtig: nach jedem Durchgang die Asche sorgfältig aus der Brennkammer entfernen. Sonst bindet sie Feuchtigkeit und das führt bei längerem Liegen in der Feuerbox rasch zu Korrosion. Nach jedem Durchgang sollte auch der Fetteimer geleert werden, sonst lockt man allerlei ungebetene Gäste herbei. Und auch die Roste müssen beim Smoker wie beim Grill nach jedem Auflegen gereinigt werden. Das geht am besten mit einer kräftigen Drahtbürste (S. 118–119), solange das Eisen noch heiß ist. Und jetzt der Garraum: Keine Sorge, auch der ist kein großer Aufwand und auf chemische Keulen kann man sowieso verzichten. Mit einem Spachtel lässt sich das erstarrte Fett von Boden und Innenwänden leicht abkratzen.

MIT PATINA NOCH BESSER

Ganz Gründliche entfernen den verbleibenden dünnen Fettfilm noch mit heißem Wasser und Spülmittel. Das muss aber nicht sein, denn das Fett ist ein guter Korrosionsschutz. Und damit ist die Reinigung auch schon erledigt. Im Lauf der Zeit lagert sich auf den Deckelinnenseiten und im Räucherturm oder Kamin eine leicht glänzende schwarze Schicht aus Ruß und Kondensat an. Diese Rauchpatina sollte aber nicht entfernt werden. Sie ist eine natürliche Schutzschicht für den Stahl und lässt ihn unempfindlicher gegen Feuchtigkeit werden.
Sollte der Smoker doch mal Rost ansetzen, ist der mit Drahtbürste und Schleifpapier schnell wieder weg. Mit ein bisschen hitzebeständigem Ofenlack sieht der große Schwarze dann von außen gleich wieder aus wie neu (s. oben, 1–3).

»WIE NEU« IST FÜR GRILLS KEIN MUSS!

Während die robusten Stahlkolosse vieles schlucken, glänzt ein Edelstahlgrill nach ein paar Einsätzen nicht mehr ganz so schön. Der Versuch, ihn wieder in den Urzustand zu versetzen, ist aber – mindestens im Innern – von vornherein zum Scheitern verurteilt. Es reicht, nach jedem Grillen den Rost zu reinigen und das Fett im Innenraum zu entfernen. Von außen empfiehlt sich eine Edelstahlpflege (S. 119) alle paar Wochen. Abdeckhauben sind für Smoker und Grills kein Muss, jedoch ganz nützlich. Sie halten Blütenstaub und Blätter fern, sollten aber atmungsaktiv sein.

GROSSER ASCHEEIMER
▪ aus Metall, mit Deckel
▪ nützlich zum Entsorgen auch heißer Asche (Achtung, keine Kunststoffeimer verwenden!)
DOPPELBÜRSTE
▪ mit Spiral-Edelstahlborsten
▪ für Gusseisenroste und Zwischenräume
ZWEISEITIGE BBQ-BÜRSTE
▪ mit Handgriff
▪ Multifunktionsbürste mit Schwamm, Edelstahlborsten und Schaber
REINIGUNGBÜRSTE
▪ mit Handgriff und Edelstahlwolle
▪ für einfaches Reinigen porzellanemaillierter Flächen
HANDBESEN
▪ mit groben Borsten (idealerweise aus gespleißter Rinde)
▪ zum Ausfegen der Asche bei Holzkohlegrills

GANZ SCHÖN AUF DRAHT
DAS PUTZEQUIPMENT

Wer einen neuen Grill sein Eigen nennt, sollte ihn besser gleich fotografieren, so der Rat eines Grill-Profis. Denn er wird nie wieder so sauber aussehen! Tägliches Blankscheuern muss aber nicht sein. Bei Temperaturen über 300 °C und mehr übernimmt die Reinigung die Pyrolyse. Am Rost anhaftende Reste verbrennen und lassen sich dann mit einer soliden Drahtgrillbürste leicht entfernen. Regelmäßig gereinigt werden sollten Fettauffangwannen und -schalen (Gasgrill) sowie Fetteimer und Garraum (Smoker). Emaillierten Oberflächen und Edelstahlfronten tut eine gelegentliche Behandlung mit einem milden Reinigungsmittel und anschließendes Polieren mit einem Mikrofasertuch gut.

DREISEITIGE GRILLBÜRSTE
- mit langem Stiel und Spiral-Edelstahlborsten
- gut geeignet zum Reinigen porzellanemaillierter Roste und Edelstahlroste

GRILLBÜRSTE XL
- mit großem Kopf, Messing- und Edelstahlborsten
- aufgrund des extralangen Stiels (75 cm) optimal für die Reinigung von Smokern

BBQ-BÜRSTE
- mit vier kurzen, starren, einzeln austauschbaren Messingrundbürsten
- für Gusseisen- und Edelstahlroste

HANDLICHE GRILLBÜRSTE
- mit Messingborsten
- ideal zum Reinigen porzellanemaillierter Roste und Trichter

HILFREICH BEIM HANTIEREN AM ROST

Absolute Must-haves sind ein Anzündkamin (in der Größe passend zum Grill), hitzefeste Grillhandschuhe, Kohlekörbe, Tropfschalen, Fleischthermometer und Barbecuezangen. Zur Grundausstattung gehören weiter Spieße aus Holz und/oder Metall, Kohlezange sowie BBQ-Pinsel zum Auftragen von Mops, Wet Rubs und Marinaden.

KOHLE- UND ASCHESCHIEBER
- zum Verteilen der Glut (Ein-, Zwei- oder Dreizonenglut) für direktes und indirektes Grillen
- und zum Entfernen der Asche

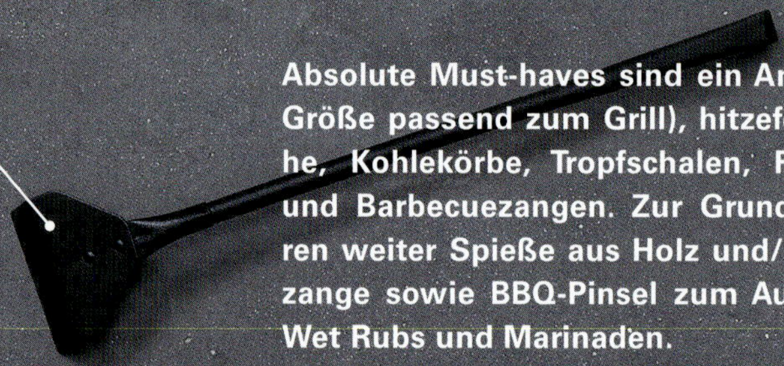

ANZÜNDKAMIN
- unentbehrlich zum Vorglühen von Holzkohle und Briketts

KOHLESCHAUFEL
- eckig oder rund (je nach Form des Grills) zum Entfernen der Asche und Nachlegen der Glut

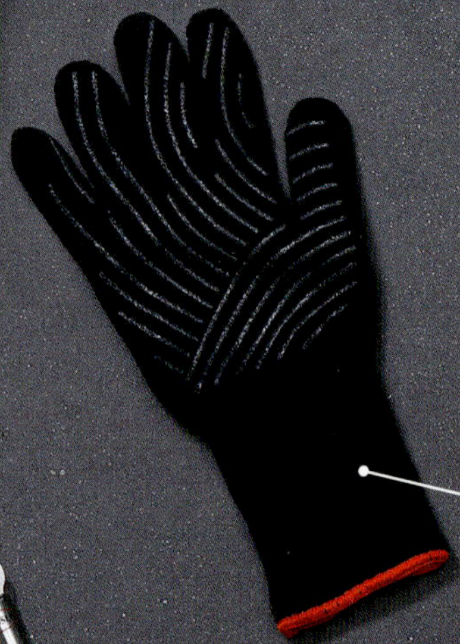

GRILLHANDSCHUHE
- aus Kevelar-Mischgewebe mit silikonbeschichteter Innenfläche, hitzebeständig
- auch gut: lange, robuste Lederhandschuhe

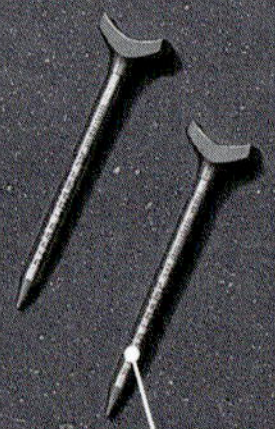

STEAKTHERMOMETER
- zeigt an, wann es Zeit ist, das Steak vom Grill zu nehmen (Doppelblitz)
- und wann die Ruhephase endet (einfacher Blitz)

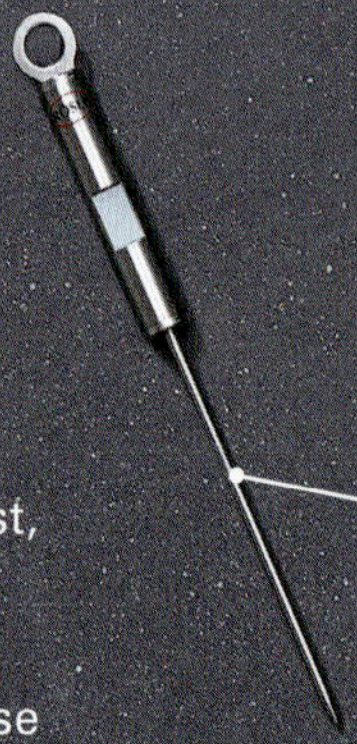

GRILLTHERMOMETER
- mit digitaler, beleuchteter Temperaturanzeige von –40 bis +200 °C
- zum schnellen Messen der Kerntemperatur

TROPF- UND GRILLSCHALEEN
- aus Alu und Edelstahl
- ungelocht fürs indirekte Grillen, zum Auffangen von Flüssigkeiten
- gelocht für kleines oder empfindliches Grillgut

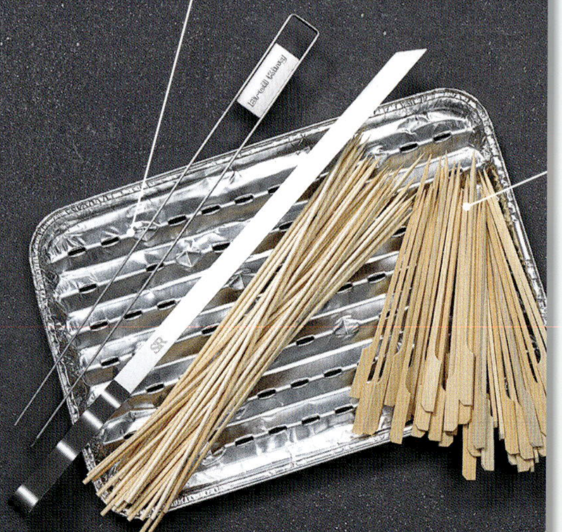

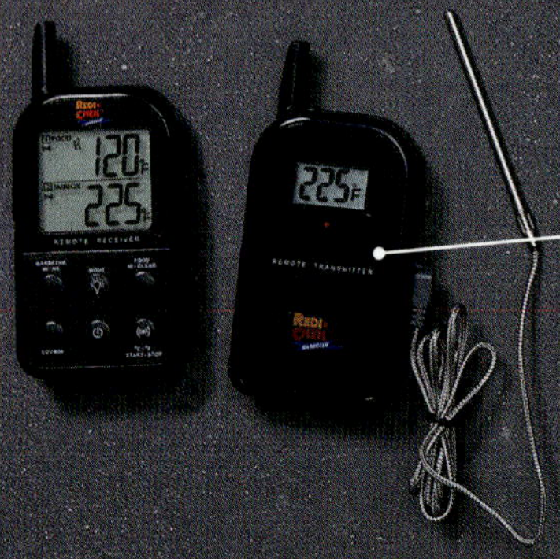

DRAHTLOSES DIGITAL-THERMOMETER
- mit zwei Fühlern zum Überwachen der Temperatur von Grillgut und Garkammer

HOLZKOHLEKÖRBE
- zum Befüllen mit glühender Holzkohle oder Briketts
- für das indirekte Grillen im Kugelgrill (57 cm Ø)

KOHLEZANGE
- aus Federstahl, langstielig, gezahnt und griffig für optimales Arrangieren der Glut

BBQ-GRILLZANGE
- solide, lange Grillzange (40 cm) aus Edelstahl, einhändig zu bedienen: hält man sie nach unten, öffnet sie sich, nach oben schließt sie sich

GRILLWENDER
- extra langer Grillwender aus Edelstahl, ideal zum Einsatz auf der Grillplatte oder zum Wenden von Fisch

SILIKONPINSEL
- mit Edelstahlgriff, leicht zu reinigen, hitzebeständig bis 250 °C, zum Bepinseln des Grillguts mit Marinade

SPIESSE AUS HOLZ UND METEALL
- in verschiedenen Größen und Formen erhältlich (Holzspieße 10–15 Minuten wässern)
- gut: flache Spieße oder Doppelspieße aus Edelstahl, sie lassen sich besser wenden

BBQ-PINSEL
- mit langem Edelstahlgriff (gesamt 44 cm) und runden Silikonborsten, hohe Aufnahmekapazität, hitzebeständig bis 260 °C, Silikonvorderteil separat erhältlich

GRILLEQUIPMENT NICE TO HAVE

Das Angebot an Zubehör ist immens. Vieles davon ist nützlich, klemmbare LED-Leuchten etwa, damit auch das Dessert noch optimal vom Rost kommt. Manches ist nett, wie die überdachten Bierflaschenhalter aus Edelstahl mit Haken fürs Grillbesteck, die sich im Winter zum Vogelhaus umrüsten lassen. Nice to have sind zudem Stabfeuerzeug, Fischheber oder Chicken Wing Rack. All die kleinen Helfer machen das Leben leichter und Grillen noch schöner!

SAUCENMOPP
- zum gleichmäßigen Bestreichen des Garguts in Smoker und Grill
- mit Marinaden-Eimer

PIZZASTEIN
- Schamottstein mit Griffen aus verchromtem Stahl
- zum Backen von Pizza, Brot und Flammkuchen im geschlossenen Grill

SPARE-RIB-HALTER
- zum platzsparenden Grillen von Rippchen
- umgedreht: Bratenkorb fürs indirekte Grillen

GRILLROST-HEBER
- mit Holzgriff, zum sicheren Anheben des heißen Rosts mit einer Hand
- für Roste mit geraden Streben

TEILBARER GUSSGRILLROST
- zum einfachen Nachfüllen von glühender Kohle oder Briketts (57 cm Ø)
- für otimale Hitzeverteilung und ein perfektes Branding

MARINIERSPRITZE
- zum Injizieren von Flüssigkeiten ins Grillgut

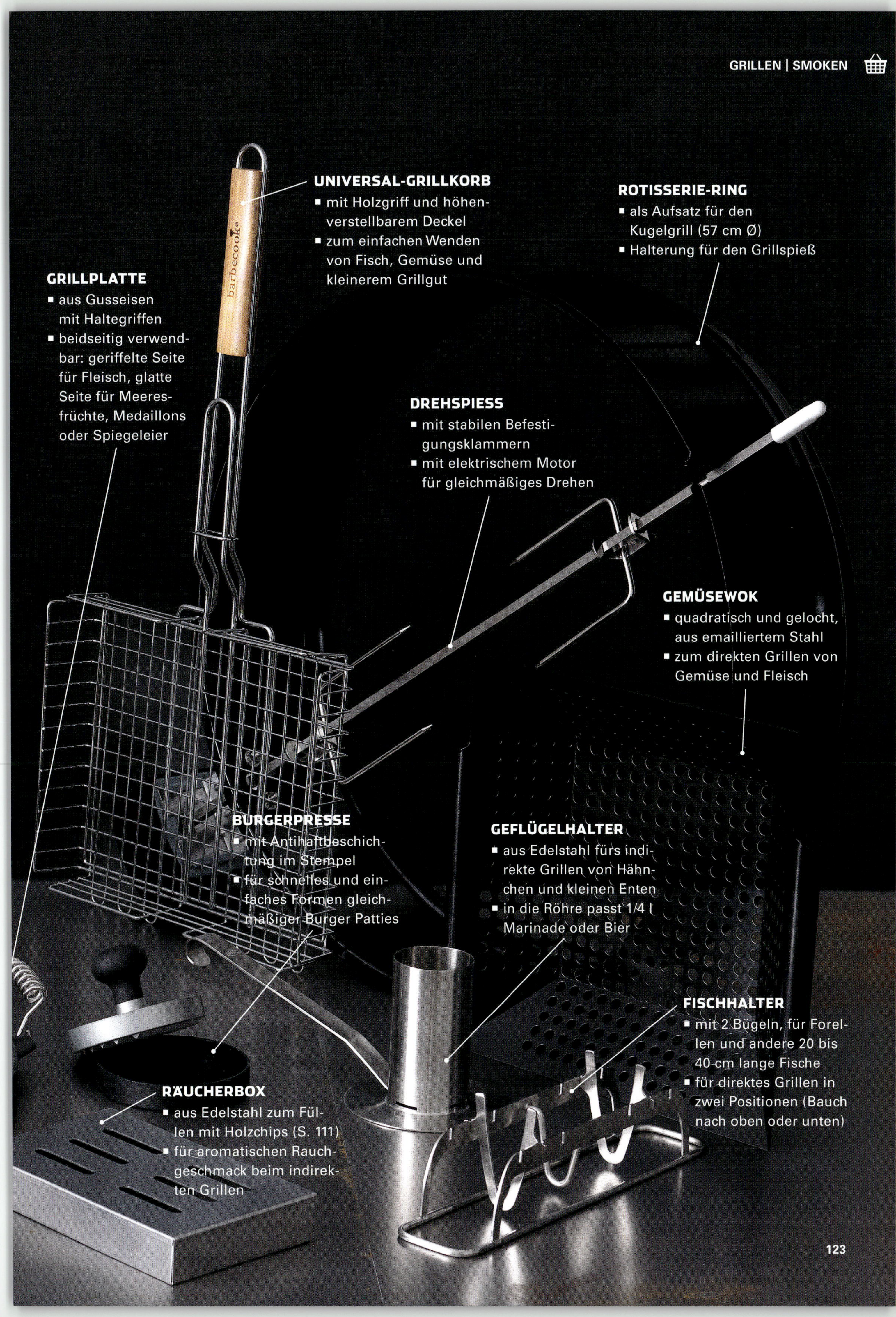
UNIVERSAL-GRILLKORB
■ mit Holzgriff und höhenverstellbarem Deckel
■ zum einfachen Wenden von Fisch, Gemüse und kleinerem Grillgut
ROTISSERIE-RING
■ als Aufsatz für den Kugelgrill (57 cm Ø)
■ Halterung für den Grillspieß
GRILLPLATTE
■ aus Gusseisen mit Haltegriffen
■ beidseitig verwendbar: geriffelte Seite für Fleisch, glatte Seite für Meeresfrüchte, Medaillons oder Spiegeleier
barbecook
DREHSPIESS
■ mit stabilen Befestigungsklammern
■ mit elektrischem Motor für gleichmäßiges Drehen
GEMÜSEWOK
■ quadratisch und gelocht, aus emailliertem Stahl
■ zum direkten Grillen von Gemüse und Fleisch
BURGERPRESSE
■ mit Antihaftbeschichtung im Stempel
■ für schnelles und einfaches Formen gleichmäßiger Burger Patties
GEFLÜGELHALTER
■ aus Edelstahl fürs indirekte Grillen von Hähnchen und kleinen Enten
■ in die Röhre passt 1/4 l Marinade oder Bier
FISCHHALTER
■ mit 2 Bügeln, für Forellen und andere 20 bis 40 cm lange Fische
■ für direktes Grillen in zwei Positionen (Bauch nach oben oder unten)
RÄUCHERBOX
■ aus Edelstahl zum Füllen mit Holzchips (S. 111)
■ für aromatischen Rauchgeschmack beim indirekten Grillen

RÄUCHERN

RÄUCHERN
HEISS ODER KALT?

Schuld ist die Technik: Seit Lebensmittel einfach in den Kühlschrank kommen, müssen sie nicht mehr in den Rauch. Trotzdem hängen viele Fleisch und Fisch wieder in den Räucherschrank – es schmeckt einfach zu gut.

Fürs Heiß- und Warmräuchern braucht der Ofen eine Zusatzheizung, um auf Temperatur zu kommen. Beim Kaltrauch genügt Räuchermehl.

Bis ins 19. Jahrhundert hinein war Räuchern überlebenswichtig und das Wissen darum weit verbreitet. Würste und Schinken hingen zum Trocknen unter der Decke, der Rauch vom Herdfeuer ließ Bakterien keine Chance. Geräuchertes war wochen- oder monatelang genießbar und half, gut über den Winter zu kommen. Erst mit Erfindung der Gefriertechnik wurde Räuchern dann überflüssig und von Kühlschrank & Co. abgelöst. Heute verglimmt der Smok (Räuchermehl) aus geschmacklichen Gründen – und auch nur noch bei Profis. Privat geriet das Räuchern weitgehend in Vergessenheit. Nur wenige Spezialisten – meist Fischer, Angler oder Jäger – kennen heute noch den Zusammenhang von Rauch und Feuer, von Würze und Salz. Weil aber Räucherfisch und Selchfleisch so unwiderstehlich schmecken, lohnt es, die alten Techniken wieder neu zu entdecken.

DIE TEMPERATUR MACHT'S AUS

Prinzipiell geht's beim Räuchern darum, Lebensmitteln Flüssigkeit zu entziehen und sie gleichzeitig zu aromatisieren. Mit Rauch allein ist's aber nicht getan. Beim schnellen Heißräuchern steigen die Temperaturen im Innern des Räucherofens auf 60 bis 100 °C, das Räuchergut gart hier zugleich. Das geht nicht ohne zusätzliche Hitzequelle (Holz, Gas oder Strom), aber es ist die einfachste Art des Räucherns (S. 134). Beim Warmräuchern liegen die Temperaturen niedriger, meist sind es so um die 40 bis 50 °C.

Beim Warm- und Heißräuchern ist die Räucherphase vergleichsweise kurz und was aus dem Ofen kommt, nicht lange haltbar. Beim Kalträuchern (S. 154) ist das anders: Hier zeigt sich der Rauch mit 25 bis 30 °C von seiner kühlen Seite und Lachs und Schinken bleiben roh. Damit sie jedoch nicht gleich verderben, muss ihnen vor dem Räuchern mehr Wasser entzogen werden als beim Heißräuchern. Diese Aufgabe übernimmt das Salz, das hier nicht nur für Würze sorgt, sondern auch das Garen übernimmt. Eine Geduldsprobe: Schon das Pökeln (S. 146–149) braucht seine Zeit. Und das kalte Überräuchern kann, immer wieder von Frischluftphasen unterbrochen, noch Tage, Wochen oder Monate dauern.

KALTRÄUCHERN IN DER KALTEN JAHRESZEIT

Beim Kalträuchern darf die Temperatur im Ofen nicht über 25, höchstens 30 °C steigen. Zeigt das Thermometer draußen – was im Sommer ja durchaus mal vorkommen kann – aber 25 °C und mehr an, wird es Speck und Schinken schnell zu warm. Sie beginnen schon zu garen – und genau das soll nicht sein! Kalträuchern ist also eher was für kühle Tage und die Monate mit einem R! Wird's im Herbst und Frühjahr tagsüber dann doch zu warm, muss der Räucherofen halt mal eine Nachtschicht einlegen.

EIN SCHRANK FÜR ALLE FÄLLE

Angler wissen: Räuchern kann man so gut wie überall und in fast allem. Eine Handvoll aufgetürmte Steine werden mit etwas Moos und Lehm abgedichtet zum Mini-Outdoor-Räucherofen. Aus ein paar Holzstangen entsteht im Handumdrehen mittels Alufolie (ringsum) und einem Tuch (darüber) ein Folienofen zum Heißräuchern. Und zum Kalträuchern genügt im Grunde schon eine große Plane. Über eine Aluleiter ausgebreitet oder einen ausrangierten Schirm gespannt, wird sie zum improvisierten Räucherzelt. Möglich ist vieles.

Wesentlich besser steuerbar, weniger wetteranfällig und bequemer ist das Räuchern in einem soliden Metallschrank. Der findet, je nach Kaminanschluss, im Haus oder im Garten seinen Platz. Durch Verschieben der Zu- und Abluftregler sind Temperatur und Rauchentwicklung gut regulierbar. Wer kalt räuchern will, sollte auf eine gewisse Höhe achten, damit der Rauch beim Aufsteigen abkühlen kann. Manche Hersteller bieten dafür auch externe Raucherzeuger oder Spezialaufsätze an. Praktisch außerdem, wenn sich die Art der Befeuerung (nur beim Warm- und Heißräuchern notwendig) rasch wechseln lässt – so wie hier beim »Typ F2« von Beelonia.

TEMPERATURFÜHLER
des in der Schranktür integrierten Thermometers

EINSCHUBLEISTEN
für Räucherroste oder Stangen. Der Vorteil: das Räuchergut ist auf einmal entnehmbar

GROSSES FASSUNGSVERMÖGEN
für etwa 30 Fische (durch seine Höhe auch zum Räuchern von Aalen geeignet) oder 20 bis 25 kg Fleisch

DOPPELWANDIGE TÜR
mit Dichtung – sie hält Wärme und Rauch im Innern des Schranks

LAMELLENBLECHE
über dem Smokbehälter sorgen für gute Rauchverteilung und eine gleichmäßige Garung/Räucherung

ZULUFTREGULIERUNG
am Heizschub (Feuerkasten). Damit lässt sich die Temperatur beim Warm-/Heißräuchern regulieren. Je mehr Luft einströmt, desto größer die Hitze

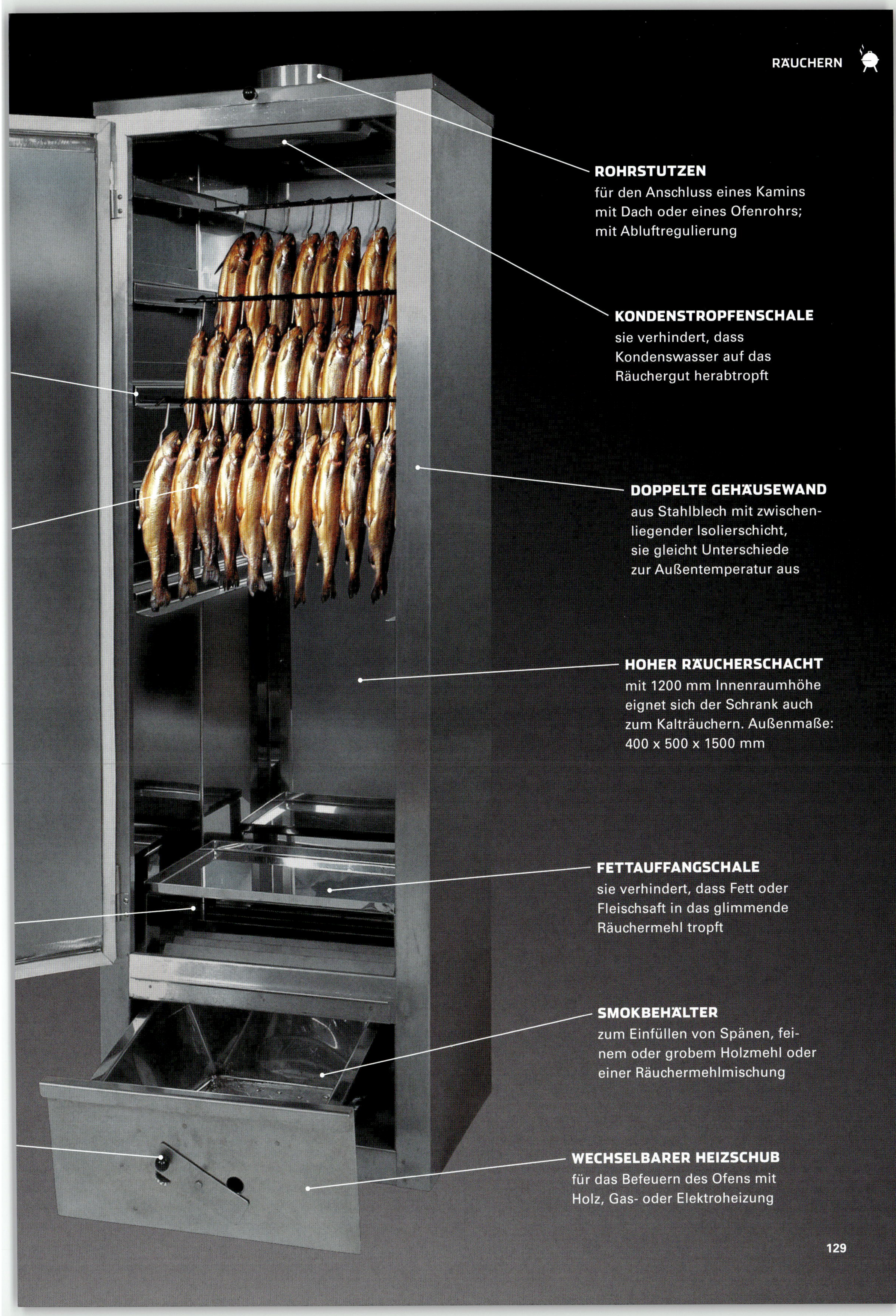

ROHRSTUTZEN
für den Anschluss eines Kamins mit Dach oder eines Ofenrohrs; mit Abluftregulierung
KONDENSTROPFENSCHALE
sie verhindert, dass Kondenswasser auf das Räuchergut herabtropft
DOPPELTE GEHÄUSEWAND
aus Stahlblech mit zwischenliegender Isolierschicht, sie gleicht Unterschiede zur Außentemperatur aus
HOHER RÄUCHERSCHACHT
mit 1200 mm Innenraumhöhe eignet sich der Schrank auch zum Kalträuchern. Außenmaße: 400 x 500 x 1500 mm
FETTAUFFANGSCHALE
sie verhindert, dass Fett oder Fleischsaft in das glimmende Räuchermehl tropft
SMOKBEHÄLTER
zum Einfüllen von Spänen, feinem oder grobem Holzmehl oder einer Räuchermehlmischung
WECHSELBARER HEIZSCHUB
für das Befeuern des Ofens mit Holz, Gas- oder Elektroheizung

FAMILIENPACKUNG
KLEINGERÄTE FÜR EINSTEIGER

Beim Räuchern eher Gelegenheitstäter? Dann ist ein Tischräucherofen ideal. Heißräuchern von Saibling und Forelle ist damit kein Problem und geht schnell. Wer seine Gäste auch mal mit einem Aal überraschen will, muss höher hinaus und benötigt eine Teleskoptonne oder einen hohen Schrank. Darin bleibt der Rauch auch cool genug fürs Kalträuchern, genau wie im »XL« (rechts) und anderen Watersmokern (S. 94), die man natürlich auch verwenden kann.

TISCHRÄUCHEROFEN (BEHR)
- aus Edelstahl, mit zwei Brennern (Brennpaste oder -spiritus) beheizbar, für draußen
- für 4 große oder 6 kleinere Fische

RÄUCHERTONNE (HOLZEIS)
- aus Edelstahl, mit Holz oder Holzkohle beheizbar, für draußen
- für etwa 6 Fische, Thermometer als Zubehör erhältlich

RÄUCHEROFEN (PEETZ)
- in aluminiertem Feinblech oder Edelstahl erhältlich, mit Holz beheizbar, für draußen
- mit Schiebetür und Thermometer, für bis zu 6 Fische liegend

RÄUCHEROFEN (LANDMANN)
- aus Metall mit hitzebeständiger Lackierung, mit Holz beheizbar, für draußen
- mit Tragegriffen und Thermometer, 3 Einschübe für Fischhalter und Rost, für 8 bis 10 Fische
- bei Außentemperaturen von 5 °C und weniger auch zum Kalträuchern geeignet

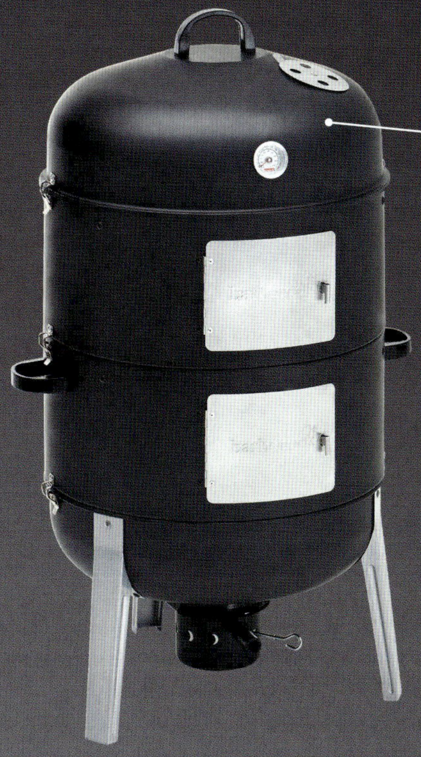

RÄUCHEROFEN XL (BARBECOOK)
- aus lackiertem Stahlblech, mit Holz oder Holzkohle beheizbar, für draußen
- Grillkorb mit feinem Gitter für Kleinteiliges
- für Fisch und Fleisch, auch als Watersmoker verwendbar, mit Kaltrauchgenerator (optional erhältlich) auch zum Kalträuchern geeignet

UNIVERSAL-KLEIN-RÄUCHERGERÄT (AGK)
- aus Edelstahl, elektrisch beheizbar mit 2-stufigem Thermostat, für draußen
- einfach zu bedienen und ideal für 6 Forellen oder 2 kg Fleisch

GROSSKALIBER FÜR GESELLIGE RUNDEN

Wer auf den Geschmack gekommen ist und größer einsteigen will ins Thema Räuchern, der braucht das passende Gerät dazu, damit Kumpels und Kollegen, die bei einem Bier drauf warten, dass die Aale endlich aus dem Rauch kommen, nicht wieder hungrig heimgehen müssen. Die meisten Großen zum Heiß- und Kalträuchern sind mit Holz-, Gas- und Elektroheizung erhältlich. Einige Hersteller haben sich aber auch etwas Besonderes einfallen lassen, um das Räuchern noch einfacher zu machen.

DIGITAL SMOKER (BRADLEY)

- Außenwände in Edelstahloptik, Innenwände aus Edelstahl, beheizbar mit automatisch zugeführten Bisquetten, für draußen
- Temperatur, Gar- und Räucherzeit digital steuerbar, mit 4 Rosten und 76 l Fassungsvermögen

RÄUCHEROFEN (HOLZEIS)

- aus Edelstahl, mit regelbarem, elektrischem Heizelement, für draußen
- Tür mit Sichtfenster und Thermometer, für 12 Fische oder 7 kg Fleisch, auch zum Räuchern von Wurstwaren

RÄUCHEROFEN RUSTIKAL (BEELONIA)
- Außenwände aus Schwarzblech, Innenwände aus Edelstahl, mit Dach und Kamin. Elektroheizung mit Thermostat fest eingebaut, wahlweise auch mit Holz und Gas beheizbar
- Tür mit Thermometer und Sichtscheibe, Innenraumbeleuchtung, für große Mengen Fisch und Fleisch

KALTRÄUCHERSCHRANK F »MAXI« (PEETZ)
- aus Edelstahl, mit Longsmoke fürs Räuchermehl (andere Heizung zum Kalträuchern nicht notwendig), für draußen
- mit Sichtfenster, Metallschieber zur Rauchregulierung und Insektenschutzgitter, für größere Mengen Fleisch und Fisch

RÄUCHERSCHRANK (THÜROS)
- aus Edelstahl, mit Holz beheizbar (Elektroheizung optional), für draußen
- mit Thermometer, für mittlere Mengen Fisch und Fleisch

HELIA SMOKER (OSSA)
- aus Edelstahl, elektrisch beheizbare Druckkammer, Gar- und Räucherofen, kein Kaminanschluss notwendig, für drinnen und draußen
- mit 2 Flachrosten für Fleisch und 2 Forellenrosten, für 24 größere Forellen, 8 Hähnchen oder 14 kg Fleisch

RAUCH REINLASSEN: HEISSRÄUCHERN VON FISCH

Das ultimative Rezept für frisch geräucherte Forellen oder Saiblinge? Gibt's nicht! Fragt man fünf Spezialisten nach ihrer Methode, erhält man fünf verschiedene Antworten. Mal trocknen die Fische an der Luft, mal im heißen Ofen und das unterschiedlich lange. Beim Salzen sind sie sich auch nicht einig: Der eine macht es kurz und trocken, der andere schwört auf 12-stündige Lakebäder. Und wie lange die Fische dann im Rauch bleiben, hängt von ihrer Größe, dem Ofen und dem Wetter ab. Damit ist klar: Räuchern ist Erfahrungssache und wie Grillen oder Barbecuen auch eine echte Freestyle-Disziplin. Hier aber ein Rezept als Basis für eigene Versuche.

1 Die ausgenommenen Forellen (je 300–400 g; Achtung: auch die Kiemen müssen entfernt werden!) gut mit kaltem Wasser ausspülen, in eine flache Form legen und mit einer 6 bis 8%igen Salzlösung übergießen (60 bis 80 g Kochsalz mit Wasser zu 1 l Lake auffüllen) – mehr zum Nasssalzen auf S. 147. Die Fische darin 10 bis 12 Stunden kühl durchziehen lassen. Wer nicht so lange warten will, kann seine Fische auch trocken salzen oder sie für zwei Stunden in gesättigte Salzlake legen (S. 147).

2 Die Forellen herausnehmen und gut abspülen, um anhaftende Salz- und Schleimreste zu entfernen. Die Fische dann einzeln an den Haken hängen – bewährt haben sich Räucherhaken mit doppeltem Dorn. Das gebogene Ende durch Bauchhöhle und Maul führen und die Dornen links und rechts der Mittelgräte einstechen. Damit der Fisch am Haken bleibt, sollte der erste Dorn 5 bis 7 Gräten Abstand zum Kopf haben. Im Brennkasten ein kleines Feuer entzünden – 4 bis 5 kleine Scheite reichen – und die Fische mit ausreichend Abstand (mindestens 3 cm) einhängen, sie dürfen sich nicht berühren.

3 Die Forellen im warmen Ofen bei etwa 50 °C rund 40 Minuten trocknen, bis sich ihre Haut trocken und pergamentartig anfühlt. Dabei Abzug und Tür (oder Schieber) des Ofens einen Spalt offen lassen. Den Räucherschrank verschließen, die Temperatur erhöhen und die Forellen bei 90 bis 100 °C etwa 30 Minuten garen. Anschließend die Glut mit Buchen- oder Erlenräuchermehl (Smok) bedecken.

4 Die Luftzufuhr etwas drosseln und die Fische bei 60 bis 65 °C im geschlossenen Räucherschrank je nach Geschmack etwa 1 Stunde räuchern. Wer ein dezentes Raucharoma vorzieht, nimmt sie etwas früher heraus. Liebhaber ausgeprägter Raucharomen lassen ihre Forellen 1,5 Stunden im Rauch. Das Anheizen mit Holz ist klassisch. Es ist leicht verfügbar und bringt zusätzlichen Geschmack (S. 111–114). Das Heizen mit Holz hat aber auch den Nachteil, dass sich die Temperatur nicht so exakt steuern lässt. Viele Hersteller bieten daher auch Strom- und Gasheizungen für ihre Räucheröfen an, die sich einfacher regulieren lassen.

5 Sind die Fische goldgelb, nähert sich die Räucherzeit ihrem Ende. Ob die Forellen tatsächlich fertig sind, lässt sich durch Herausziehen der Rückenflosse überprüfen. Lässt sie sich leicht lösen und ist das Fleisch am Grätenansatz weiß und fest, sind die Fische fertig. In diesem Fall die Räucherschublade herausnehmen und die Tür weit öffnen. Die Fische am Haken aus dem Räucherschrank nehmen und vor dem Servieren noch einen Moment abkühlen lassen (rechtzeitig an eine Aufhängemöglichkeit denken!). Frisch geräucherte Forellen oder Saiblinge sind warm oder lauwarm am besten. Wer gleich auf Vorrat räuchern will, lässt sie ganz auskühlen und vakuumiert die Räucherfische dann, so halten sie gekühlt etwa 6 Wochen.

SÜSSWASSERSILBER ZUM VERGOLDEN

Nach dem Bad im Salz (S. 147) kommen fast alle Süßwasserfische als Delikatesse aus dem Heißrauch. Besonders saftig bleiben Arten mit höherem Fettgehalt wie Aal, Lachs oder Karpfen. Aber auch Forellen, Saiblinge und Renken mögens rauchig. Portionsfische bis 350 g hängt man im Ganzen an den Haken, größere Exemplare werden filetiert oder in Tranchen geschnitten. Zum Goldfärben im Ganzen kommen Stör & Co. auf den Rost. Und für alle gilt: Je frischer, desto besser!

SAIBLING

- sehr gut zum Heißräuchern geeignet, als besondere Delikatesse gilt der heimische Seesaibling
- auch Bachsaibling aus Zucht hat ein zartes, wohlschmeckendes Fleisch

KARPFENTRANCHEN

- Speisekarpfen werden oft gekocht oder gebraten, schmecken aber auch geräuchert hervorragend
- da sie meist recht groß sind, zum Heißräuchern am besten in Tranchen scneiden

RENKE

- zählt regional zu den wichtigsten Räucherfischen und heißt je nach Region unterschiedlich: (Bodensee-)Felchen, Märane oder Riedling
- zum Heißräuchern ideal. Darauf achten, dass die Fische nicht zu trocken werden
- nicht stark würzen, um das feine Aroma nicht zu überdecken

FORELLE

- bei uns der bekannteste Räucherfisch
- geeignet: heimische Bach- und Seeforellen, aber auch aus den USA eingebürgerte Regenbogenforellen aus Zucht
- zartes Fleisch mit feinem Aroma – besser nicht überwürzen und nicht zu lange räuchern

AAL

- ausgezeichneter Räucherfisch mit weißem grätenlosem, aufgrund des hohen Fettgehalts schön saftigem Fleisch
- Aale werden vor dem Räuchern nicht getrocknet, sondern nass in den heißen Räucherofen gehängt. Wer sie selbst ausnehmen will: Achtung – rohes Aalblut ist giftig!
- Aale gelten als überfischt und sind daher nichts für jeden Tag

FLUSSKREBSE

- kommen am besten roh – mit oder ohne Schale – in den heißen Rauch
- delikates Aroma, Salzen vor dem Räuchern nicht nötig
- für die Krustentiere genügt eine Räucherphase von 5 bis 8 Minuten

TOP: SEAFOOD
HEISSGERÄUCHERT

Meeresbewohnern bekommt der Aufenthalt im heißen Rauch (S. 134) ebenfalls gut. Obwohl ihre Herkunft anderes vermuten ließe, ist der Salzgehalt von Meeresfischen recht gering. Er liegt zwar etwas höher als bei der Verwandtschaft aus dem Süßwasser, ist aber immer noch so niedrig, dass auch Salzwasserfische vor dem Räuchern ins Salzbad (S. 147) müssen. Ganze Fische und dicke Tranchen bleiben 8 bis 10 Stunden in der Lake, kleinen Fischen und Filets reichen oft schon 5 bis 8. Waren die Fische vorher tiefgekühlt, zieht das Salz schneller ein und die Einlegezeit verkürzt sich um 1 bis 2 Stunden. Weiter geht's dann wie gehabt mit Waschen, Trocknen, Garen – bevor das Holzmehl (meist Buche oder Erle) auf der Glut verglimmt.

SEEZUNGE
- gilt als bester unter den Plattfischen. Im Ganzen geräuchert eine Delikatesse.
- ebenfalls gut: Flunder, Scholle und Kliesche. Auch sie haben ein feines weißes Fleisch und wenig Gräten.

HEILBUTTKOTLETTS
- große Plattfische wie Heil-, Glatt- oder Steinbutt vor dem Räuchern in Tranchen (Koteletts) schneiden
- das feine weiße und fettreiche Fleisch hat kaum Gräten
- zum Heißräuchern sind etwa 200 g schwere Stücke ideal

MAKRELE
- als Portionsfisch (etwa 400 g) hervorragend zum Heißräuchern geeignet
- das rötliche, fettreiche Fleisch ist aromatisch und lässt sich leicht entgräten

MIESMUSCHELN
- vor dem Räuchern gründlich säubern (waschen, Bart entfernen)
- Muscheln auf ein Tropfblech geben und bei 180 °C 35 bis 45 Minuten heiß räuchern

KAISERGRANATE
- rohe Kaisergranate oder Garnelen waschen, den Schwanz ausbrechen und schälen
- delikate Krustentiere nur kurz räuchern, um ihr feines Aroma nicht zu überdecken

KABELJAUFILET
- schmeckt wie die Filets anderer Mitglieder der Dorschfamilie (Seelachs, Schellfisch etc.) gut aus dem Rauch
- das zarte, magere Fleisch nicht zu lange räuchern, damit es nicht zu trocken wird

SARDINEN
- schmecken gut aus dem heißen Rauch, ebenso wie die verwandten Heringe und Sprotten
- den kleinen Silberfischen genügen 4 bis 5 Stunden in der Lake
- feine Gräten können mitgegessen werden

MEERESFRÜCHTE RÄUCHERN

Krustentiere sowie Mies- oder Venusmuscheln müssen vor dem Räuchern nicht in die Lake. Jakobsmuscheln können ein bisschen Salz vertragen, 20 Minuten trockensalzen reicht aber locker. Und wie Kaisergranate oder Riesengarnelen wollen sie auch nicht allzu lange in den heißen Rauch, schon nach 5 bis 6 Minuten sind sie fertig.

Austern und Muscheln in der Schalenhälfte direkt oder auf zerknüllter Alufolie auf den Rost setzen

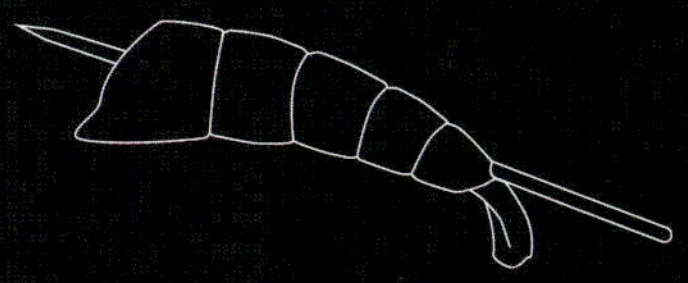

Riesengarnelen und Kaisergranate zum Räuchern längs auf Spieße stecken

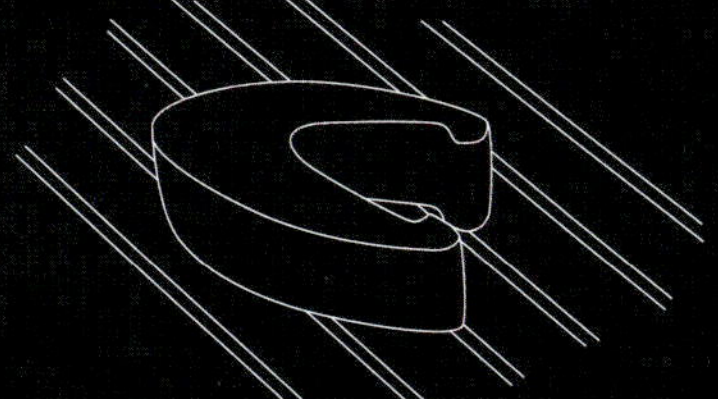

Fischtranchen zum Räuchern am besten auf einen Rost legen

Kleine Fische, große Traditon: Nach alter Art im Holzkasten geräuchert, sind die raren Saiblinge eine einzigartige Delikatesse.

SCHWARZREITER VOM KÖNIGSSEE

Direkt neben der berühmten Wallfahrtskirche liegt die Fischerei St. Bartholomä.

Alles im Kasten: Wie vor Jahrhunderten räuchert Thomas Amort, Fischermeister von St. Bartholomä, seine Schwarzreiter auch heute noch in der Kiste.

Während die größere Verwandtschaft im Handumdrehen am Haken hängt, verlangen die kleinen Tiefseesaiblinge deutlich mehr Aufmerksamkeit von Fischermeister Thomas Amort. Das fängt beim Fang an und hört beim Räuchern auf. Weil aber die weißlich grünen, etwa 15 cm langen schlanken Fische etwas ganz Besonderes sind, ist seine Zeit gut investiert. Die kleinwüchsigen Fische kommen zwar auch in anderen Seen vor, im Achen- oder Ammersee zum Beispiel. Und auch im Vierwaldstättersee will man sie schon gesehen haben. Den Salvelinus monostichus, so heißen die kleinen Feinen wissenschaftlich, gibt's aber nur hier im saubersten aller bayerischen Seen.

RARITÄT AUS DEM RAUCH

Und nur hier, in der über 400 Jahre alten Räucherkammer von St. Bartholomä, wird dank ausgeklügelter Räuchertechnik und aromatischem Buchenrauch eine ganz besondere Delikatesse daraus. Die zierlichen Fische in 40 bis 140 Meter Tiefe aufzuspüren ist nicht immer leicht. Doch Thomas Amort weiß, wohin er am frühen Morgen sein Boot lenken muss. Er kennt die Stellen, wo die Schwarzreiter stehen und sich die Maschen seines Netzes nicht gleich an der nächstbesten scharfen Felskante verfangen. Denn reißt es – und das ist schnell passiert – muss das Netz aufwendig von Hand geflickt werden. Am Abend ist es dann Zeit, den Fang des Tages einzuholen. Allerdings nur wenige Monate im Jahr, die Saison ist kurz. Nur von September bis Weihnachten kann man die Räucherspezialität genießen, weil die Saiblinge dann genau das richtige Verhältnis von Fett und Fleisch haben. Nach dem Ausnehmen und Auswaschen salzt Thomas Amort die rund 100 g schweren Fische und lässt sie vor dem Aufspandeln noch eine halbe Stunde durchziehen. Fisch für Fisch steckt er dann der Länge nach auf einen dünnen Holzspieß. Über Kreuz folgt quer ein zweiter. Mit geübtem Griff bricht er das überstehende Ende ab und setzt die Schwarzreiter in den Räucherkasten aus Lärchenholz.

ALLES BLEIBT, WIE ES IST

Schwarzreiter werden in St. Bartholomä noch immer so geräuchert wie es vor Hunderten von Jahren üblich war. Wird auch nur das kleinste Detail verändert, funktioniert das Zusammenspiel nicht mehr. Sämtliche Modernisierungsversuche schlugen fehl. Auf einem Metallrost bleiben die Fische kleben. Und über einem Feuer aus gewöhnlichem Buchenholz wird es dem Holzkasten schnell zu heiß.

Thomas Amort entfacht, genau wie schon sein Vater und dessen Vater vor ihm, das Feuer eben nicht mit irgendeinem x-beliebigen Holz. Die 6 bis 8 cm großen, leichten Buchenwürfel müssen aus Totholz geschnitten werden. Nur dieses hat den gewünscht niedrigen Brennwert. Um ständig einen Vorrat zu haben, macht sich der Fischer vom Königssee einmal im Jahr auf den Weg und sucht im Nationalpark nach einer geeigneten Buche. Am Boden verrotten darf sie nicht, sonst verströmt das Holz beim Verglimmen nicht das gewünschte feine Aroma, sondern riecht muffig. Ist der passende Stamm gefunden, wird er abtransportiert und aufgesägt.

Nur spezielles Buchentotholz brennt nicht zu heiß und bringt das optimale Raucharoma an den Fisch.

SEIT ÜBER 400 JAHREN ZIEHT DER RAUCH HIER DURCH, EINE BESSERE PATINA GIBT ES NICHT.

THOMAS AMORT

Die hellen Holzwürfel trocknen dann noch ein Jahr in der Räucherkammer, ehe sie zum Veredeln der Schwarzreiter infrage kommen.
Sind die schwarzen Haselstangen im Holzkasten dann zu einem Drittel belegt, ist es Zeit, die Buchenwürfel in Brand zu stecken. Rasch lodern helle Flammen auf, doch das Totholz brennt nicht lange. Es bleibt gerade genug Zeit, den Rost mit den übrigen Fischen zu bestücken. Dann verteilt Thomas Amort die Glut im Ofen gleichmäßig und hängt den Kasten darüber ein. Ein Großteil der Arbeit ist nun getan, aber noch immer darf Thomas Amort seine Schwarzreiter nicht aus den Augen lassen. Hochschlagende Flammen könnten der Lärchenholzkiste gefährlich werden. Züngelt hier und da doch mal eine auf, wird sie sofort mit Asche erstickt.

WIE SIE ZU IHREM NAMEN KAMEN

Warum die Schwarzreiter oder -reuter so heißen, weiß niemand ganz genau. Schon die Gebrüder Grimm haben sich darüber den Kopf zerbrochen. Der Name könnte von der Farbe kommen – dunkler Rücken und rötlicher Bauch – glaubten sie und brachten die Schwarzreiter in Zusammenhang mit »Schwarzröthel«. Gut möglich, zumal Saiblinge mancherorts auch Rötel, Rotling oder Rotfisch heißen. Manch einer mutmaßt auch, dass der Name auf die Sage von den Schwarzen Reitern zurückgehe. Diese hatte einst der Bischof von Salzburg ins Gosautal geschickt, um die Lutherischen endlich katholisch zu machen. Als sie den Glaubenstreuen über den zugefrorenen See nachjagten, brach das Eis und das Wasser verschlang Roß und Reiter. Seither führen die »Schwarzreiter« in den Tiefen des Sees ein geheimnisvolles Dasein. Eine gute Geschichte. Wahrscheinlicher aber ist, dass der Name tatsächlich von der alten, einzigartigen Räuchermethode herrührt, bei der die kleinen Fische auf schwarzen Holzstangen »reiten«.
Gut 25 Minuten später sind die Fische dann auf der Bauchseite schön trocken und es ist an der Zeit, sie zu wenden. Thomas Amort nimmt den Kasten aus dem Rauch und dreht jeden Fisch

Vor dem Räuchern stabilisiert Thomas Amort seine Schwarzreiter mit dünnen Holzspießen.

Holzkiste mit Innenleben: An die 100 Fische passen auf den Rost aus daumendicken, rußgeschwärzten Haselstangen.

einzeln um. Die zweite Räucherphase absolvieren sie in Rückenlage. Nach weiteren 25 Minuten ist es dann endlich soweit: Die Leckerbissen sind fertig! Nun heißt es nur noch kurz warten, bis die Schwarzreiter lauwarm abkühlen.

Der Überlieferung nach schätzte übrigens schon Kaiser Barbarossa diese Spezialität vom Königssee. Und auch im nahen Salzburg ist sie seit Jahrhunderten begehrt. Dort reichte man »geräucherte Partlsgadner Saibling, so man schwarze Reutter heißt« in den besseren Häusern des 16. Jahrhunderts immerhin zur Hochzeit. Wer heute in den Genuss der goldgelben, frisch geräucherten Köstlichkeit kommen will, muss im Spätsommer oder Herbst anreisen. Entweder bequem per Schiff übers Wasser oder zu Fuß über den Berg, was um einiges beschwerlicher ist. Mit etwas Glück lassen sich dann im Fischerstüberl von St. Bartholomä ein paar der begehrten Räucherfische ergattern. Viel dazu und drumherum braucht's nicht, Schwarzreiter schmecken am besten pur. Man isst sie ohne Kopf mitsamt den Gräten! Nur ein Stück Brot dazu und ein Glas Weißwein – und die Welt ist in Ordnung!

Katrin Wittmann

IM HEISSRAUCH VEREDELT
FLEISCH & GEFLÜGEL

Praktisch: Weil Fleisch beim Heißräuchern gleichzeitig gart, muss hier nicht gepökelt werden – nass oder trocken salzen (S. 146–149) mit einfachem Speisesalz reicht. Dafür geht's dann ein bisschen heißer her. Wie lange Hähnchenkeulen, Entenbrust- und Lammfilet im Rauch bleiben, hängt ganz von der Temperatur ab. Bei 120 bis 150 °C genügen oft schon 25 bis 30 Minuten, bei 90 °C dauert's entsprechend länger. Aufbewahren kann man die Goldstücke nicht sehr lange (in Kühlschrank 3 bis 4 Tage), doch sie schmecken eh so gut, dass sie garantiert nicht alt werden.

SCHWEINEBAUCH

- in 1,5 bis 2 cm dicke Scheiben schneiden und 4 bis 5 Stunden in eine aufgekochte Lake aus 1 l Wasser, je 100 g Salz und Rohrzucker, Thymian, Pfeffer, Wacholder und Knoblauch einlegen
- die Bauchscheiben auf dem leicht geölten Rost bei 80 bis 120 °C 45 bis 60 Minuten räuchern

SCHWEINEFILET

- 2 Stunden in eine aufgekochte Lake aus 1 l Wasser, 100 g Salz, Thymian, Zitruszesten und Pfeffer einlegen
- bei 90 bis 120 °C 35 bis 45 Minuten räuchern

LAMMRÜCKENFILETS

- oder Lammlachse nass oder trocken salzen (Verhältnis von Salz und Rohrzucker 1 : 1). Die Beize nach Belieben mit Rosmarin, Thymian und Knoblauch würzen und etwa 1 Stunde einziehen lassen
- die Filets bei 120 bis 150 °C 15 bis 20 Minuten räuchern

ENTENBRUSTFILETS

- von der Barbarie-Ente vor dem Heißräuchern 1 Stunde trocken salzen
- die Haut rautenförmig einritzen, die Brustfilets auf dem geölten Rost etwa 1 Stunde bei 120 °C räuchern

MEDAILLONS AUS DEM HIRSCHRÜCKEN

- in einer Mischung aus 100 g Salz und 100 g Rohrzucker, Wacholderbeeren, Lorbeerblatt und Thymian 1 Stunde trocken beizen
- bei 90 bis 100 °C etwa 1 Stunde räuchern

HÄHNCHENKEULEN

- mit einer Mischung aus 100 g Salz, 1 TL Rohrzucker, Pfeffer und ½ TL Kräutern trocken salzen und 1 Stunde beizen
- oder 12 bis 24 Stunden in eine mit Wacholderbeeren gewürzte Lake aus je 100 g Salz und Rohrzucker einlegen
- bei 120 bis 150 °C 30 Minuten räuchern

HÄHNCHENBRUSTFILETS

- mit einer Mischung aus 100 g Salz, 10 g Zucker und Zitruszesten einreiben und 1 bis 2 Stunden beizen
- bei 120 bis 150 °C etwa 25 Minuten räuchern

NASSSALZEN
FÜR FISCH IDEAL

Die Fische nach dem Bad in der Salzlake unter fließendem kaltem Wasser abspülen, um Salz und Schleimreste zu entfernen.

Für eine gesättigte Salzlösung so viel Salz in Wasser auflösen, bis eine rohe Kartoffel oder ein rohes Ei an die Oberfläche steigt.

Mit der Marinierspritze injizierte Salzlake hilft, trockene Geflügelpartien und Fleisch saftiger zu machen und würzt zugleich.

Salz gibt Geräuchertem Grundwürze und konserviert zugleich. Mittels Osmose entzieht es Lebensmitteln Feuchtigkeit, was diese weniger anfällig für Bakterien macht. Wichtig: Zeit fürs Salzen einplanen. Im Gegensatz zum Kochen, Braten oder Grillen, wo ein paar Flocken Fleur de Sel auch nach dem Garen Wunder wirken, ist Nachsalzen beim Räuchern nicht drin. Gesalzen oder eingesurt, wie's in Österreich und Bayern heißt, wird grundsätzlich vorher. Ob nass oder trocken, hängt vom Produkt, der Zeit und der Räuchermethode ab. Heißgeräuchertes – vor allem Fisch – muss nicht lange halten. Deshalb kann hier sparsamer dosiert werden. Und anders als beim Kalträuchern von Fleisch kommt bei Fisch immer nur Speisesalz zum Einsatz, und zwar möglichst unbehandeltes (ohne Rieselhilfe). Pökelsalz ist hier tabu!

FISCH IN LAKE LEGEN

Für Fisch ideal ist das Einlegen in eine 5- bis 8-prozentige Salzlösung. Dafür je nach Geschmack 50 bis 80 g Salz mit Wasser auf 1 Liter Lake auffüllen. Wer's genau wissen will, legt sich ein Aräometer zu, mit dem sich die Salzkonzentration exakt überprüfen lässt. Nach Belieben kommen noch Kräuter und Gewürze mit hinzu. Die Würzzutaten kurz in Wasser aufkochen, abseihen und den Würzsud abkühlen lassen. Er dient dann als Basis für die Salzlösung. Zum Nasssalzen die Fische nebeneinander in eine flache Edelstahlform oder Kunststoffwanne legen und mit Lake übergießen, bis sie vollständig bedeckt sind. Dafür rechnet man etwa das Anderthalbfache des Fischgewichts, für 1 kg Forellen werden also 1,5 l Lake benötigt. Das Gefäß mit den Fischen dann an einen kühlen Ort stellen, nach 10 bis 12 Stunden sind sie fertig für den Rauch.

WAS TUN, WENN WENIGER ZEIT BLEIBT?

Soll's schnell gehen, übergießt man die Fische mit einer gesättigten Lake (s. oben). Aufgrund der höheren Salzkonzentration (ca. 30 %, 300 g Salz auf 1 l Wasser) reduziert sich die Einlegezeit auf 1 bis 2 Stunden. Kleinere und mittelgroße Exemplare kann man auch trocken salzen: Die gesäuberten Fische innen und außen mit Salz einreiben und für 1 bis 2 Stunden in eine flache Form auf ein Gitter legen. Die entstehende Lake muss ablaufen können, sonst wird's zu salzig. Der Nachteil: Beides geht zwar schneller, braucht aber mehr Salz und das Ergebnis ist weniger gleichmäßig.

TROCKEN PÖKELN

1 Das Fleisch ringsum gut mit Pökelsalz einreiben (35 bis 40 g pro kg Fleisch), dabei Einmalhandschuhe tragen und auf Sauberkeit achten.

2 Den Boden des Pökelgefäßes mit dem übrigen Pökelsalz bedecken, das Fleisch (Schwarte nach unten) einlegen und die Gewürze zufügen.

3 Mit der Zeit sammelt sich am Boden Flüssigkeit (Eigenlake). Die Feischstücke alle 2 Tage herausnehmen und umschichten.

Bei der Rohschinken-Räucherei wird meist trocken gesalzen, weil das Fleisch danach weniger Feuchtigkeit enthält als bei der Lake- oder Spritzpökelung. Dabei kommt eine Mischung aus Speisesalz (99,6 %) und Nitrit oder Salpeter (0,4 %) zum Einsatz. Das Pökelsalz hat mehrere Aufgaben: Es entzieht dem Fleisch Wasser (Osmose), schützt vor Bakterien, trägt zur Geschmacksverbesserung bei und färbt es appetitlich rot. Die Färbung, das »Umröten«, kommt durch die Verbindung von Nitrit mit dem Muskelfarbstoff (Myoglobin) zustande.

FLEISCH MIT, FISCH OHNE

Im Gegensatz zu Fleisch wird beim Salzen (Beizen) von Fisch kein Pökelsalz, sondern immer gewöhnliches Speisesalz verwendet. Auf die exakte Menge kommt's dabei nicht an. Einfach die gewaschenen Fische innen und außen (Filets oben und unten) mit Salz einreiben, in ein geeignetes Gefäß auf ein Salzbett legen (die Eigenlake sollte ablaufen können) und 1 bis 1,5 Stunden durchziehen lassen, fertig!
Das Pökeln von Fleisch ist ebenfalls nicht schwer, braucht aber seine Zeit. Je nach Größe kann es schon 2 bis 4 Wochen dauern, bis alles gut durchgepökelt ist. Klappt das nicht, bleibt im Innern ein grauer Kern. Das ist zwar nicht schön, macht aber nichts. Ganze Keulen überlässt man daher besser den Experten. Einfacher im Handling sind kleinere Stücke (1 bis 2 kg) aus Keule oder Schulter. Dafür das Fleisch parieren (oder vom Metzger vorbereiten lassen) und mindestens 6 Stunden oder über Nacht im Kühlschrank vorkühlen. Die Stücke dann mit Pökelsalz einreiben (1). Etwas Zucker (1 gestr. TL) und Gewürze wie Wacholderbeeren, Korianderkörner und Knoblauch (10 bis 20 g) zufügen (2) und alles 2 bis 3 Wochen bei 8 bis 10 °C pökeln (3). Ideal ist ein kühler Kellerraum, alternativ das Gefäß in den Kühlschrank stellen. Entscheidend für den Erfolg sind neben der Hygiene auch Fleischqualität und -reife: Darum nur bestes frisches Fleisch verwenden und Schweinefleisch 2, Rind und Wild 3 Tage nach dem Schlachten oder Erlegen pökeln, dann ist des ph-Wert der Fleischs ideal.

DIE ALTERNATIVE: FLEISCH IM VAKUUMBEUTEL PÖKELN

Immer richtig liegt, wer sein Fleisch im Vakuumbeutel pökelt, was Profis heute auch oft tun. Dafür das Fleisch (etwa eine 1 bis 2 kg schwere Schweinenuss) mit der entsprechenden Menge Pökelsalz (1) und Gewürzen in einen Vakuumbeutel einschweißen und an einem kühlen Ort 4 Wochen durchziehen lassen. Das Einhalten der Pökelzeit ist dabei nicht so wichtig, weil das Fleisch bei der genau bemessenen Menge nicht zu salzig werden kann. Und noch ein Tipp: Pökelsalz immer in kleinen Mengen kaufen, da das Nitrit relativ schnell seine Wirkung verliert.

AUF DIE SCHNELLE
AROMATISIEREN MIT RAUCH

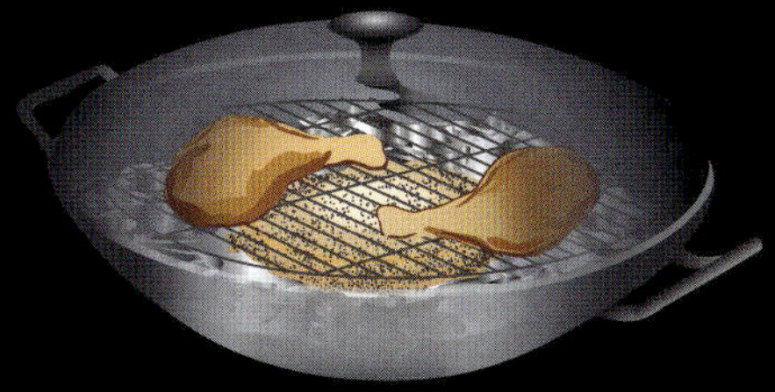

So funktioniert's: Wok mit Alufolie auslegen, 3 EL Räuchermehl in die Mitte geben, Deckel auflegen und Herdplatte einschalten.

Drinnen räuchern: Dank des gut schließenden Silikondeckels kommt der Rösle-Räuchertopf auch in der Küche zum Einsatz.

Räuchern unterwegs: Der Mini-Räucherofen Abu Röken von Abu Garcia ist nur schachtelgroß und ideal zum Mitnehmen.

Wer Holzmehl gern in Rauch aufgehen lässt, aber nicht den Platz für einen großen Räucherschrank hat, findet im Räuchertopf eine gute Alternative. Er ist ideal zum schnellen Heißräuchern. Lebensmittel mit kurzer Garzeit wie Fisch, Geflügelkeulen oder Brustfilets garen schonend und bekommen dabei ein kräftiges Raucharoma. Das kann im einfachsten Fall ein ausrangierter Wok sein – nein, der ist anschließend wirklich zu nichts anderem mehr zu gebrauchen – oder ein spezieller Räuchertopf aus Edelstahl (oben 2). Mit seiner handlichen Größe passt der in jeden Schrank und hat zudem den Vorteil, dass sich damit auch in der Küche mit Rauch experimentieren lässt. Der dicht schließende Silikonring im Deckel verhindert, dass Rauchschwaden aufsteigen und die Wohnung dann selbst eine Woche lang wie ein Räucherschrank riecht. Der Topf bietet ausreichend Platz für drei ganze Fische (ohne Kopf), mehrere Fischfilets oder ein großes Stück Lachs. Einen Versuch wert sind auch Hühnerkeulen und Entenbrüste. Ihnen bekommt der Aufenthalt im Rauch ebenfalls ganz hervorragend und schon nach 25 bis 30 Minuten sind sie fertig.

EXPERIMENTE MIT RAUCH

Soll der Rauchgeschmack nicht im Vordergrund stehen, sondern nur als subtile Ahnung am Gaumen ankommen, bleiben Fisch, Fleisch oder Gemüse nicht die gesamte Garzeit über im Räuchertopf. Anbraten oder Fertiggaren findet dann in der Pfanne oder im Ofen statt. Ein solches Aromatisieren mit Rauch (S. 152) empfiehlt sich vor allem für Produkte mit einem feinen Eigengeschmack, der nicht vom Rauch erschlagen werden soll. Wie lange sie dem Rauch ausgesetzt bleiben, ist Erfahrungs- und Geschmackssache. Regeln gibt es keine, nur Anhaltspunkte. Für ein dezentes Raucharoma genügen schon wenige Minuten. Nüsse (Mandeln, Erdnüsse, Cashewkerne) vertragen dagegen wieder mehr Rauch. Sie können gut und gerne eine halbe Stunde und länger darin hängen, bevor man sie dann noch heiß mit Meersalz bestreut und abgekühlt zum Aperitif reicht.

WER KANN, LÄSST'S DRAUSSEN RAUCHEN

Mit einem Spezialtopf ist das Räuchern in der Küche kein Problem, noch mehr Spaß macht's aber im Freien. Als Heizung auf Balkon oder Terrasse dient eine separate Kochplatte, darauf kommt der Räuchertopf und fertig. Wem der passende Stromanschluss fehlt oder wer auch mal unterwegs am See räuchern möchte, für den lohnt sich die Anschaffung eines Mini-Räucherofens (oben 3). Mit seinem minimalen Packmaß ist der kleine Schwarze leicht dabei. Aufgebaut zeigt er dann aber Größe: Zwei Forellen, Hühnerkeulen oder Entenbrüste schafft er spielend.

EINFACHER ALS GEDACHT
RÄUCHERN IM TOPF

Los geht's immer gleich: Egal ob ganze Fische heißgeräuchert werden oder – wie hier gezeigt – ein ringsum kurz gebratenes Kalbsfilet im Heißrauch aromatisiert wird. Alles was man dazu braucht, ist das notwendige Equipment (S. 130), eine Hitzequelle und gutes Räuchermehl (S. 114). Buchenräuchermehl bietet sich für fast alles an. Zum Experimentieren eignen sich aber auch Räuchermehle verschiedener Obsthölzer (Apfel, Birne, Kirsche), Erle oder Hickory (S. 111-114).

1 Zunächst das Kalbsfilet (600 g) mit Küchenpapier trocken tupfen, salzen und in etwas Öl bei starker Hitze in der Pfanne ringsum anbraten und beiseitestellen. Den leeren Räuchertopf mit Deckel auf dem Herd 5 bis 10 Minuten bei mittlerer bis starker Leistung erhitzen, bis das Deckelthermometer etwa 120 °C anzeigt.

2 Ist die entsprechende Gradzahl erreicht, die Hitze der Herdplatte etwa auf die Hälfte reduzieren. Den Glasdeckel abheben und 3 EL Räuchermehl (Buche) in die Mitte des Topfes geben. Das Holzmehl mit dem Löffel gleichmäßig flach verteilen. Der Durchmesser des Räuchermehls sollte dabei etwas kleiner sein als der des Auffangtellers, damit dieser noch darüberpasst.

3 Den Auffangteller rasch mittig über dem Räuchermehl platzieren. Durch die seitlichen Öffnungen kann nun der Rauch ausströmen. Die geschlossene Oberseite des Edelstahltellers verhindert, dass austretender Fleischsaft auf das Räuchermehl tropft. Vielmehr sammelt sich die Flüssigkeit (und/oder Fett, je nach Räuchergut) in der leichten Vertiefung des Auffangtellers. Jetzt noch schnell den Drahtrost mit dem Räuchergut in den Topf stellen und den Deckel wieder schließen. Beim Räuchern in der Küche sollte dies möglichst schnell gehen, damit so wenig Rauch wie möglich entweichen kann.

4 Das Deckelthermometer sollte nun etwa 80 °C anzeigen. Das Kalbsfilet je nach Geschmack im geschlossenen Topf 5 bis 10 Minuten räuchern. Dabei den Deckel unbedingt aufgelegt lassen, sonst zieht der Rauch schnell durch die ganze Wohnung. Nach der Räucherzeit die Herdplatte ausschalten. Den geschlossenen Topf mitsamt Inhalt vom Herd nehmen und das Filet noch 5 Minuten im Rauch ziehen lassen. Wer's gern rauchiger mag, lässt das Kalbsfilet bei eingeschalteter Herdplatte 20 Minuten im Topf.

5 Den Deckel des Räuchertopfs am offenen Fenster oder auf dem Balkon abheben und den Rauch abziehen lassen. Das sanft überräucherte Kalbsfilet noch 10 Minuten bei 80 °C im vorgeheizten Backofen fertig garen. Noch kurz zum Säubern: Den Topf mitsamt der Räuchermehlasche auskühlen lassen und letztere über den Hausmüll entsorgen. Räuchertopf in Wasser einweichen und Rückstände mit einer weichen Bürste oder einem Schwamm entfernen. Verfärbungen im Innern sind normal, sie geben dem Räuchertopf seine Patina.

NICHTS FÜR UNGEDULDIGE
FLEISCH KALTRÄUCHERN

Hier geht nichts ohne längeres Salzen oder Pökeln (S. 146–149). Weil das Räuchergut im kalten Rauch nicht gart, muss Salz dafür sorgen, dass Fleisch (hier eine Nuss aus der Schweinekeule) und Fisch ausreichend »entwässert« sind, um nicht zu verderben. Der Rauch beim weiteren Trocknen schützt dann vor unerwünschten Bakterien. Weil's im Ofen nie wärmer als 25 bis 30 °C sein darf, benötigt man zum Kalträuchern spezielle Geräte (S. 132–133). Für welches Modell man sich entscheidet, hängt davon ab, was und wieviel in den Rauch soll. Für den Anfang ist ein höherer tragbarer Räucherschrank für draußen sicher nicht verkehrt, allerdings nur bei Außentemperaturen bis 15 °C.

1 Nach Ende der Pökelzeit die Eigenlake abgießen und das Fleisch (2 kg Schweinenuss) unter fließendem kaltem Wasser gut abspülen, um alle Salz- und Gewürzreste zu entfernen. Dabei am besten Einmalhandschuhe tragen. Den Schinken trocken tupfen und 1 bis 2 Tage an einem luftigen, kühlen Ort zum Trocknen (Durchbrennen) aufhängen. Ideal sind Temperaturen von 6 bis 8 °C bei geringer Luftfeuchtigkeit (unter 75 %). Dabei verringert sich der Flüssigkeitsgehalt noch etwas und das Salz im Innern verteilt sich gleichmäßig.

2 Das trockene Räuchermehl von Buche oder Obstbaumholz – ideal ist ein Feuchtigkeitsgehalt unter 20 Prozent – in den Smokbehälter füllen und leicht andrücken. Ist der Füllstand niedriger, bleibt der Rauch etwas kühler. Wird mehr Räuchermehl eingefüllt, steigt auch die Rauchtemperatur. Separat im Handel erhältlich sind durch Stege geteilte Metallschübe oder -spiralen (Kaltrauchgeneratoren), die dafür sorgen, dass das Räuchermehl noch langsamer verglimmt und weniger Hitze entwickelt.

3 Mit der Dressiernadel eine Schnur durch das Fleisch ziehen und den trockenen Schinken an einer Stange so weit oben wie möglich in den Räucherschrank hängen. Oder das Fleisch auf einen Räucherrost legen und auf einem oberen Einschub in den Schrank schieben. Je größer der Abstand zum glimmenden Smok (Räuchermehl), desto besser! Der Rauch kühlt beim Aufsteigen ab, dadurch verringert sich die Gefahr, dass die Temperatur über 30 bis 35 °C steigt und der Schinken zu garen beginnt.

4 Um dies ganz sicher zu vermeiden, bieten einige Hersteller auch spezielle Kaltraucherzeuger an. Der Smok glimmt hier in einem extra Kasten, der mittels einem langen Ofenrohr mit dem Räucherschrank verbunden ist. Ist es draußen kühl genug, ist dies jedoch nicht notwendig. Zum Anzünden des Räuchermehls eignet sich ein Stück glühende Holzkohle, ein brennendes Stück Eierkarton oder Bierdeckel. Vor allem anfangs muss die Temperatur im Ofen niedrig bleiben, da die Randschichten sonst zu schnell trocknen und die Feuchtigkeit aus dem Innern des Schinkens nicht mehr nach außen dringen kann.

5 Geräuchert wird in Intervallen. Dabei wechseln sich Räucherphasen (5 bis 12 Stunden) mit Frischluftzeiten (1 bis 2 Tage) ab. Während diesen bleibt das Räuchergut ohne Rauchzufuhr im geschlossenen (fliegensicheren) Schrank hängen. Dieser Wechsel trägt zu einer guten Aromabildung bei und verhindert, dass Schinken oder Rohwürste zu stark nach Rauch schmecken. Je nach gewünschtem Konservierungsgrad dauert das Kalträuchern und Trocknen einige Tage bis mehrere Wochen. Ist der Schinken zum Gleichessen bestimmt, kann er etwas feuchter bleiben und ist nach 6 bis 10 Tagen fertig. Soll er dagegen 3 bis 4 Monate halten, dauert das Räuchern schon mal 6 bis 8 Wochen und mehr. Wie salzig oder rauchig er schmecken soll, ist letztlich Geschmackssache. Beim Räuchern gibt es keine Patentrezepte, daher können die Angaben zu Pökeldauer, Rauchzeit und -intensität immer nur Richtwerte sein.

FISCH AUS DEM KALTRAUCH FEIN IM AROMA

Schnell geht hier gar nix! Auch wenn Fisch nicht ganz so lange braucht wie Schinken, ehe er auf dem Teller landet. Beim Kalträuchern liegt die Temperatur im Schrank zwischen 15 und 25 °C. Dabei gart auch der zarteste Fisch kein bisschen. Darum wird er vorher noch – je nach Größe – 15 bis 36 Stunden gebeizt, »kalt gegart« sozusagen. Die Beize besteht in der Hauptsache aus grobem Salz und Zucker (S. 149). Hinzu kommen nach Belieben noch Gewürze wie Wacholder, Pfefferkörner oder Kräuter. Das Räuchern selbst dauert weitere 10 bis 12 Stunden – mindestens! Liebhaber des feinen Raucharomas hängen dicke Filets und ganze Lachsseiten auch schon mal mehrere Tage – immer wieder von Frischluftphasen unterbrochen – in den kalten Rauch.

KARPFENFILETS
- sind kalt geräuchert eine Delikatesse, nicht umsonst werden sie auch Karpfenschinken genannt
- Karpfen verträgt kräftiges Salzen und Würzen

SAIBLINGFILETS
- auch zarter Saibling schmeckt aus dem Kaltrauch
- die Filets immer mit der Haut räuchern und bloß nicht überwürzen

MAKRELEN
- kleine Portionsfische bis 500 g lassen sich im Ganzen kalträuchern, größere filetieren
- Makrelen und Heringe vertragen etwas mehr Salz und Gewürze

STÖR
- die großen Fische aus der Familie der Störe werden zum Kalträuchern filetiert oder in Tranchen geschnitten
- wie Stör schmeckt auch Wels aus dem Kaltrauch ausgezeichnet

LACHSSEITE
- ideal zum Kalträuchern, vorher 18 bis 24 beizen (Salz-Zucker-Verhältnis fast 1 : 1, aber etwas mehr Salz)
- 12 Stunden kalt räuchern, dann 12 Stunden ruhen lassen. Nach Belieben einen weiteren Durchgang einlegen

FORELLENFILETS
- kalt geräucherte Forellenfilets sind ein Klassiker
- beliebt sind auch die rötlichen Lachsforellenfilets (keine eigene Art, sondern speziell gefütterte Regenbogenforellen über 500 g)

SELCHFLEISCH ZUM KALTRÄUCHERN

Selchen heißt es in Österreich und mancherorts in Bayern, wenn weiter nördlich vom Räuchern die Rede ist. Die Ausgangsprodukte sind hier wie dort dieselben: Teile der Keule, Schulter, Hals, Rücken oder Bauch vom Schwein und Stücke aus der Rinderkeule. Nach dem Pökeln (S. 148–149) und dem Trocknen im kalten Rauch (S. 154–155) verwandeln sie sich in feine Schinken oder würzigen Speck.

OBERSCHALE VOM SCHWEIN

- 3 Wochen trocken pökeln, nach Belieben 12 Stunden wässern
- 1 bis 2 Tage kühl trocknen, in 7 bis 10 Intervallen kalt räuchern

SCHWEINENUSS

- Basis für zarten Nussschinken, 2 Wochen nass oder 3 Wochen trocken pökeln, nach Belieben wässern
- 1 bis 2 Tage kühl trocknen, in 6 bis 8 Intervallen kalt überräuchern

UNTERSCHALE VOM SCHWEIN

- 3 Wochen trocken pökeln, nach Belieben 12 Stunden wässern
- 1 bis 2 Tage kühl trocknen, 7- bis 10-mal kalt überräuchern, jeweils unterbrochen von 1 Tag Frischluftpause

SCHWEINEBAUCH

- durchwachsener Schweinebauch (Wammerl) ist die Basis für feinen Räucherspeck
- Bauchspeck 10 bis 14 Tage trocken pökeln, größere Stücke entsprechend länger, nach Belieben kurz wässern
- 3 bis 4 Tage trocknen (durchbrennen) lassen, dann 3- bis 4-mal kalt überräuchern, vor dem Anschneiden noch etwa 3 Wochen kühl reifen lassen

SCHWEINERÜCKEN

- der Kern des Kotelettstrangs ist das Ausgangsprodukt für milden Lachsschinken
- 1 bis 1,5-kg-Stücke entweder nass (1 Woche) oder trocken pökeln (10 bis 14 Tage)
- nach Belieben wässern, 1 bis 2 Tage kühl trocknen und in 3 bis 4 Intervallen jeweils 4 bis 5 Stunden kalt räuchern

SCHWEINEHALS

- oder Schweineschulter pro kg Fleisch 1 Woche trocken pökeln, anschließend nach Belieben etwa 12 Stunden wässern
- 24 Stunden kühl trocknen, in 5 bis 6 Intervallen kalt räuchern, vor dem Anschneiden noch mehrere Wochen bei 10–12 °C reifen lassen

TEILSTÜCKE AUS DER RINDERKEULE

- hier ein Stück Oberschale, etwa 3 Wochen trocken pökeln
- 2 Tage kühl trocknen lassen
- 7- bis 10-mal kalt überräuchern, jeweils unterbrochen von 1 Tag Frischluftpause

GUT RAUCH WILL WEILE HABEN
WILD, WURST & GEFLÜGEL

Zum Bestücken des hauseigenen Schranks eignen sich entbeinte, 1 bis 2 kg schwere Teilstücke aus der Keule von Rotwild und Wildschwein sowie zarte Rückenfilets. Wichtig: Das Fleisch muss hygienisch einwandfrei und gut abgehangen sein (je nach Größe 36 bis 90 Stunden bei 5 bis 7 °C, ph-Wert von 5,7 oder darunter). Die ganze Prozedur des Pökelns und Räucherns dauert dann aber schon einige Wochen. Wem das zu lange ist, probiert's derweil mit Rohwürsten und Gänsebrust, die gehen schneller.

OBERSCHALE VOM HIRSCH
- enthäuten und 2 Wochen nass oder 3 Wochen trocken pökeln, nach Belieben wässern
- 2 bis 3 Tage kühl trocknen und in Form binden
- in 8 bis 10 Intervallen kalt überräuchern

REHKEULE OHNE KNOCHEN
- parieren und 2 Wochen nass oder 3 Wochen trocken pökeln, nach Belieben wässern
- 2 bis 3 Tage kühl trocknen und in Form binden
- 7- bis 10-mal kalt räuchern

WILDSCHWEIN-OBERSCHALE
- entbeinen, parieren und 2 Wochen nass oder 3 Wochen trocken pökeln, nach Belieben wässern
- 2 bis 3 Tage kühl trocknen und in Form binden
- in 8 bis 10 Intervallen kalt überräuchern

REHRÜCKENFILET
- parieren und 1 Woche nass oder 2 Wochen trocken pökeln, nach Belieben wässern
- 1 bis 2 Tage kühl trocknen
- 5- bis 8-mal (mit Frischluftintervallen) kalt überräuchern

GÄNSEBRUST

- vorsichtig entbeinen, so dass die Filets noch zusammenhängen und 4 Tage in Lake (100 g Pökelsalz und ½ TL Zucker auf 1 l Wasser) pökeln
- dann abspülen, trocken tupfen, zusammenklappen (Fleischseite nach innen) und in ein Rollbratennetz packen
- die Gänsebrust 3 bis 4 Tage kühl trocknen lassen, dann 5- bis 6-mal kalt überräuchern

WALNUSS-SALAMI VOM RIND

- zur Herstellung von Rohwürsten (Räuchersalami) werden Fleisch und Speck gewolft und gepökelt
- in Därme gefüllt, mehrere Tage kühl getrocknet und bei 20 bis 25 °C mehrmals kalt geräuchert
- Rohwürste vor dem Verzehr noch einige Tage oder Wochen trocknen lassen

GROBE LEBERWURST

- Zutaten (Schweinefleisch, -leber und -speck) garen, mit Zwiebeln durch den Wolf drehen und in Därme füllen
- die Würste brühen (60 bis 70 Minuten bei 80 bis 85 °C)
- 1- bis 2-mal 12 Stunden kalt räuchern

FRÄNKISCHE BRATWÜRSTE

- und andere Rohwürste (Bauernbratwürste) herstellen: Schweinefleisch und Speck grob wolfen (ohne Pökelsalz!) und in Därme füllen
- 12 Stunden kühl trocknen
- 10 bis 12 Stunden kalt räuchern, dann gleich grillen oder braten

IM HOLSTEINER SCHINKENHIMMEL

MONATELANG HÄNGEN DIE KEULEN DICHT AN DICHT IM KÜHLEN RAUCH, EHE SIE ZU EINEM KATENSCHINKEN WERDEN

Nach sechs bis sieben Monaten sind die goldbraunen Knochenschinken im Frühjahr reif zum Anschneiden.

WIR RÄUCHERN TRADITIONELL IN EINER KATE VON 1788.

STEFAN PETERSEN

Feine Rauchschwaden durchziehen die große, reetgedeckte Tenne. Bis sie die Schinken erreichen, die in geschätzten drei Metern Höhe von der Balkendecke hängen, hat der Rauch der verglimmenden Buchenholzspäne genau die richtige Temperatur. Diese geben der Spezialität der Schinkenräucherei Petersen & Söhne in Malente ihr unverwechselbares Aroma. Das Rohmaterial dafür – Buchenholz und prächtige, keinesfalls zu magere Schweine – stammt aus der Umgebung. Doch nur Tiere mit optimalem Fleisch-Fett-Verhältnis liefern die kernig trockenen, fein marmorierten Keulen, die Stefan Petersen in sorgsamer Handarbeit zum Original Holsteiner Katenschinken veredelt. Knochen, Schwarte und Eisbein bleiben beim »Petersen-Zuschnitt« mit dran. Roh bringen die Keulen 12 bis 14 Kilogramm auf die Waage. Nach sechs bis acht Monaten dann, so lange dauert es, bis ein Katenschinken genussreif ist, wird sich ihr Gewicht um ein Drittel verringert haben.

Entscheidenden Anteil am Gelingen hat das Salzen. Es entzieht dem Fleisch Flüssigkeit und macht es haltbar. Mittels Osmose wandert Wasser nach außen und Salz gelangt ins Innere des Schinkens. Einmal pro Woche werden die Rohschinken mit einer Mischung aus grobem Kochsalz, Salpeter und Gewürzen eingerieben, bevor sie dann auf Eichenbrettern wieder dicht übereinander auf der Schwarte liegen. Nach drei bis vier Wochen des Pökelns werden die Schinken dann abgespült und gebürstet, um das Salz zu entfernen. Darauf folgt das »Brennen«: Zwei Wochen müssen die Keulen jetzt noch bei kühlen 5 bis 7 °C trocknen, ehe sie in den Rauch kommen. Reines Lufttrocknen, wie im Süden, wäre hier nicht möglich. Zu feucht ist die Brise, die zwischen Nord- und Ostsee ständig weht.

DER SCHINKENFLÜSTERER

Das langsame Trocknen erfolgt hier in der Holsteinischen Schweiz daher im »seichten« Rauch – und auch nur in den Monaten mit »r«. Schließlich ist die über 200 Jahre alte Räucherkate nicht klimatisiert. In der kalten Jahreszeit herrschen dafür ideale Bedingungen in der Kate – dank Eichenfachwerk und dem Lehm an Boden und Wänden. Dieser kann Feuchtigkeit aufnehmen, wenn's mal zu viel wird. Und ist die Luft zu trocken, gießt man etwas Wasser an. Zu Beginn mögen es die Schinken eher feucht und nicht allzu rauchig. Zu viel Rauch würde die Oberfläche vorschnell versiegeln und die Schinken könnten

Hans-Heinrich Petersen beim Begutachten der Keulen, nur die besten werden zu Holsteiner Katenschinken veredelt.

dann nicht mehr langsam von innen nach außen reifen. Wie viel Rauch sie wann brauchen, ist eine Wissenschaft für sich. Wind und Wetter, Temperatur und Luftdruck entscheiden mit. Anfangs schüttet Stefan Petersen eher frisches feuchtes Räuchermaterial an, bevor nach und nach trockenere Späne im Ofen verglimmen. »Es ist sehr schwer, die Vorgänge in Worte zu fassen. Die Erfahrung lehrt, die Sinne zu benutzen, zu riechen, zu fühlen, seine Schlüsse zu ziehen und an jedem Tag die richtigen Maßnahmen zu ergreifen.« Wenn der Kuckuck ruft, ist es Zeit, den Schinken zu probieren. Frisch-rot präsentiert er sich im Anschnitt, zart und mild-würzig mit feiner Buchenrauchnote im Geschmack. Ein paar Scheiben aus dem besten Stück, der Pape, geschnitten und auf dem Holzbrett serviert, schmecken ausgezeichnet zu Spargel oder dem ersten jungen Gemüse. Und wieder passt alles zusammen: Das Klima, die geographischen Verhältnisse, Handwerk und Können. Dank natürlicher Ingredienzien entsteht unverfälschter Geschmack und ein köstlicher Schinken.

Katrin Wittmann

FÜR FREESTYLER KÄSE & CO.

Räucherkäse gibt's zu kaufen, klar. Aber warum nicht mal selbst Hand anlegen? Ist das richtige Gerät (ein Räucherofen, der sich auch zum Kalträuchern eignet) und ausreichend Glimmstoff (im Zweifel Buchenholzmehl) vorhanden, kann's auch schon losgehen – sofern das Wetter passt (S. 127). Kleine Laibe, etwa ein Manchego, oder italienischer Scamorza kommen gern im Ganzen in den Rauch. Noch intensiver wird das rauchig-würzige Aroma, wenn die Oberfläche größer ist. Hart- und Schnittkäse schneidet man dazu am besten in 2 cm dicke Scheiben. Zum Räuchern eignen sich so gut wie alle Sorten. Und wer erst mal auf den Geschmack gekommen ist, probiert's beim nächsten Mal mit Eiern, Salz oder feurig scharfen Jalapeño-Chilis.

PECORINO
- Hartkäse aus Kuh- oder Schafsmilch mit 36 bis 40 % Fett i. Tr.
- je nach gewünschter Intensität am Stück oder in Scheiben 7 bis 12 Stunden kalt räuchern

MOZZARELLA
- Filatakäse aus Büffel- oder Kuhmilch mit 45 bis 50 % Fett i. Tr.
- vor dem Räuchern sehr gut abtropfen lassen
- Mozzarella in einem feinmaschigen Netz oder mit Küchengarn umwickelt 10 bis 18 Stunden bei 10 bis 15 °C kalt räuchern
- vor dem Verzehr im Kühlschrank auskühlen lassen

GOUDA
- Schnittkäse aus Kuhmilch mit 30 bis 48 % Fett i. Tr.
- pur, mit Paprikapulver gewürzt oder mit Kräutern bestreut bei 20 bis 25 °C 10 bis 12 Stunden kalt räuchern

EIER
- Hühner- oder Wachteleier hart kochen, pellen und auskühlen lassen
- die Eier auf den Räucherrost legen und bei etwa 20 °C 10 bis 12 Stunden kalt räuchern

NATUR-TOFU
- in 2 cm dicke Scheiben schneiden und auf den Räucherrost legen
- Tofuscheiben bei 25 °C ungefähr 10 Stunden kalt räuchern

ALLGÄUER BERGKÄSE
- Hartkäse aus Kuhmilch mit 45 % Fett i. Tr.
- in Scheiben oder größere Stücke schneiden
- und bei 20 bis 25 °C 10 bis 12 Stunden in den Rauch legen

SCHWEIZER EMMENTALER
- Hartkäse aus Kuhmilch mit 45 % Fett i. Tr.
- mit oder ohne Rinde in 2 cm dicke Scheiben oder größere Würfel schneiden
- und bei 20 bis 25 °C 7 bis 12 Stunden kalt räuchern

EDAMER
- Schnittkäse aus Kuhmilch mit 30 bis 50 % Fett i. Tr.
- Laibe in Scheiben, Kugeln in Spalten schneiden
- und auf dem Rost bei 20 bis 25 °C 7 bis 12 Stunden kalt räuchern

AUCH DAS SCHMECKT!

Sofern die Nachbarn noch nicht die Feuerwehr alarmiert haben, steht dem weiteren Experimentieren mit Rauch nichts im Wege. Gewürzen, Knoblauch, Chilischoten und Olivenöl bekommen die rauchigen Holznoten ebenfalls gut (S. 111–114). Tipp: Für das typische Chipotle-Aroma bei Räuchern von roten Jalapeños das Buchen- durch Mesquiteräuchermehl ersetzen.

Gewürze oder grobes Salz in ein feines Sieb geben und 3 bis 7 Stunden kalt räuchern.

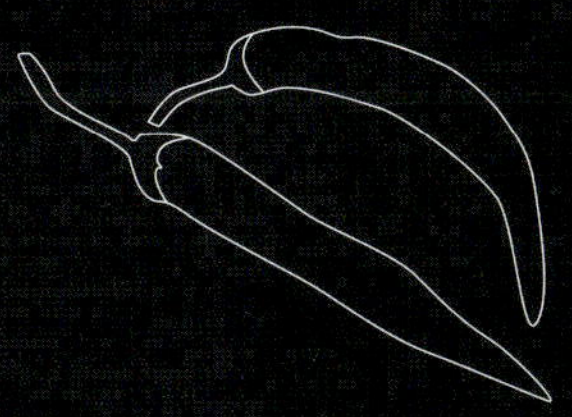

Chilis in einem Grillkorb mit feinem Gitter 4 bis 12 Stunden kalt räuchern.

Olivenöl in einer großen flachen Form 6 bis 8 Stunden kalt räuchern.

RAUCHSIGNALE KULINARISCH

Mit Rauch würzen – geht das denn? Ja, es funktioniert. Geräuchert wird aber meist nicht das Produkt, vielmehr kommen die Raucharomen indirekt ans Essen.

Ein Wacholderzweig auf dem glimmenden Räuchermehl gibt eine feine Würze.

Kenner und Räuchermeister schwören auch auf das Aroma getrockneter Zapfen von Kiefern und Erlen.

Rauch ist nicht gleich Rauch. Der sieht zwar immer ähnlich aus, am Gaumen löst er aber unterschiedlichste Empfindungen aus. Mal schmeckt Geräuchertes erdig-kräftig, mal fein und subtil. Gründe dafür gibt es viele, denn am Ergebnis sind mehrere Faktoren beteiligt: Die Temperatur des Rauchs, die Einwirkzeit, die Holzart, ja selbst das Wetter spielt noch eine Rolle. Durch Kombinieren verschiedener Holzmehle und würzender Zutaten (Wacholderzweige und -beeren, Bucheckern, Eicheln, Erlen-, Kiefern- oder Tannenzapfen – alles sparsam dosiert!) lässt sich das Spektrum weiter vergrößern.

Eine andere Möglichkeit, Gerichte mit Rauch zu aromatisieren, eröffnet sich kreativen Köchen mit dem Räuchern von Gewürzen und einzelnen Zutaten. Pfefferkörner, Chilischoten, Paprikapulver und Knoblauch – sie alle eignen sich gut und nehmen ein intensives Raucharoma an. Wer will, kann die Gewürze aber auch bereits fertig geräuchert kaufen (Tipp: Probieren Sie beim geräucherten Paprikapulver doch auch mal die ungarische Variante!). Ähnlich einfach ist das Besprühen von Lebensmitteln mit Flüssigrauch aus der Konserve. Ein Verfahren, das in der Lebensmittelindustrie bereits gang und gäbe ist. Die Vorteile liegen auf der Hand: Der Rauch aus der Flasche schmeckt immer gleich und lässt sich leicht dosieren. Zudem gelangt der Rauchgeschmack sehr viel schneller ans Produkt, das zeitaufwendige Überwachen des Räuchervorgangs entfällt. Aber: Dasselbe ist es nicht! Dazu ist das Experimentieren mit Hölzern, Gewürzen und Raucharomen einfach viel zu spannend!

In Dänemark etwa lässt man's gern kurz und heftig qualmen. Rauchendes Stroh gibt Rygeost, einem dänischen Frischkäse, seinen typischen Geschmack. Ausseer Rauchsalz, das der Küchenchef der »Walserstuba« in Riezlern (A), gern verwendet, verdankt sein intensives Aroma dagegen kaltem Buchenrauch. Jeremias Riezler verfeinert damit geschmacklich Zurückhaltendes wie Eier oder Brot. Doch auch zu Pellkartoffeln und Käse passen die bräunlich grauen Kristalle aus dem Salzkammergut perfekt. Der bodenständige, bereits zum zweiten Mal als Vorarlberger Genusswirt ausgezeichnete Koch und Obmann des Vereins »Kleinwalsertaler Wild und Rind« zeigt sich experimentierfreudig und setzt auf Regionales. Räucherziger von einer Sennalpe aus der nahen Schweiz verleiht, klein gewürfelt und in Butterschmalz gebraten, seinem Mais-Ribel (eine Art krümeliger Polenta) das gewisse Etwas. Die Kalbsleber, die nach kurzem Anbraten noch eine Weile im Rauch zieht, vom Hof gegenüber. Alles immer nach dem Motto: »Be önsch giid's nüüd, was' be önsch ned giid!«

DER HEXER

Aus der Notwendigkeit des Konservierens ist eine Kür geworden. Ein Spiel, bei dem es darum geht, dem Gaumen immer neue Rauchsignale zu geben. Einer, der dies seit 20 Jahren betreibt, ist Stefan Wiesner, der Hexer aus Escholzmatt (CH). Er stellt zusammen, was andere kaum für möglich (und essbar!) halten und hat mit seiner regionalen Avantgardeküche beachtlichen Erfolg. Nova-Regio-Küche nennt Jürgen Dollase das und attestiert ihm Originalität – schließlich hat der Schweizer lang vor Redzepi, der Nummer eins aus dem Norden – damit angefangen. In seiner Alchemistenküche testet Wiesner alles, was die Umgebung hergibt: Rinden, Steine, Blätter, Holz, Torf oder Teer. Und er räuchert sogar Schnee. Aus dem aufgefangenen Kondensat – selbst gemachtem Flüssigrauch sozusagen – kocht er dann seine legendäre Schneesuppe. Ein echter Hexer eben!

Katrin Wittmann

REZEPTE

GRILLEN

GANZES LAMM AM SPIESS

mit Honig-Kräuter-Marinade

ZUBEREITUNGSZEIT 2 Stunden | **GRILLZEIT** 3–4 Stunden
FÜR 30–40 PORTIONEN

ZUTATEN
1 Lamm (oder Zicklein; 12–14 kg)
Salz zum Einreiben

FÜR DIE WÜRZLAKE
5 Knoblauchzehen
1 Bund Thymian
2 Zweige Rosmarin
2 Stängel Estragon
1 Zwiebel
15 schwarze Pfefferkörner
2 EL Zucker
80 g Salz
2 Lorbeerblätter

FÜR DIE HONIG-KRÄUTER-MARINADE
2 Knoblauchzehen
5–6 Zweige Thymian
4 Zweige Rosmarin
3 Bio-Zitronen
100 g flüssiger Honig
50 ml Sojasauce

AUSSERDEM
Marinierspritze
Pinsel
Spießgrill

1 Den Grill anfeuern. Für die Würzlake den Knoblauch abziehen und klein schneiden. Den Thymian, den Rosmarin und den Estragon waschen, trocken schütteln, die Blättchen von den Stielen zupfen und grob hacken. Die Zwiebel schälen und halbieren. Die Pfefferkörner im Mörser leicht andrücken.

2 Etwa 1 l Wasser mit dem Zucker und dem Salz auf 80 °C erhitzen und gut umrühren. Den Knoblauch, die Kräuter, die Zwiebelhälften, Pfefferkörner und Lorbeerblätter hineingeben und die Lake zugedeckt auskühlen lassen. Die ausgekühlte Würzlake durch ein Sieb passieren und mithilfe einer Marinierspritze in das Lamm einspritzen. Dazu etwa alle 2 cm in das Fleisch stechen. Zum Schluss das Lamm von außen nochmals mit etwas Salz einreiben.

3 Das Lamm auf den Spieß geben und diesen auf den Grill setzen. Das Fleisch sollte etwa 80 cm von der Glut entfernt sein. Nun das Lamm bei kleiner Hitze unter ständigem Drehen 3 bis 4 Stunden grillen. Mit geringer Hitze beginnen und diese allmählich steigern, da sonst das Fleisch von außen schnell dunkel und gar wird und innen noch roh ist. Das Lamm lieber etwas länger und dafür schonender grillen, so bleibt es saftiger und gart gleichmäßig durch. Immer wieder etwas Feuer nachlegen, damit während der gesamten Garzeit ausreichend Hitze vorhanden ist. Das Lamm ist gar, wenn sich das Fleisch leicht von den Rippen lösen lässt.

4 Für die Honig-Kräuter-Marinade den Knoblauch abziehen, grob hacken und mit dem Messerrücken fein zerreiben. Den Thymian und den Rosmarin waschen, trocken schütteln, die Blättchen bzw. Nadeln von den Stielen zupfen und fein hacken. Die Zitronen heiß waschen, trocken reiben und die Schale fein abreiben. Alle Zutaten für die Marinade gründlich vermischen. Wenn das Lamm gar ist, das Fleisch rundherum mit der Marinade bestreichen und weitere 10 Minuten nicht zu heiß fertig grillen lassen.

RINDERFILET

im Ganzen gegrillt

ZUBEREITUNGSZEIT 1 Stunde | GRILLZEIT 40–45 Minuten
FÜR 4–6 PORTIONEN

ZUTATEN
2 kg Rinderfilet am Stück
(ohne Kopf und Spitzen,
das Filet sollte überall
in etwa gleich dick sein)
Salz
frisch gemahlener Pfeffer

1 Den Grill anfeuern. Das Fleisch trocken tupfen und mit einem Messer behutsam von anhängenden Häutchen befreien, ohne dabei das Muskelfleisch zu verletzen. Das parierte Rinderfilet anschließend rundherum salzen und pfeffern.

2 Zum Garen das Rinderfilet auf dem Rost des heißen Grills platzieren und mit moderater Hitze (150–180 °C) auf dem Grill mit Deckel garen, bis es eine Kerntemperatur von 55 °C aufweist. Man grillt das Fleisch am besten auf drei Seiten, so bleibt das hochwertige Teilstück perfekt rund. Je nach Dicke des Rinderfilets beträgt die Garzeit insgesamt 40 bis 45 Minuten.

DIE KOMBIMETHODE

Alternativ kann man das Rinderfilet auch salzen und auf dem Grill auf drei Seiten scharf anbraten. Anschließend wird das Fleisch rundherum mit Pfeffer gewürzt und darf im auf 80 °C vorgeheizten Ofen noch etwa 1 Stunde 30 Minuten nachziehen. Inzwischen ist ausreichend Zeit, um Beilagen zuzubereiten und das erste Bier zu trinken.

HAGEBUTTENMARINADE
mit Chili und Ingwer

ZUBEREITUNGSZEIT 15 Minuten | **MARINIERZEIT** 3–4 Stunden
FÜR 4 PORTIONEN

1 rote Chilischote | 1–2 Knoblauchzehen | 1 Stück frischer Ingwer (3–4 cm)
4 Zweige Thymian | 1 Zweig Rosmarin | 2 EL Sonnenblumenöl
80 g Hagebuttenmark (ohne Zucker) | 1 EL flüssiger Honig

1 Die Chili waschen, halbieren, nach Belieben entkernen und sehr fein hacken. Den Knoblauch abziehen, den Ingwer schälen und beides ebenfalls sehr fein hacken. Den Thymian und den Rosmarin waschen, gut trocken schütteln, die Blättchen bzw. Nadeln von den Stielen zupfen und sehr fein hacken.

2 Das Sonnenblumenöl mit dem Hagebuttenmark und dem Honig verrühren. Chili, Knoblauch sowie Ingwer und die Kräuter untermengen. Das zu marinierende Steakfleisch in eine Schüssel geben, mit der Marinade übergießen und 3 bis 4 Stunden ziehen lassen. Die Marinade vor dem Grillen gut abtropfen lassen.

MADEIRAMARINADE
mit grünem Pfeffer

ZUBEREITUNGSZEIT 15 Minuten | MARINIERZEIT 3–4 Stunden
FÜR 4 PORTIONEN

2 Knoblauchzehen | 1 kleine Schalotte
1 EL grüner Pfeffer (eingelegt oder frisch) | 1 EL Traubenkernöl
2 EL Madeira | 1 TL getrockneter Oregano

1 Den Knoblauch abziehen und fein hacken. Die Schalotte schälen und in möglichst kleine Würfel schneiden. Den grünen Pfeffer fein hacken. In Lake eingelegten grünen Pfeffer vorher in ein kleines Sieb geben und gut abtropfen lassen oder trocken tupfen. Das Traubenkernöl mit dem Madeira vermischen.

2 Den Oregano, den grünen Pfeffer, den Knoblauch und die Schalotte untermischen und alles kurz durchziehen lassen. Das zu marinierende Steakfleisch in eine Schüssel geben, mit der Marinade übergießen und die rohen Steaks darin 3 bis 4 Stunden ziehen lassen. Die Marinade vor dem Grillen gut abtropfen lassen.

UIGURISCHE LAMMSPIESSE

mit Grillbrot

ZUBEREITUNGSZEIT 1 Stunde 10 Minuten | **GRILLZEIT** 5–8 Minuten
FÜR 4–6 PORTIONEN

FÜR DIE SPIESSE
800 g Lammfleisch
(am besten aus der Hüfte)
1 TL Kreuzkümmel
1 getrocknete Chilischote
1 TL Korianderkörner
4 Zimtblüten (oder 1 cm Zimtstange)
4 Gewürznelken
1 Sternanis | 1 TL Macis
1 Kardamomkapsel
½ TL Fenchelsamen
1 TL getrocknete Orangenschale
1 Prise Salz | 2 Eiweiße
½ TL Speisestärke
1 kleine rote Zwiebel
½ Lauchstange
½ Bund Koriander (oder
nur die Korianderstiele)

FÜR DAS GRILLBROT
250 g Weizenmehl (Type 405)
1–2 TL Salz (10 g)
Mehl zum Arbeiten

AUSSERDEM
Schaschlikspieße/Fahrradspeichen
Holzkohlebriketts

1 Das Lammfleisch in dünne Scheiben schneiden. Die Gewürze trocken in einer Pfanne rösten, bis sie zu duften anfangen, dann im Mörser fein zerstoßen und mit dem Fleisch vermischen. Die Eiweiße leicht anschlagen, mit der Stärke verquirlen und unter das gewürzte Fleisch ziehen. So bleibt das Fleisch beim späteren Garen saftig.

2 Die rote Zwiebel schälen und in nicht zu breite Spalten schneiden. Den Lauch putzen, längs halbieren, waschen und die Hälften in Stücke schneiden. Das Fleisch, den Lauch und die Zwiebeln abwechselnd auf die Schaschlikspieße stecken. Den Koriander waschen, trocken schütteln und in 3 cm lange Stücke schneiden. Den Grill mit den Holzkohlebriketts anfeuern.

3 Die Spieße auf dem heißen Grill 5 bis 8 Minuten bei starker Hitze direkt grillen. Zum Ende der Garzeit hin mit dem zerkleinerten Koriander bestreuen. Man kann auch nur die Stiele vom Koriandergrün verwenden; diese schmecken weniger intensiv als die Blätter und sind dafür viel saftiger. Wenn man Fahrradspeichen als Spieße bevorzugt, sollte man immer 2 Spieße nehmen, dann lassen sie sich auf dem Grill besser wenden!

4 Für das Grillbrot das Mehl mit dem Salz gründlich vermischen. Etwa 150 ml kochendes Wasser dazugeben und alles mit einem Kochlöffel glatt rühren. Der Teig muss nicht extra gewürzt werden, da das Fleisch schon stark gewürzt ist.

5 Den Teig nach Belieben in 4 bis 6 Portionen teilen und daraus auf einer mit wenig Mehl bestäubten Arbeitsfläche jeweils mit einem Teigroller dünne handgroße Fladen ausrollen. Die Teigfladen zu den Spießen auf den Grill legen und kurz beidseitig grillen, bis der Teig knusprig braune Blasen wirft.

ASIATISCHE
SPIESSGESELLEN
ONE NIGHT IN BANGKOK?
EINTAUCHEN IN DIE
WELT DER GARKÜCHEN
UND GRILLSTÄNDE!

Rezeptur streng geheim! Jeder Grillwagen hat seine eigene Würztunke für die Spieße auf dem Rost.

PÄT PÄT? DAS BEDEUTET KUNG FU FÜR DIE ZUNGE.

Bangkok, Sukhumvit Road, Ecke Soi 38: Es wimmelt, scheppert, zischt. Die Dunkelheit hat die Stadt langsam von der Tropenhitze befreit. An ihre Stelle ist die köstlich duftende Wärme unzähliger Garküchen und Grillwagen getreten. Der Rauch von Kokoskohlen mischt sich mit Aromen von Knoblauch, Schalotten, Ingwer, Zitronengras und exotischer Marinaden: mal feurig, mal fischig, meistens fantastisch. Wer keinen festen Standplatz hat, klappert auf der Suche nach Kundschaft mit seinem Karren durch die Nebenstraßen. Thais essen gerne ausgiebig in den kühleren Abendstunden. Nach Sonnenuntergang verwandeln dutzende Garküchen die Straße in ein riesiges kulinarisches Paradies unter freiem Himmel.

Mopedfahrer knattern heran und lassen sich ihr Grillgut in Styroporboxen packen. Drive-in Bangkok-Style. Auf wackeligen Plastikstühlen sitzen Hotelpagen, Verkäuferinnen, Banker, Bauarbeiter. Keine Gesellschaftsschicht verzichtet auf die Geschmacksbombe vom Bürgersteig: Riesengarnelen, im Ganzen gegrillter Fisch mit Salzkruste, knusprig-gerösteter Reiskuchen und natürlich Thailands beliebtes Grillhähnchen Gai yaang serviert mit einer Art Krautsalat aus grünen Papayas. Gewürzt wird mit Fischsauce, nicht selten befeuert mit höllischen Chilis. Wer auf Nummer sicher gehen will, zeigt auf das Gericht und fragt: »pät mai«? Ist die Antwort »mai pät« kann nicht viel passieren. »Pät pät« hingegen bedeutet Kung Fu auf der Zunge.

Thailänder unterscheiden drei Arten des Grillens: »Yaang« bezeichnet langsam über dem Feuer gegrillte Speisen, »pao« steht für Grillen über einer starken Flamme und »ping« ist das schnelle Grillen über Kohle. Letztere dürfte die weitverbreitetste Methode sein, was vor allem an den Satés liegt. Die Fleischspieße werden in Thailand mindestens genauso gern gegessen, wie in ihrem Herkunftsland Indonesien.

SINGAPUR: SICHER, SAUBER, SAULECKER

Wie in ganz Südostasien, gibt es auch in Singapur Saté-Spieße. Eine Menge sogar, doch damit ist die Grillküche des kleinen Inselstaats längst nicht beschrieben. Denn diese zählt zu den aufregendsten der Welt. Das hat zwei Gründe: Foodfreaks und Vielfalt.

Mehr noch als Dow Jones, FTSE und Nikkei interessiert die Einheimischen, wo man die besten Hühnerflügel bekommt. Singapur ist eine Nati-

Grillwägen wie Sand am Meer. Das Beste: Dank ständiger Laufkundschaft sind die Spieße immer grillfrisch.

on der Ess-Besessenen. Zudem vereint das Land im strategischen Zentrum Asiens Einflüsse aus den spannendsten Grillgebieten. Arm an Bodenschätzen lebte der kleine Stadtstaat stets vom Handel. Der Zustrom aus aller Welt machte Singapur zum Schmelztiegel – auch für die Grillkunst. Wer mit einem entsprechenden Magen ausgestattet ist, kann sich problemlos an einem einzigen Tag durch weite Teile der asiatischen Grillwelt essen. Am besten geht das in den sogenannten Hawker Centres, eine Ansammlung kleiner Garküchen. Zuerst in Bananenblättern gegrillte Fischcreme, dann ein paar goldbraun gegrillte Rochenflügel und schließlich noch eine Portion Rindfleisch-Saté in Erdnusssauce. Für eine Handvoll Singapur-Dollar lässt sich dort ein Drei-Gänge-Menü zusammenstellen. Wie in Thailand gilt auch in Singapur: Die besten Grillgerichte sind nicht in Restaurants, sondern an Straßenständen zu finden. Einen wesentlichen Anteil daran hat die Bürokratie des für seinen Regulierungswahn berüchtigten Inselstaats. In den 1970er-Jahren ließ die Regierung alle Straßenhändler registrieren, konzentrierte sie in zertifizierten Zentren, stattete diese mit fließendem Wasser aus und führte hohe Hygieneauflagen ein. Heute zaubern dort mehr als 10.000 Straßenköche die pure Vielfalt auf den Teller: sicher, sauber und saulecker.

JAPAN: WENIG SCHNICKSCHNACK, ETWAS SCHICKI

Was den Südostasiaten ihr Saté, ist den Japanern ihr Yakitori: die köstlichsten Spieße, die Asien zu bieten hat. Yaki heißt gegrillt und tori Hühnchen, soweit, so simpel. Tatsächlich bestehen die Spieße in ihrer puristischsten Form aus Hühnerteilen wie Brust, Flügel, aber auch Leber, Herz und Magen. Häufig wird heute das Fleisch gerne mal mit Lauchzwiebeln, Spargel oder Paprikastückchen kombiniert.

Der wahre Schatz der Yakitori-Grillmeister aber brodelt in ihren Töpfen – oder besser, er reift. Lange, am besten sehr lange. Tare, ein dickflüssiger Dip aus süßem Reiswein (Mirin) und Sojasauce, macht aus einem Snack ein Erlebnis. Das Geheimnis: Zweimal werden die Spieße während des Grillens in die Sauce getunkt. Und dann? Dann wird die Tare am nächsten Tag wiederverwendet – und am nächsten und übernächsten. So nimmt die Sauce jedes Mal mehr Geschmack an. Ekelig? Eher nicht! Die Spieße werden erst eingetunkt, wenn die Außenseiten gut durchgegart sind. Tare, so heißt es, schmeckt nach einer Woche gut, nach einem Monat besser und nach Jahren bombastisch!

Wie viele Grills in Asien, ist auch der japanische Grill »Spieß-optimiert«: über einen halben Meter lang und so schmal, dass die freien Enden der Bambusspieße über den Rand hinaus stehen, um nicht anzubrennen. Wer, wenig überraschend, keinen solchen Grill zu Hause hat, kann improvisieren: einfach Backsteine gegenüberliegend auf dem Rost platzieren oder, noch besser, eine alte Dachrinne nehmen. Das gesparte Geld könnte zum Beispiel in Binchotan investiert werden – die luxuriöseste Holzkohle der Welt, gemacht aus japanischer Steineiche. Yakitori-Meister schätzen sie, weil die Binchotan kein Eigenaroma abgibt. Die Kohle wird brüllend heiß, brennt extrem langsam und ist so wertvoll, dass mancher Restaurantbesitzer die Reste nach Ladenschluss wieder aus dem Grill klaubt. Viel zu übertrieben für den Hausgebrauch? Vielleicht. Anderseits: Wer seinen Grill selbst bastelt, darf auch etwas Asche für ein paar Gramm Kohle hinlegen.

Jan Henne

Gegrilltes to go: Gefüllte Blätter sind ideal für den schnellen Hunger zwischendurch.

EIGENTLICH GANZ SIMPEL: YAKI HEISST GEGRILLT, TORI HÜHNCHEN.

Hauptsache Spieße! Da darf die Konstruktion schon mal etwas abenteuerlich sein.

WAGYU BEEF BURGER

mit Trüffel-Remoulade

ZUBEREITUNGSZEIT 1 Stunde 30 Minuten | **GRILLZEIT** 12–18 Minuten
FÜR 4 PORTIONEN

FÜR DIE PATTIES
500 g gut durchwachsenes Wagyu Beef (Hohe Rippe oder Nacken)
100 g fetter Speck
Salz | frisch gemahlener weißer Pfeffer

FÜR DIE TRÜFFEL-REMOULADE
2 Eigelbe | 3 EL Distelöl
80 ml mildes Olivenöl
1 TL Trüffelöl | 1 EL Madeira
Salz | frisch gemahlener Pfeffer
Saft von ½ Zitrone
20 g frische Trüffeln
5 Kapern (in Salz eingelegt)
½ Bund frischer Kerbel
1 hart gekochtes Ei

FÜR DEN BELAG
8 Scheiben Bacon
4 Riesen-Burger Buns mit Sesam
8 Scheiben Cheddarkäse
8 Blätter Eisbergsalat
8 Scheiben rote Zwiebel
12 Scheiben Essiggurke
12 Scheiben Strauchtomate

AUSSERDEM
Fleischwolf
Buchenbriketts

1 Das Rindfleisch trocken tupfen und in grobe Würfel schneiden. Den Speck in Stücke schneiden und leicht anfrieren. In den Fleischwolf die mittlere Schneidescheibe (Lochgröße 5 bis 7 mm) einsetzen, die Fleisch- und Speckstücke mischen und durch den Wolf drehen. Das Hackfleisch in vier gleich große Portionen (je 150 g) teilen und jeweils zu einem Patty formen. Alle Patties von oben und unten mit Salz und Pfeffer würzen.

2 Für die Trüffel-Remoulade das Oliven- mit dem Distelöl vermischen. Die Eigelbe verrühren und etwa die Hälfte der Ölmischung tröpfchenweise unterschlagen, bis eine cremige Mayonnaise entstanden ist. Das Trüffelöl und den Madeira unterrühren und die Sauce mit Salz, Pfeffer und etwas Zitronensaft abschmecken.

3 Die Trüffeln trocken abreiben und fein würfeln. Die Kapern fein hacken. Den Kerbel waschen, trocken schütteln, die Blättchen von den Stielen zupfen und ebenfalls fein hacken. Das Ei pellen und in kleine Würfel schneiden. Trüffel, Kapern, Kerbel und Ei in die Mayonnaise einrühren. Die Trüffel-Remoulade bis zum Servieren zugedeckt kalt stellen. Den Kugelgrill auf etwa 175 °C vorheizen.

4 Den Bacon über direkter Hitze von beiden Seiten knusprig grillen. Die Burger Buns aufschneiden und für einige Minuten über direkter Hitze anrösten. Dann die Patties bis zur gewünschten Garstufe grillen: Zunächst über der direkten Hitze je Seite etwa 4 Minuten grillen, dann über der indirekten Hitze fertig grillen (medium braucht 3 bis 4 Minuten, well done 8 bis 10 Minuten). Die letzten 1 bis 2 Minuten den Cheddarkäse auf die Patties legen und anschmelzen lassen. Den Deckel während des Grillens geschlossen halten und nur zum Wenden öffnen. Den Burger nach Belieben zusammenbauen.

»DAS HACKFLEISCH WIRD NICHT INSGESAMT GEWÜRZT, SONDERN NUR VON OBEN UND UNTEN? JA, DAS IST DER AMERICAN WAY!«

MICHAEL KREILING

ASADO VOM ZICKLEIN

mit geräuchertem Barbecue-Mop

ZUBEREITUNGSZEIT 30 Minuten | **MARINIERZEIT** 8 Stunden | **GRILLZEIT** 2 Stunden
FÜR 4–6 PORTIONEN

ZUTATEN
1 Zickleinschulter mit Hals und Brust (Vorderviertel; 2–3 kg mit den Knochen)
18 g Salz pro kg Fleisch
Zucker
Barbecue-Mop (S. 261)

1 Die Zickleinschulter trocken tupfen und rundherum kräftig mit Salz und Zucker einreiben. In eine große Schüssel geben, mit dem Barbecue-Mop übergießen und das Fleisch etwa 8 Stunden kühl gestellt ziehen lassen. Das marinierte Fleisch etwa 1 Stunde vor dem Grillen aus dem Kühlschrank nehmen, damit es Zimmertemperatur annehmen kann. Den Grill auf große Hitze vorheizen.

2 Zum Grillen das Fleisch aus der Marinade nehmen und trocken tupfen. Die restliche Marinade aufbewahren. Das Fleisch mit der Fettseite nach unten auf den Grillrost legen und etwa 4 Minuten scharf anrösten. Dann das Fleisch wenden und auf der anderen Seite 3 Minuten scharf angrillen. Bei kleiner Hitze (etwa 130 °C) und geschlossenem Deckel langsam weiter grillen, dabei immer wieder wenden. Die Gardauer beträgt 1,5 bis 2 Stunden.

3 In den letzten 15 Minuten, bevor das Fleisch gar ist, immer wieder mithilfe eines Pinsels die Marinade auf das Grillgut streichen. Dabei die Hitze stark reduzieren, damit die Marinade nicht verbrennt. Das fertig gegarte Fleisch vom Rost nehmen und vor dem Anschneiden mindestens 5 Minuten ruhen lassen. Zum Servieren die Zickleinschulter mit einem kleinen Messer tranchieren.

PAPAYASPIESSE MIT OCHSENROASTBEEF

und Süßkartoffelpüree

ZUBEREITUNGSZEIT 1 Stunde 15 Minuten | **GRILLZEIT** 7–9 Minuten
FÜR 4 PORTIONEN

FÜR DIE SPIESSE
500 g Roastbeef vom Ochsenrücken
800 g feste Papaya (keine Gemüsepapaya)
4 kleine Schalotten
Salz | frisch gemahlener Pfeffer

FÜR DIE SALSA
1 Stück Chilischote
1–2 EL Olivenöl
Limettensaft | Salz

FÜR DAS SÜSSKARTOFFELPÜREE
250 g Süßkartoffeln
200 g mehligkochende Kartoffeln
Salz | 100 ml Milch
2 EL Butter
frisch geriebene Muskatnuss
½ TL frisch geriebener Ingwer
Cayennepfeffer

AUSSERDEM
4 Schaschlikspieße

1 Das Roastbeef trocken tupfen und in 12 gleich große Würfel schneiden. Die Papaya schälen, entkernen und das Fruchtfleisch in 8 möglichst gleich große Würfel teilen, dabei die Papayaanschnitte und Fruchtfleischreste beiseitestellen. Die Schalotten schälen und an der Wurzel halbieren.

2 Die Zutaten auf die Schaschlikspieße stecken: Mit je einer Schalottenhälfte beginnen, dann 3 Fleisch- und 2 Papayawürfel abwechselnd aufspießen und das Ganze mit einer Schalottenhälfte abschließen. Die Spieße rundherum leicht salzen.

3 Für die Salsa die Chili hacken. Für weniger Schärfe nach Belieben die Kerne entfernen. Dann die beiseitegestellten Papayareste (etwa 120 g) fein pürieren. Das Olivenöl und etwas Limettensaft untermixen und die Salsa mit Salz abschmecken.

4 Die Süßkartoffeln und Kartoffeln schälen, grob würfeln und in kochendem Salwasser 25 Minuten weich kochen, dann abgießen und ausdampfen lassen. Die Milch mit der Butter aufkochen und mit Salz, Muskat, Ingwer und Cayennepfeffer würzen. Die Kartoffeln und Süßkartoffeln durch eine Kartoffelpresse in die Milch drücken. Alles vermischen, das Püree abschmecken und zugedeckt warm halten.

5 Den Grill anfeuern. Die Schaschlikspieße auf dem Holzkohlegrill über direkter Hitze rundherum 7 bis 9 Minuten grillen, sodass das Fleisch medium ist. Die Spieße salzen, pfeffern, auf einer vorgewärmten Platte oder auf Tellern anrichten und mit der Papayasalsa beträufeln. Das Süßkartoffelpüree separat dazu reichen.

»DIE PAPAYA SOLLTE NICHT ZU REIF SEIN, DAMIT SIE BEIM GRILLEN NICHT ZERFÄLLT.«

INGO BOCKLER

FLAMBIERTES HIRSCHSCHASCHLIK

mit Räucherspeck

ZUBEREITUNGSZEIT 40 Minuten | MARINIERZEIT 8 Stunden | GRILLZEIT 10 Minuten
FÜR 4 PORTIONEN

ZUTATEN
2 rote Zwiebeln
3 Knoblauchzehen
3 Tomaten | 3 EL Öl
5 EL Tomatenmark
1 EL edelsüßes Paprikapulver
1 EL rosenscharfes Paprikapulver
1 EL Currypulver
4 Lorbeerblätter
¼ l trockener Rotwein
2 EL Rotweinessig
1 EL getrockneter Oregano
1 EL getrockneter Thymian
2 Spritzer Worcestersauce
2 Spritzer Angostura
800 g Hirschkeule ohne Knochen (oder Schweinehals)
100 g geräucherter Schweinespeck (in dünnen Scheiben)
Salz | 2 cl Wodka

AUSSERDEM
4 Schaschlikspieße

1 Die Zwiebeln und den Knoblauch schälen und beides fein würfeln. Die Tomaten waschen, den Stielansatz entfernen und das Fruchtfleisch grob würfeln. Das Öl in einem Topf erhitzen und die Zwiebeln und den Knoblauch darin goldbraun anbraten. Das Tomatenmark unterrühren, die beiden Paprikapulver und den Curry zugeben und kurz mitanrösten. Die Tomatenwürfel und Lorbeerblätter hinzufügen und mit dem Rotwein und dem Essig aufgießen. Die Marinade mit Oregano, Thymian, Worcestersauce und Angostura würzen und die Flüssigkeit etwas einkochen lassen.

2 Die Hirschkeule trocken tupfen, das Fleisch in möglichst gleichmäßige etwa 3 cm große Würfel schneiden und in eine Schüssel geben. Die Lorbeerblätter aus der etwas abgekühlten Marinade entfernen. Das vorbereitete Fleisch mit der Marinade vermengen und 8 Stunden zugedeckt im Kühlschrank durchziehen lassen. Der Mariniervorgang kann beschleunigt und sogar noch verbessert werden, wenn man das Fleisch mit der Marinade vakuumiert.

3 Den geräucherten Schweinespeck in etwa 3 cm lange Stücke schneiden. Die marinierten Fleischwürfel im Wechsel mit dem Schweinespeck auf die Schaschlikspieße stecken. Den Grill anheizen. Die Spieße etwa 10 Minuten von allen Seiten grillen. Zum Schluss einen Schritt vom Grill zurücktreten und die Spieße mit einem Schwung mit dem Wodka übergießen, sodass das Fleisch und der Speck flambiert werden. Achtung: Das gibt eine Stichflamme! Die fertigen Spieße nach Belieben salzen und sofort servieren.

LAMMBRATWURST

Orient-Style

ZUBEREITUNGSZEIT 2 Stunden | GRILLZEIT 5 Minuten
FÜR ETWA 35 WÜRSTE (JE 80 GRAMM)

ZUTATEN
2,5 kg Lammschultern ohne Knochen
45 g Salz (18 g Salz/Kg Fleisch)
1 EL Zucker
1 Bio-Zitrone
250 g Schalotten
4 Knoblauchzehen
1–2 EL edelsüßes Paprikapulver (15 g)
1 TL Tomatenmark (10 g)
25 g rote Chilipaste
½ TL frisch geriebene Muskatnuss
frisch gemahlener Pfeffer
Cayennepfeffer
½ TL gemahlener Piment
1 EL getrockneter Thymian
1 EL getrockneter Oregano

AUSSERDEM
Fleischwolf
20 Meter Saitlingsdärme vom Lamm (beim Metzger vorbestellen)
Wurstfüllmaschine

1 Die Därme in lauwarmem Wasser einweichen. Die Lammschultern von Sehnen und Knorpeln befreien und in grobe Stücke schneiden. Das Fleisch gründlich mit Salz und Zucker vermischen. In den Fleischwolf die mittlere Schneidescheibe (Lochgröße 5 bis 7 mm) einsetzen und das Fleisch durchdrehen. Zwei Drittel der Hackfleischmasse kurz angefrieren. In den Fleischwolf eine feinere Scheibe (Lochgröße 3 mm) einsetzen und das angefrorene Hackfleisch erneut durchdrehen. Das ganze Hackfleisch in der Küchenmaschine mit den Knethaken 15 Minuten vermengen.

2 Inzwischen die Zitrone heiß waschen, trocken reiben und die Schale fein abreiben. Die Schalotten schälen und in kleine Würfel schneiden. Den Knoblauch abziehen und fein verreiben. Die Schalottenwürfel, den Knoblauch, das Tomatenmark, die Chilipaste sowie die Gewürze und Kräuter zum Lammhackfleisch in die Küchenmaschine geben und gründlich untermischen.

3 Die Därme aus dem Wasser nehmen, vorsichtig trocknen und eine Seite zuknoten. Die Wurstmasse in die Füllmaschine geben, den Darm von der offenen Seite her auf die Fülltülle fädeln und die Wurstmasse behutsam mit wenig Druck in die Därme füllen. Wenn genug Masse für eine Wurst im Darm ist, den Darm mit Daumen und Zeigefinger zudrücken und die abgedrückte Stelle zu einer Seite abdrehen. Dann den Darm mit der nächsten Wurst befüllen, zudrücken und zur anderen Seite abdrehen. Die Würste immer abwechselnd nach links und rechts abdrehen, damit sie sich nicht wieder aufrollen.

4 Die Lammbratwürste am besten noch am selben Tag grillen. Wenn das nicht möglich ist, sollte man sie bei 80 °C etwa 12 Minuten im Salzwasser ziehen lassen, dann sind sie etwa 14 Tage haltbar. Zum Verzehr den Grill anfeuern. Die Lamm-Bratwürste auf den heißen Grill legen und in etwa 5 Minuten rundherum grillen.

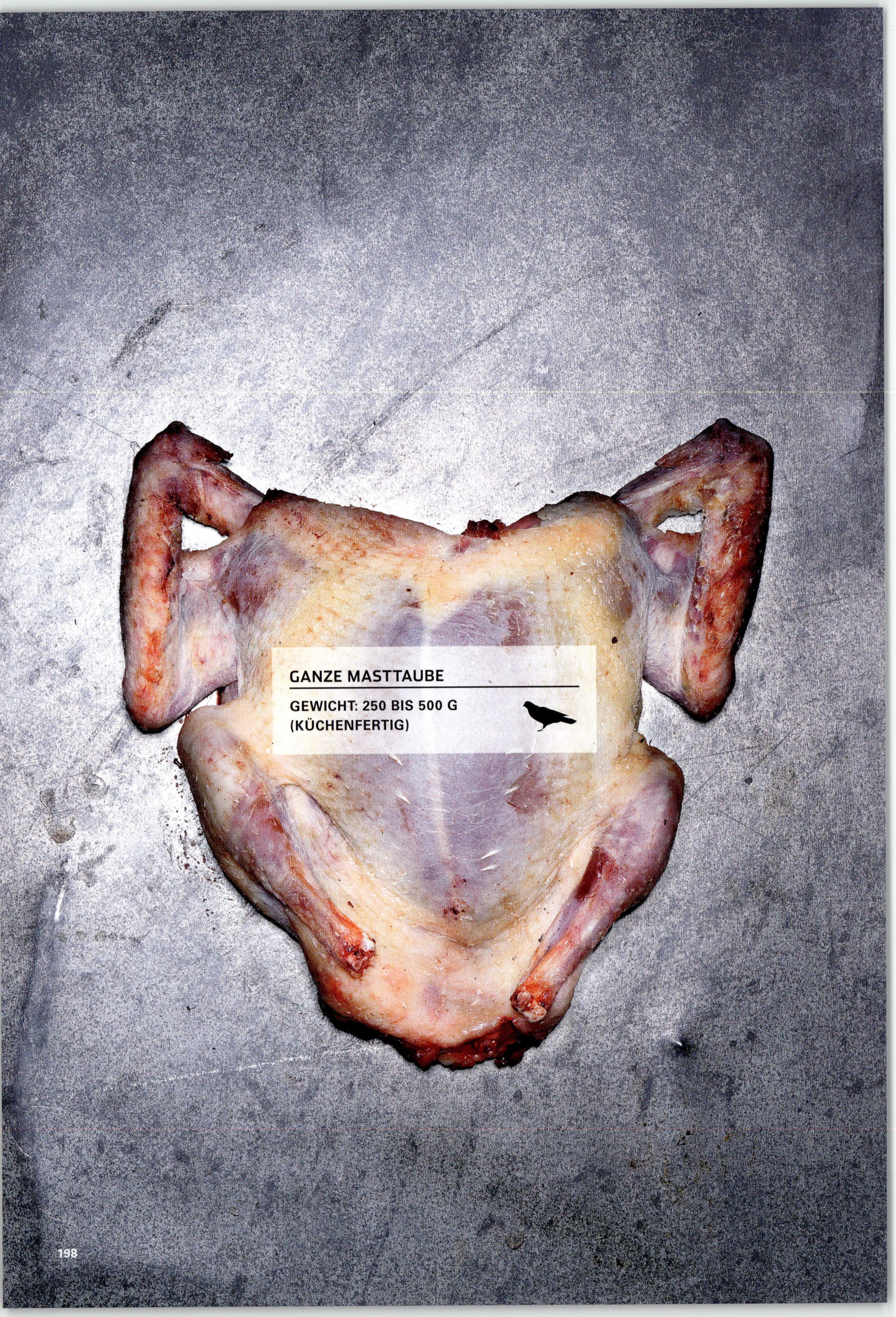
GANZE MASTTAUBE
GEWICHT: 250 BIS 500 G
(KÜCHENFERTIG)

TAUBE VOM GRILL

in Würzjoghurt mariniert

ZUBEREITUNG

ZUBEREITUNGSZEIT 45 Minuten | MARINIERZEIT 12 Stunden | GRILLZEIT 16–20 Minuten
FÜR 4 PORTIONEN

ZUTATEN

1 TL schwarze Pfefferkörner | 1 TL Korianderkörner
1 EL Kreuzkümmelsamen | 1 Gewürznelke | 1 Kardamomkapsel
1 geräucherte Kardamomkapsel (Schwarzer Kardamom)
2 Zimtblüten (oder ½ cm Zimtstange)
2 Sternanis | 40 g getrocknete Berberitzen
2 EL Arganöl | 500 g Joghurt (3,5 % Fett) | 1 Bio-Limette
4 Tauben (küchenfertig, je 450 g) | ½ Bund Koriandergrün

1 Die Pfeffer- und Korianderkörner, den Kreuzkümmel, die Gewürznelke, die Kardamomkapseln, die Zimtblüten und die Sternanis ohne Fett in einer Pfanne unter Rühren anrösten, bis sie duften. Die Gewürze leicht auskühlen lassen, dann in einen Mörser geben und möglichst fein zerreiben. Die Gewürzmischung, die Berberitzen und das Öl mit dem Joghurt verrühren.

2 Die Tauben abspülen und innen und außen mit Küchenpapier gründlich trocken tupfen. Anschließend auf ein Schneidebrett legen und die Tauben nacheinander entlang des Rückgrats längs aufschneiden, das geht am besten mit einer Geflügelschere. Dabei vom Körperende bis zum Hals schneiden, sodass sie sich komplett aufklappen lassen.

3 Die Tauben an der Schnittstelle auseinanderbiegen, zu jeweils einem Doppelflügel aufklappen und etwas flach drücken. Anschließend alle Taube rundherum mit dem Gewürzjoghurt einpinseln. Die Limette heiß waschen, trocken reiben, die Frucht in dünne Scheiben schneiden und diese auf die marinierten Tauben legen. Die marinierten Tauben vakuumieren oder in Frischhaltefolie wickeln und mindestens 12 Stunden im Kühlschrank ziehen lassen.

4 Den Grill anfeuern. Die Tauben aus der Folie nehmen und mit einem Pinsel oder Teigschaber die Marinade grob abstreifen. Die Tauben auf den heißen Grill legen und von jeder Seite 8 bis 10 Minuten grillen. Dabei gelegentlich mit einem Pinsel mit der restlichen Würzmarinade einstreichen.

5 Gegen Ende der Garzeit die Garprobe machen: Wenn beim Einstechen in die Unterkeule kein Blut mehr austritt, ist die Taube gar. Zum Servieren das Koriandergrün waschen, trocken schütteln und die Blättchen von den Stielen zupfen. Die fertig gegrillten Tauben jeweils auf vorgewärmte Teller geben, mit den Korianderblättern bestreuen und mit Taboulée servieren.

TANDOORIPUTE

mit Süßkartoffeln aus der Glut

ZUBEREITUNGSZEIT 20 Minuten | **MARINIERZEIT** 24 Stunden | **GRILLZEIT** 3 Stunden
FÜR 4 PORTIONEN

ZUTATEN
250 g Joghurt (3,5 % Fett)
2 EL Tandoori-Gewürzmischung (Asialaden)
1 kg Putenbrust
1 Bio-Limette
4 Süßkartoffeln
gemahlener Sternanis (oder Kreuzkümmel)

1 Den Joghurt in eine Schüssel geben und mit der Tandoori-Gewürzmischung verrühren. Die Putenbrust abspülen, gut trocken tupfen, in den Gewürzjoghurt einlegen und mindestens 24 Stunden, besser 3 Tage, im Kühlschrank zugedeckt marinieren lassen.

2 Ein großes Stück Alufolie auslegen und die marinierte Putenbrust mit dem ganzen Gewürzjoghurt darauf geben. Die Limette heiß waschen, trocken reiben, die Frucht in dünne Scheiben schneiden und auf die Putenbrust verteilen. Das Ganze kompakt in die Alufolie wickeln und mit zwei weiteren Lagen Alufolie fest umhüllen.

3 Den Grill anfeuern. Die Putenbrust auf den Grillrost legen und bei 110 °C und mit geschlossenem Deckel 2 bis 3 Stunden garen lassen. Nach etwa 2 Stunden Garzeit die Alufolie entfernen, die Putenbrust mit der Marinade aus der Folie bestreichen und fertig grillen.

4 Die Süßkartoffeln waschen, trocken tupfen und mit jeweils etwas Sternanis in ein Stück Alufolie wickeln. Die Süßkartoffeln in der Grillglut je nach Größe 45 bis 60 Minuten garen. Die fertig gegarte Putenbrust vor dem Anschneiden 5 Minuten ruhen lassen. Zum Servieren das Fleisch mit einem Messer quer zur Faser aufschneiden.

»IM ORIGINAL WIRD DIE PUTE IM ERDLOCH GEGRILLT. DANN BRAUCHT SIE AUCH NUR 20 MINUTEN. FASTFOOD QUASI.«

MANUEL REHEIS

STECKERLFISCH

mit Steckrüben-Spaghetti

ZUBEREITUNGSZEIT 45 Minuten | GRILLZEIT 20–30 Minuten
FÜR 2 PORTIONEN

FÜR DEN STECKERLFISCH
1 Makrele | Salz
1 Bio-Zitrone
frisch gemahlener Pfeffer
1 EL frische Thymianblättchen
100 g Butter
1 TL Fenchelsamen
1 EL frische Dillspitzen
1 EL fein geschnittener Estragon
Fleur de Sel zum Bestreuen

FÜR DIE STECKRÜBEN-SPAGHETTI
1 kleine Steckrübe
1 EL süße Chilisauce
2 EL Olivenöl
1 Stück frischer Ingwer (3 cm)
1 Prise Salz

AUSSERDEM
Spiralschneider
2 Alugrillschalen
Grillspieß (Holzstecken)

1 Die Makrele waschen, trocken tupfen und innen und außen salzen. Die Zitrone waschen, trocken reiben und die Schale abreiben. Den Fisch innen mit der Zitronenschale, etwas Pfeffer und Thymian würzen (1). Für die Steckrübenspaghetti die Steckrübe schälen und mit einem Spiralschneider in Fäden schneiden.

2 Den Ingwer schälen und in 1 cm dicke Scheiben schneiden. Die Steckrübenspaghetti mit der Chilisauce, dem Olivenöl, dem Ingwer und dem Salz in eine Alugrillschale geben und mit Alufolie abdecken. Den Grill auf 180 °C vorheizen.

3 Den Fisch der Länge nach aufspießen (2) und den Grillspieß am Grill oder auf dem Rost fixieren. Die Zitrone halbieren und mit der Schnittfläche auf den Grillrost legen. Die Steckrübenspaghetti ebenfalls auf den Grill stellen und alles gemeinsam 20 bis 30 Minuten bei geschlossenem Deckel indirekt grillen (3).

4 Kurz vor Ende der Garzeit die Butter mit den Fenchelsamen, dem Dill und dem Estragon in eine Aluschale geben und auf dem Grill schmelzen lassen. Den Fisch vom Spieß nehmen und filetieren. Die Fischfilets in die zerlassene Kräuterbutter legen und den Saft aus der warmen Zitrone darüber ausdrücken. Mit Fleur de Sel bestreut mit den Steckrübenspaghetti servieren.

SEETEUFEL-KOTELETTS

in Buttermilch-Ingwer-Marinade

ZUBEREITUNGSZEIT 40 Minuten | **MARINIERZEIT** 40 Minuten | **GRILLZEIT** 6 Minuten
FÜR 4 PORTIONEN

ZUTATEN
1 Vanilleschote
400 g Buttermilch
4 Wacholderbeeren
1 Bio-Limette
2 Stängel Zitronengras
1 Stück frischer Ingwer (2–3 cm)
2 frische Lorbeerblätter (oder 4 getrocknete)
4 Seeteufelkoteletts (je 180 g)
Meersalz

1 Die Vanilleschote längs aufschneiden und das Mark mit einem Messer herauskratzen. Das Vanillemark mit der Buttermilch und den Wacholderbeeren mit einem Pürierstab fein mixen. Die Limette heiß waschen, trocken reiben und die Schale abreiben. Die Frucht halbieren und den Saft auspressen.

2 Das Zitronengras putzen, das untere Drittel grob in Scheiben schneiden, den Rest grob hacken. Den Ingwer mit der Schale in feine Scheiben schneiden. Die Lorbeerblätter in Streifen schneiden und mit der Limettenschale und dem -saft sowie dem Ingwer und dem Zitronengras zur Buttermilch geben. Die Seeteufelkoteletts waschen, trocken tupfen, in die Marinade legen und zugedeckt etwa 40 Minuten durchziehen lassen.

3 Den Grill anfeuern. Die Marinade von den Seeteufelkoteletts mit einem Teigschaber behutsam abstreifen und den Fisch anschließend trocken tupfen. Die Seeteufelkoteletts auf dem Grill über der Glut auf jeder Seite etwa 3 Minuten grillen, mit Meersalz bestreuen und servieren. Dazu passen Kartoffeln vom Grill mit Käuter- oder Trüffel-Quark oder ein Tomaten-Brot-Salat.

»STATT SEETEUFEL SCHMECKEN AUCH RIESENGARNELEN. DIE BRAUCHEN ABER AUF DEM GRILL NUR 2 MINUTEN.«

BERND AROLD

HECHTFILETS VOM GRILL

mit Salbeiblättchen gespickt

ZUBEREITUNGSZEIT 45 Minuten | **GRILLZEIT** 8–10 Minuten
FÜR 4 PORTIONEN

ZUTATEN
800 g Hechtfilet (geschuppt, aber mit Haut)
16–20 Salbeiblätter
Salz | frisch gemahlener Pfeffer

AUSSERDEM
Grätenzange

1 Den Grill anfeuern. Das Hechtfilet trocken tupfen und quer in 4 Stücke schneiden. Noch vorhandene Gräten mit einer Grätenoder Flachrundzange entfernen. Das geht am besten, wenn man die Y-Gräten nicht von der Fleischseite her, sondern seitlich herauszieht (1). Dabei immer wieder mit den Fingern über das Fischfleisch tasten und fühlen, ob noch weitere Gräten vorhanden sind.

2 Die durch das Grätenziehen entstandenen Löcher anschließend mit den Salbeiblättern füllen (2). Die Hechtfilets salzen, pfeffern und auf dem Grill auf der Hautseite 5 bis 6 Minuten grillen, bis die Haut knusprig ist. Den Fisch wenden und die Hechtfilets auf der anderen Seite weitere 3 bis 4 Minuten grillen (3). Dazu passen Kartoffeln im Speckmantel, Pak Choi im Ganzen, gebratene Selleriescheiben oder auch gedünstetes Wurzelgemüse.

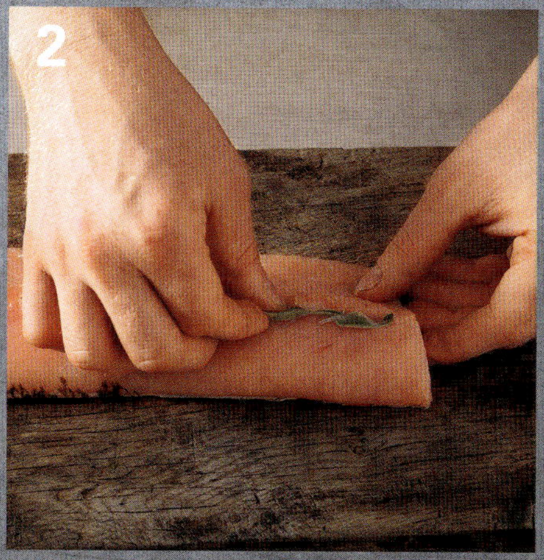

DORADE IM BANANENBLATT

mit Ingwer, Chili und Koriander

ZUBEREITUNGSZEIT 1 Stunde | **GRILLZEIT** 20 Minuten
FÜR 4 PORTIONEN

FÜR DIE DORADEN
4 Doraden (je 400 g, küchenfertig)
4 Bananenblätter (oder Backpapier)

FÜR DIE MARINADE
8 große rote Chilischoten
3 Knoblauchzehen
1 Stück frischer Ingwer (3–4 cm)
1 Stück Galgant (3–4 cm, oder frischer Ingwer)
3 EL Palmzucker (oder brauner Zucker)
3 rote Zwiebeln
1 Bio-Limette
1 Bund Koriandergrün
Salz | frisch gemahlener Pfeffer

1 Die Doraden schuppen, abspülen und trocken tupfen. Die Bananenblätter mit einer Schere auf eine Größe von etwa 60 x 60 cm zuschneiden, gründlich waschen und ebenfalls trocken tupfen. Ersatzweise kann man statt Bananenblättern auch vier entsprechend große Stücke Backpapier verwenden.

2 Für die Marinade die Chilis waschen, halbieren, die Kerne entfernen und das Fruchtfleisch in Stücke schneiden. Den Knoblauch, den Ingwer und den Galgant schälen und fein würfeln. Chili, Ingwer und Galgant zusammen mit dem Palmzucker in einem Mörser zu einer feinen Paste zerreiben.

3 Die Zwiebeln schälen und fein würfeln. Die Limette heiß waschen, trocken reiben, die Schale fein abreiben, die Frucht halbieren und den Saft auspressen. Den Schalenabrieb und den Saft der Limette mit den Zwiebeln und dem Knoblauch unter die Chilimasse rühren. Den Koriander waschen, trocken schütteln, mitsamt den Stielen fein schneiden und untermischen.

4 Die Fische innen und außen mit Salz und Pfeffer würzen und mit der gesamten Marinade einpinseln. Jeden Fisch auf ein Bananenblatt legen und wie ein Päckchen darin einschlagen, sodass nichts an den Seiten herauslaufen kann. Wer möchte, kann das Päckchen mit Küchengarn zubinden – Zahnstocher reißen die Bananenblätter auf.

5 Den Grill anfeuern. Die Fischpäckchen auf den Grillrost legen und bei kleiner Hitze etwa 10 Minuten auf jeder Seite grillen. Zum Umdrehen eine breite Grillzange verwenden und behutsam vorgehen, damit die Fischpäckchen nicht aufgehen.

GEGRILLTER STEINBUTT

mit geräuchertem Kartoffelstampf und Kräutersalat

ZUBEREITUNGSZEIT 1 Stunde 15 Minuten | **GRILLZEIT** 4 Minuten
FÜR 4 PORTIONEN

FÜR DEN KARTOFFELSTAMPF
700 g vorwiegend festkochende Kartoffeln
Meersalz | 4 Tomaten
100 ml Olivenöl
frisch gemahlener Pfeffer
1 Bund Schnittlauch

FÜR DEN KRÄUTERSALAT
16 Basilikumblätter
16 Petersilienblätter
4 Kerbelblätter | 16 Dillspitzen
4 TL Fenchelgrün
4 TL Staudenselleriegrün
32 Korianderblätter
4 Sauerampferblätter
4 Portulakblätter
1 Handvoll Friseesalat
16 junge Löwenzahnblätter

FÜR DIE VINAIGRETTE
4 EL Gemüsefond | 4 EL Sherry
Meersalz | 1 TL mittelscharfer Senf
2 TL flüssiger Honig
4 EL Distelöl | 60–80 ml Olivenöl

FÜR DEN STEINBUTT
600 g Steinbuttfilet (3–4 cm dick)
Meersalz | 1 Knoblauchzehe
4 Stängel Estragon
1 TL Zesten von einer Bio-Zitrone
300–400 ml Champagner

AUSSERDEM
3 EL Räuchermehl (Buche)

1 Für den Kartoffelstampf die Kartoffeln waschen und in gesalzenem Wasser in etwa 30 Minuten weich kochen. Inzwischen für den Kräutersalat die Kräuter waschen, trocken schleudern und die Blättchen von den Stielen zupfen. Für die Vinaigrette den Geflügelfond mit dem Sherry mischen und leicht erwärmen, salzen und mit Senf und Honig abschmecken. Das Distel- und Olivenöl mit einem Schneebesen unterschlagen und die Vinaigrette abschmecken.

2 Die fertig gegarten Kartoffeln abgießen und pellen. Einen Topf mit Alufolie auslegen und das Räuchermehl daraufgeben. Den Topf stark erhitzen, bis es zu rauchen beginnt. Die Kartoffeln in ein Sieb oder in einen Locheinsatz geben, über dem Räuchermehl platzieren und bei geschlossenem Deckel 1 Minute räuchern. Herausnehmen und mit einer Gabel zerdrücken.

3 Die Tomaten waschen, vierteln, Stielansatz und Kerne entfernen und das Fruchtfleisch in Würfel schneiden. Die zerdrückten Kartoffeln mit den Tomaten und dem Öl vermischen. Mit Meersalz und Pfeffer abschmecken. Den Schnittlauch waschen, trocken schütteln, in feine Röllchen schneiden und unter den Kartoffelstampf ziehen.

4 Für den Steinbutt den Grill anfeuern. Das Steinbuttfilet trocken tupfen, in vier gleichgroße Stücke schneiden und mit Meersalz würzen. Die Knoblauchzehe abziehen und in feine Scheiben schneiden. Den Estragon waschen und trocken schütteln. Je ein Steinbuttfilet mit etwas Knoblauch, Zitronenschale und Estragon auf ein Stück Alufolie geben, mit etwas Champagner beträufeln und zu einem Päckchen verschließen.

5 Die Steinbuttpäckchen zum Garen etwa 3 Minuten auf den Grillrost legen. Sollten die Filets dünner als 3 bis 4 cm sein, reduziert sich die Garzeit entsprechend. Während die Steinbuttpäckchen garen, den Kräutersalat mit der Vinaigrette vermischen. Den Steinbutt auspacken und nochmal für etwa 1 Minute direkt auf den Grillrost legen. Mit dem Kräutersalat und dem Kartoffelstampf anrichten.

GEGRILLTE SEPIEN

mit Petersilienpesto

ZUBEREITUNGSZEIT 1 Stunde | GRILLZEIT 10 Minuten
FÜR 4 PORTIONEN

ZUTATEN
60 ml Apfelsaft
800 g frische Sepiatuben
(geputzt, etwa 20 Stück)
Salz
1 ½ Zitronen
120 ml Olivenöl
frisch gemahlener Pfeffer
4 Knoblauchzehen
2 EL geschälte Mandeln
1 kleines Bund Petersilie
4 kleine Kopfsalatherzen
(oder Mini-Romanasalat)
Zucker
3 EL Traubenkernöl
3 EL Olivenöl

1 Für die Vinaigrette den Apfelsaft auf etwa die Hälfte reduzieren und anschließend abkühlen lassen. Inzwischen die Sepiatuben in kochendem Salzwasser sehr kurz blanchieren, abgießen, abtropfen lassen und mit Küchenpapier trocken tupfen.

2 Die Zitronen auspressen. Aus 60 ml Olivenöl, einem Drittel des Zitronensafts, etwas Salz und Pfeffer eine Marinade rühren. Den Knoblauch abziehen, die Hälfte davon zerdrücken und hinzufügen. Den restlichen Knoblauch beiseitelegen. Die Sepien mit der Marinade bestreichen und 40 Minuten ziehen lassen. Den Grill anfeuern.

3 Für das Petersilienpesto die Mandeln in einer beschichteten Pfanne trocken anrösten, herausnehmen und abkühlen lassen. Die Petersilie waschen, trocken schütteln und die Blättchen von den Stielen zupfen. Den restlichen Knoblauch, die Mandeln, das übrige Öl und die Petersilienblätter im Mixer zu einem Pesto verarbeiten.

4 Die Salatherzen putzen, waschen, trocken tupfen und je nach Größe längs halbieren oder vierteln. Für die Vinaigrette den reduzierten Apfelsaft mit dem restlichen Zitronensaft vermischen und mit Zucker und Salz abschmecken. Die beiden Öle unterquirlen.

5 Die Sepien auf dem heißen Grill von jeder Seite etwa 5 Minuten braun grillen und dabei zwischendurch immer wieder mit der Marinade bepinseln. Die Salatherzen mit der Vinaigrette beträufeln und auf Teller verteilen. Die gegrillten Sepiatuben darauf anrichten und mit dem Petersilienpesto beträufeln.

»DIESES GERICHT, EIN GUTER WEIN – UND DER SOMMERTAG IST PERFEKT!«

INGO BOCKLER

GEGRILLTER SPARGEL

mit Riesengarnelen

ZUBEREITUNGSZEIT 1 Stunde | GRILLZEIT 10 Minuten
FÜR 4 PORTIONEN

FÜR DAS VANILLE-SÜSS-KARTOFFELPÜREE
400 g Süßkartoffeln
50 g Schalotten
2 EL Olivenöl | Salz
100 ml trockener Weißwein
1–2 Vanilleschoten
200 g Sahne
2 EL kalte Butter
feines Meersalz

FÜR DEN SPARGEL
500 g weißer Spargel
feines Meersalz

FÜR DIE RIESENGARNELEN
12 Riesengarnelen
feines Meersalz

AUSSERDEM
Holzkohlebriketts

1 Für das Püree die Süßkartoffeln schälen und in kleine Stücke schneiden. Die Schalotten schälen, fein hacken und in heißem Olivenöl in einer Pfanne glasig andünsten. Die Süßkartoffeln hinzugeben und kurz mitdünsten. Mit Salz würzen, mit dem Wein ablöschen und diesen auf etwa die Hälfte reduzieren. Die Vanilleschote längs aufschneiden, das Mark herauskratzen und beides hinzugeben.

2 Die Sahne angießen und die Süßkartoffeln bei schwacher Hitze weich dünsten (nicht zu stark kochen lassen, sonst geht der frische, leichte Geschmack verloren). Inzwischen den Spargel schälen und die Enden abschneiden. Den Holzkohlegrill anfeuern.

3 Die Vanilleschote aus den Süßkartoffeln entfernen. Die Süßkartoffeln zerdrücken und die Butter stückchenweise unterschlagen. Das Püree durch einen Sieb streichen, nochmals abschmecken und zugedeckt warm halten. Die Spargelstangen salzen, auf dem Rost etwa 5 Minuten grillen, dann wenden und weitere 5 Minuten grillen (1).

4 Die Garnelen mit der Schale auf den Grillrost legen und von jeder Seite etwa 3 Minuten grillen (2). Die Spargelstangen der Länge nach halbieren und auf vorgewärmten Tellern verteilen. Die Garnelen aus der Schale brechen (3), salzen und auf dem Spargel anrichten. Das Vanille-Süßkartoffelpüree dazu servieren.

1

2

3

GUT GLUT VON POL ZU POL
WO'S AM BESTEN SCHMECKT

SO GRILLT MAN IN

ARGENTINIEN

Spektakulär, wenn eine ganze Kuh oder ein Lamm stundenlang am »Asador« (Grillkreuz) hängt. Man grillt sie hier gern im Ganzen in gebührendem Abstand von der Glut, so bleibt das Fleisch unglaublich saftig. Für die nötige Würze sorgt Chimichurri, eine Marinade aus Olivenöl, Petersilie, Oregano, Chiliflocken, Knoblauch und Essig. Die Argentinier lieben aber auch Steaks von der »Parrilla«, einem gusseisernen Rost, der für ein ordentliches »Asado« (Grillfest) schon mal 100 x 80 cm und mehr haben darf. Der »Asador« (Grillmeister) behält alles im Auge und weiß, wann was fertig ist.

AUSTRALIEN

Picknickkorb und Kühlbox gefüllt und schon geht's los – Barbecues sind in Australien sehr beliebt. So gut wie überall stehen Gasgrills in Parks oder auf Rastplätzen bereit, die sich mit einer Münze in Gang setzen lassen. Im Outback baut man sich seinen Grill aus Rost oder Eisenplatte und ein paar Steinen selbst, kein Thema. Bevorzugt landen Steaks, Würste und Seafood auf dem Grill. Wer in Down Under zum »Barbie« eingeladen wird, sollte dran denken, etwas mitzubringen. Am liebsten eine Kiste Bier, aber auch Fleisch, Salat oder Kuchen sind willkommen.

BRASILIEN

Viele im Land haben ihre eigene »Churrasqueira« – einen gemauerten Grill mit Kamin, in dem sich lange, gut bestückte Spieße über brennender Holzkohle drehen. Aufgespießt wird vor allem Picanha (handtellergroße, mit grobem Salz bestreute Stücke aus Rinderhüfte, -lende oder Tafelspitz, unbedingt mit Fettdeckel!). Aber auch marinierte Hähnchenteile, Schweinerippen, Hühnerherzen und »Salsichões« (grobe Schweinsbratwürste) sind beliebt. Churrasco ist aber auch auswärts der Hit, vor allem der Süden (Rio Grande do Sul, Santa Catarina und Parana) ist für seine guten »Churrasqueiras« (Grillrestaurants) bekannt.

GRIECHENLAND

Alles, was aus dem Meer kommt, landet direkt auf dem Rost: Oktopus, Garnelen und Fisch – frischer geht's nicht! Gegrillt wird mit Holzkohle, auf Gittern über der »Psestaria« (rechteckiger Grill) oder am Spieß. Vor allem zu Ostern grillt man oft ganze Lämmer über der Glut. Auch gut: Souvlaki, Spieße mit Lamm-, Zickleinoder Schweinefleisch, mariniert mit einer Mischung aus Salz, Oregano, Olivenöl und Zitrone. Beim klassischen Gyros dagegen, der hiesigen Ausgabe des türkischen Kebabs, dreht sich gut gewürztes Lammfleisch am vertikalen Drehspieß.

INDONESIEN

Die Vielfalt der Inseln zeigt sich auch am Grill: Im hinduistischen Bali gilt »Babi guling«, Spanferkel vom Spieß, als Gipfel der Genüsse. Auf den muslimisch geprägten Inseln setzt man auf Saté oder Satay, wie's in Malaysia heißt – kleine Spieße bestückt mit Rind, Lamm, Meeresfrüchten oder Huhn. Gut gewürzt und serviert mit einer raffinierten Sauce, einem feurigen Sambal oder: »Ketjap manis« der süßen Sojasauce. Auf dem langen, schmalen Grill sind die Spießchen über einer Glut aus Kokoskohle rasch gar, das spart Brennstoff und Zeit.

JAPAN

»Yaki« heißt »gegrillt« oder »gebraten«, und das wird in japanischen Restaurants oft direkt am Tisch auf heißen Eisen- oder Stahlplatten (»Teppan«). Aber auch mit Glut kennen sich die Japaner aus. Zumal ihnen dafür die beste (und teuerste!) Holzkohle der Welt zur Verfügung steht. »Binchotan« (aus japanischer Steineiche) brennt besonders heiß und annähernd rauchfrei. Benötigt wird sie zum Grillen von »Yakitori«, den beliebten Spießchen. Die werden im Restaurant auf einem langen, zentimeterschmalen Grill, zuhause auf dem »Hibachi« (Minigrill) zubereitet.

KARIBIK

Sie stehen überall: ausgediente alte Ölfässer, in denen ein Feuer aus Pimentholz brennt. Aufgelegt wird scharf Mariniertes. Meist Huhn und Schweinefleisch, Jerk chicken und Jerk pork, gewürzt mit Pfeffer, Piment, Zimt, Muskat sowie höllisch scharfen Chilis ... Jeder hat da seine eigene Mischung, auch das »Scotchies« in Ocho Rios. Dort besteht der Rost heute noch aus dünnen Pimentstämmen. Ganze entbeinte Schweine und aufgeklappte Hähnchen garen darauf langsam im Rauch – eine Szenerie, die ans BBQ der amerikanischen Ureinwohner erinnert.

MEXIKO

La Barbacoa hat mit herkömmlichem Grillen nicht viel gemein. Wohl aber mit Barbecue, dem es vermutlich seinen Namen gab. Beide Male geht es um langsames, stundenlanges Garen bei geringer Hitze. Für eine mexikanische Barbacoa wird zunächst eine Grube ausgehoben. Auf den Boden kommen große Steine, über denen ein Holzfeuer entzündet wird. Darauf liegt das marinierte Fleisch, manchmal auch Gemüse, und wird mit Bananen- oder Agavenblättern bedeckt. Nach 4 bis 7 Stunden ist alles fertig und wird mit verschiedenen Salsas und Tortillas serviert.

RUSSLAND

Wer denkt, jeder x-beliebige Fleischspieß vom nächstbesten Grill, womöglich noch ertränkt in Sauce, sei ein Schaschlik, täuscht sich. Zu einem echten Schaschlik, das in Russland wie im ganzen turksprachigen Raum ein Festessen ist, gehört vor allem eines: hervorragendes Fleisch (Rind, Schwein oder Lamm). Es wird in große Würfel geschnitten, sechs pro flachem Spieß sind ideal. Passt dann noch der Abstand zur Birkenholz- oder Kohleglut (etwa 15 cm), wird das Schaschlik auf dem Mangal, weltweit übrigens die Nr. 1 unter den Grills ganz ohne Rost perfekt!

SÜDAFRIKA

auch wenn´s nicht so klingt, beim Braai steht Grillen auf dem Programm. Und zwar draußen, mit Holz vom Kameldornbaum und in Gesellschaft. Ist die Glut perfekt, landet auf dem Rost, was Land und Meer hergeben: Steaks von Rind und Strauß, Lamm und Springbock, aber auch Fisch (Snoek, Kingklip) und Meeresfrüchte. Beliebt sind auch »Sosaties« (Fleischspießchen) und »Boerewors« (mit Koriander, Nelken und Piment gewürzte Bratwurstschnecke). Ein Erlebnis ist der »National Braai Day« (am 24. 9.), dann heißt's landauf, landab »Let's Braai«!

TÜRKEI

Erfunden wurde das Grillen von dünnen Scheiben bestem Lamm- oder Hammelfleischs am aufrechten Drehspieß vor gut 150 Jahren in Bursa. Drum heißt unser »Döner« in der Türkei »Bursa Kebab« oder »Iskender Kebab«, nach seinem Erfinder. Andere Kebab-Varianten wie »Sis Kebab« (Lammspieße), »Piliç Sis« (Hähnchenspieße) oder »Adana Kebab« (Hackspieße) liegen horizontal auf dem Rost. Für Vorspeisen und Salate grillt man auch gern Gemüse. Nur Schwein hat auf dem »Mangal« (Kohlebecken), »Barbekü« oder »Izgara« (Rost) nichts verloren.

TÜRKEI
in Sachen KEBAB hat die Türkei eine Menge zu bieten
RUSSLAND
liebt sein SCHASCHLIK, vor allem mit Fleisch, ob mit oder ohne Marinade
JAPAN
grillt viel und oft: von YAKITORI bis TEPPANYAKI
INDONESIEN
setzt auf SATÉ – die gegrillten Spießchen gibt's in unzähligen Variationen
AUSTRALIEN
In Down Under trifft man sich zum Nationalsport BARBIE
SÜDAFRIKA
Wer hier zum »BRAAI« eingeladen wird, hat keinen Grund zur Sorge ...

WASSERMELONE MIT THUNFISCH

und thailändischer Nam-Prik-Sauce

ZUBEREITUNGSZEIT 1 Stunde | **GRILLZEIT** 4 Minuten
FÜR 4 PORTIONEN

FÜR DIE CURRYPASTE
1 TL Korianderkörner
1 TL Kreuzkümmelsamen
4 Thaischalotten
3 Knoblauchzehen
1 Stück Kurkumawurzel (4 cm)
1 Stück frischer Ingwer (6 cm)
1 Stück Galgant (3–4 cm, oder frischer Ingwer)
6 Korianderwurzeln
4 Limettenblätter
3 Stängel Zitronengras
2 Chilischoten | 2–3 EL Palmzucker

FÜR DAS NAM PRIK
10 Schalotten
4 Knoblauchzehen
1 Chilischote | 4 EL Erdnussöl
50 g Palmzucker
2 EL Tamarindenmark (40 g)
1 EL Garnelenpaste (10 g)
2 EL Fischsauce
200 ml Sojasauce
400 ml Orangensaft
200 ml Pflaumenwein

FÜR DEN THUNFISCH
800 g Thunfischfilet
6 EL Sesamöl
½ kernlose Wassermelone
Fleur de Sel

1 Für die Currypaste die Korianderkörner und den Kreuzkümmel in einer beschichteten Pfanne trocken anrösten, bis sie zu duften anfangen. Die Schalotten, den Knoblauch, die Kurkumawurzel, den Ingwer und den Galgant schälen und grob hacken bzw. schneiden.

2 Die Korianderwurzeln waschen, trocken tupfen und mit den Limettenblättern und dem Zitronengras in Stücke schneiden. Die Chilis waschen, nach Belieben entkernen und grob hacken. Alle Zutaten im Mörser zu einer Paste verreiben oder mit dem Pürierstab fein mixen. Die Paste hält im Kühlschrank mehrere Wochen.

3 Für das Nam Prik die Schalotten schälen und fein würfeln. Den Knoblauch abziehen und fein hacken. Die Chili waschen, entkernen und ebenfalls fein hacken. Zuerst die Schalotten in heißem Öl anbraten, bis sie Farbe bekommen. Dann den Knoblauch dazugeben und mit dem Palmzucker karamellisieren. Alle restlichen Zutaten untermischen und das Ganze unter Rühren cremig einkochen lassen.

4 Den Grill vorheizen. Für den Thunfisch das Thunfischfilet trocken tupfen, in 4 gleich große Scheiben schneiden, mit etwa der Hälfte der Currypaste einstreichen und mit 4 EL Sesamöl bepinseln. Die Melone ungeschält in gleichdicke Scheiben wie den Thunfisch schneiden und mit dem restlichen Öl bepinseln.

5 Die Thunfisch- und die Wassermelonenstücke auf dem Grill bei hoher Hitze scharf und kurz anbraten, höchstens 2 Minuten pro Seite. Der Fisch sollte innen noch einen rosa Kern haben, und die Wassermelone darf nicht zu dunkel werden. Den Fisch entweder quer aufschneiden, sodass man 2 Flügel hat (wie ein Brötchen) oder in Streifen. Mit dem Fleur de Sel bestreuen. Die Wassermelone mit dem heißen Nam Prik bestreichen und mit dem Thunfisch servieren.

ARTISCHOCKEN VOM GRILL

pikant mariniert oder gefüllt

ZUBEREITUNG

ZUBEREITUNGSZEIT 1 Stunde 40 Minuten | GRILLZEIT 5–10 Minuten
FÜR 4 PORTIONEN

FÜR DIE GROSSEN ARTISCHOCKEN
4 große Artischocken | Saft von 1 Zitrone
2 EL Salz | 100 g Zucker | 50–75 ml Olivenöl extra vergine
je 4 Zweige Rosmarin und Thymian | 2 frische Lorbeerblätter
2 Knoblauchzehen | 1 getrocknete Chilischote
50 g gehackte Cashewkerne | Salz und Zucker zum Abschmecken

FÜR DIE KLEINEN ARTISCHOCKEN
12 Mini-Artischocken | 1–2 EL mittelscharfer Senf | 2 Knoblauchzehen
2 Eigelbe | 250 g Ziegenkäserolle (je älter der Käse, desto intensiver der Geschmack)
Zesten von einer Bio-Zitrone | Salz | frisch gemahlener Pfeffer
3–4 EL Semmelbrösel | 3–4 EL Olivenöl

1 Bei den großen Artischocken das obere Drittel der Blüte abschneiden, das Heu herauskratzen und die Artischocken sofort mit Zitronensaft einreiben. In einem weiten Topf Wasser aufkochen, das Salz, den Zucker und 50 ml Öl zugeben, die Artischocken einlegen, mit einem Teller beschweren und das Gemüse in 15 bis 20 Minuten weich garen.

2 Inzwischen den Rosmarin und den Thymian waschen, die Blättchen von den Stielen zupfen und mit den Lorbeerblättern fein hacken. Den Knoblauch abziehen, die Chili entkernen und beides fein hacken. Kräuter, Chili, Knoblauch und Cashewkerne mit dem restlichen Öl verrühren und abschmecken. Nach Ende der Garzeit die Artischocken halbieren und beide Hälften mit dem Würzöl einpinseln.

3 Das obere Drittel der Mini-Artischocken abschneiden und mit einem Messer die dunkelgrünen äußeren Blätter abschälen. Den Stiel ebenfalls dünn schälen, aber dran lassen. Die Artischocken mit dem Messer längs halbieren und das Heu mit einem Espressolöffel herausschaben.

4 Die Innenseite der Artischockenhälften mit dem Senf bestreichen. Den Knoblauch abziehen und fein hacken. Die Eigelbe mit dem Ziegenkäse, den Zitronenzesten und dem Knoblauch grob vermengen. Die Masse mit Salz und Pfeffer abschmecken, in die Artischockenhälften füllen und diese Seite in die Semmelbrösel drücken. Die andere Artischockenseite mit dem Öl einpinseln.

5 Den Grill anfeuern. Die großen Artischocken für 5 bis 10 Minuten auf den Grill legen und nicht zu heiß beidseitig grillen, am besten häufig wenden. Die kleinen Artischocken mit der runden Seite zuerst auflegen und Farbe nehmen lassen, dann umdrehen und fertig grillen. Die großen Artischocken nach Belieben mit einem Dip servieren, z. B. Frankfurter Grüne Sauce. Dazu die Blätter abzupfen, in den Dip tauchen und abknabbern; man kann nur das untere Drittel essen, der obere Blattteil bleibt hart. Die kleinen Artischocken sind ganz essbar.

KÜRBISSPIESSE

mit Salbei und Tomate

ZUBEREITUNGSZEIT 50 Minuten | GRILLZEIT 20 Minuten
FÜR 4 PORTIONEN

ZUTATEN
1 Kürbis (Butternut)
Zucker | Salz
Currypulver (Madras)
4 EL Olivenöl
1 EL Korianderkörner
3–4 Scheiben magerer Bauchspeck
4 Schalotten
8 Salbeiblätter
8 Kirschtomaten

AUSSERDEM
4 Schaschlikspieße

1 Den Kürbis schälen, halbieren, die Kerne herauskratzen und das Fruchtfleisch in 16 etwa 2,5 cm große Würfel schneiden. Die Kürbiswürfel leicht zuckern, salzen, mit Curry bestreuen und mit dem Olivenöl beträufeln. Zugedeckt etwa 30 Minuten marinieren lassen.

2 Inzwischen die Korianderkörner in einer beschichteten Pfanne ohne Fett leicht anrösten, herausnehmen, auskühlen lassen und im Mörser fein zerstoßen. Den Bauchspeck in 12 Stücke schneiden. Die Schalotten schälen und in 5 mm dicke Scheiben schneiden. Den Salbei und die Tomaten waschen und trocken tupfen.

3 Die Kürbiswürfel abwechselnd mit dem Speck, den Schalottenscheiben, den Salbeiblättern und den Kirschtomaten auf die Spieße stecken und nochmal etwas nachwürzen. Den Grill anfeuern. Die Kürbisspieße vorsichtig bei mittlerer Hitze etwa 20 Minuten grillen. Zum Servieren mit dem gerösteten Koriander bestreuen.

VARIANTEN MIT ZIEGE, ZUCCHINI & CO.

Die Kürbisspieße lassen sich leicht abwandeln oder variieren: Kleine Ziegenkäsekugeln passen super zu Kürbis und Speck. Oder man verwendet Süßkartoffeln statt Kürbis oder auch Zucchini oder Paprika.

GEFÜLLTE CHAMPIGNONS

und Austernpilze

ZUBEREITUNGSZEIT 1 Stunde 20 Minuten | GRILLZEIT 5–8 Minuten
FÜR 4–6 PORTIONEN

FÜR DIE CHAMPIGNONS MIT RICOTTA-SPINAT-FÜLLUNG

1 kg frischer Blattspinat
Salz | 1 kleine Zwiebel
3 EL Olivenöl
70 g Parmesan
1 Bio-Zitrone
150 g Ricotta
1 TL Meersalz
1 Msp. Chilipulver
2 Msp. frisch geriebene Muskatnuss
24 mittelgroße Champignons (oder 12 Riesen-Champignons)

FÜR DIE AUSTERNPILZE MIT ANISPESTO

1–2 EL Pinienkerne
1 kleine Knoblauchzehe
300 ml Olivenöl
2 EL geriebener Pecorino
1 geh. EL gehackter Rosmarin
1 geh. EL gehackte Petersilie
1 EL gehackter Thymian
1 geh. TL Anissamen
1 Msp. frisch geriebene Muskatnuss
1 Msp. Piment d'Espelette
1 gestr. TL Salz
400 g Austernpilze
Meersalz | frisch gemahlener Pfeffer

AUSSERDEM

Alugrillschale (oder Gemüsekorb)

1 Für die Champignons den Spinat gründlich waschen, in kochenden Salzwasser 2 Minuten blanchieren, abgießen, kalt abschrecken und abtropfen lassen. Den blanchierten Spinat (es sollten etwa 400 g sein) gut ausdrücken und klein schneiden. Die Zwiebel schälen, fein würfeln und in heißem Olivenöl glasig dünsten.

2 Den Parmesan fein reiben. Die Zitrone heiß waschen, trocken reiben und die Schale fein abreiben. Den Spinat, den Ricotta, 50 g Parmesan und die abgeriebene Zitronenschale miteinander vermischen und die Masse mit Salz, Chili und Muskat abschmecken.

3 Für das Anispesto die Pinienkerne in einer beschichteten Pfanne ohne Fett goldbraun rösten, herausnehmen und auskühlen lassen. Den Knoblauch abziehen und in Stücke schneiden. Die Pinienkerne mit 200 ml Olivenöl, Pecorino, Rosmarin, Petersilie, Thymian, Anis, Muskat, Knoblauch, Piment d'Espelette und Salz mischen und mit einem Pürierstab zum Pesto verarbeiten.

4 Den Grill anfeuern. Die Champignonköpfe mit einem Tuch trocken abreiben, entstielen und die braunen Lamellen mit einem Löffel herausschaben. Die Austernpilze bei Bedarf mit einem Pinsel oder Tuch säubern. Mit dem restlichen Olivenöl bestreichen und leicht mit Meersalz und Pfeffer würzen.

5 Zum Garen die Champignons zunächst auf der Unterseite, wo vormals der Stiel saß, 2 bis 3 Minuten grillen. Die Champignonköpfe vom Grill nehmen, mit der Ricotta-Spinat-Masse füllen und mit dem restlichen Parmesan bestreuen.

6 Die Champignons erneut auf den Grill legen und in 3 bis 5 Minuten fertig grillen (im Gemüsekorb dauert das 7 bis 8 Minuten). Die Austernpilze in eine Grillschale oder einen Gemüsekorb geben, auf den Grill setzen und bei indirekter Hitze 5 bis 8 Minuten grillen. Nach dem Grillen mit dem Pesto bestreichen und warm servieren.

BUNTES GRILLGEMÜSE

mit Mais, Avocado und Aubergine

ZUBEREITUNGSZEIT 45 Minuten | **ZIEHZEIT** 1 Stunde | **GRILLZEIT** 30–40 Minuten
FÜR 4 PORTIONEN

FÜR DIE MAISKOLBEN
1 Kaffir-Limettenblatt, gehackt
½ TL abgeriebene Limettenschale
Salz | 1 Msp. Piment d'Espelette
100 g zerlassene Butter
4 Maiskolben mit Blättern

FÜR DIE AUBERGINEN
½ kleine rote Chilischote
100 g Akazienhonig
2 geh. EL gehackter Rosmarin
2 Auberginen (500 g)
Olivenöl | Salz

FÜR DIE AVOCADO
1 Bund gemischte Kräuter
150 g saure Sahne
4–5 EL Erdnussöl
1 TL flüssiger Honig | Salz
2 Avocados (nicht zu reif)
Saft und abgeriebene Schale von
1 Bio-Limette | Piment d´Espelette

1 Für die Maiskolben das Kaffir-Limettenblatt, die Limettenschale, Salz und Piment d'Espelette unter die Butter rühren und 1 Stunde ziehen lassen. Inzwischen für die Auberginen die Chili sehr fein hacken. Den Honig im heißen Wasserbad flüssig werden lassen und mit Rosmarin und Chili verrühren. Die Auberginen waschen, trocken tupfen, längs achteln und die Spalten leicht mit Olivenöl bestreichen.

2 Für die Avocado einen Dip zubereiten: Die Kräuter waschen, trocken schütteln, die Blättchen von den Stielen zupfen und fein hacken. Die saure Sahne mit 2 EL Erdnussöl und Honig glatt rühren, die Kräuter unterziehen und den Dip mit Salz abschmecken. Die Avocados halbieren und den Kern entfernen. Jede Hälfte in vier Spalten schneiden, diese schälen und mit Limettensaft beträufeln.

3 Den Grill anfeuern. Die Maiskolben anfeuchten, die Haare an der Spitze entfernen. Den Mais auf den Grill legen und ab und zu wenden (1). Beim Garen werden die Hüllblätter schwarz (2). Nach 30 bis 40 Minuten ist der Mais fertig. Die Auberginenspalten auf dem Grillrost bei mittlerer Hitze 8 bis 10 Minuten direkt über der Glut von allen Seiten braun grillen. Die Avocados mit Öl bepinseln und auf jeder Seite etwa 2 Minuten grillen.

4 Zum Servieren die Auberginen mit der Honig-Chili-Marinade bestreichen und salzen. Die Avocados mit Limettenabrieb, Piment d'Espelette und Salz würzen. Vom Mais die Blätter abziehen und die Kolben heiß mit Kaffir-Limettenbutter bestreichen.

DOS AND ...

... GUTES EINKAUFEN

Für Lebensmittel wie für Geräte gilt: Bereits beim Einkauf auf Qualität achten. Das beste Entrecôte wird nichts, wenn der Grill vorzeitig auf wackeligen Beinen zusammenbricht. Andersrum verwandeln sich Steaks in Fertigmarinade auf dem teuersten Luxusgrill nicht in kulinarische Erlebnisse.

... SAUBER ARBEITEN

Bretter, Teller und alle Utensilien, die mit rohem Fleisch, vor allem Hack und Geflügel in Berührung gekommen sind, gehören in die Spülmaschine und nicht auf den Tisch. Wichtig auch: Grillgut immer gut kühlen, Bakterien und Salmonellen sind schneller als man denkt!

... STUDIEREN

und zwar die Gebrauchsanweisung! Jeder Grill ist anders und jeder hat seine Eigenheiten. Worauf wo besonders zu achten ist, welche Schritte vor dem Angrillen notwendig sind und was der eigenen Sicherheit dient, erfährt man alles auf diesen Seiten. Das Lesen lohnt sich.

... COOL BLEIBEN

und sich Zeit lassen. Hektik ist beim Grillen fehl am Platz. Lieber bei Bier oder Wein in aller Ruhe warten, bis die Briketts im Anzündkamin (AZK) von einer weißen Ascheschicht überzogen sind. Das gilt auch nach dem Grillen: Steaks nicht sofort vom Rost auf den Tisch befördern. Lieber noch ein paar Minuten am Rand des Grills ruhen lassen.

... HANDSCHUHE TRAGEN

Wer denkt, Grillhandschuhe seien nur was für Weicheier, wird seine Meinung ändern, sobald er mal mit bloßen Fingern an den Lüftungsschiebern von Smoker oder Grill gedreht hat ... Mit dicken Lederhandschuhen ist das Anfassen von heißen Eisen dagegen kein Problem!

... LÖSCHEN MIT BIER

Ja klar! Aber nur den eigenen Durst. Zum in die Glut kippen ist das helle Gold viel zu schade. Außerdem wirbelt es nur Asche auf. Die legt sich dann ans Fleisch und macht's nicht besser. Lodern tatsächlich mal ein paar Flammen auf, nimmt man das Grillgut aus der Gefahrenzone, schließt die Lüftungsschlitze und legt den Deckel auf – so ist das Feuer schnell erstickt.

... SCHRUBBEN

Beim Grillen hält sich der Putzaufwand in Grenzen, doch muss der Rost nach jedem Auflegen abgebürstet werden, solange er noch heiß ist. Das gleiche ist nochmal vor dem Grillen fällig: Den heißen Rost mit einer soliden Metallbürste behandeln, den Rest erledigt dann die Pyrolyse automatisch.

... ASCHE HABEN

ist nicht schlecht, aber nicht im Grill. Kommt Feuchtigkeit mit ins Spiel – was bei uns ja nichts Ungewöhnliches ist – entsteht eine aggressive Mischung, die das Metall angreift. Vor allem bei Smokern und Grills aus Stahl und Guss muss die Asche raus, sobald sie kalt ist, sonst fängt's an zu rosten.

... DON'T'S BEIM GRILLEN

... MIT SPIRITUS ZÜNDELN

Wer den Grillabend im Krankenhaus ausklingen lassen will, setzt auf Spiritus, Benzin und andere Brandbeschleuniger. Alle andern sollten sich das nochmal gut überlegen. Das riskante Ingangsetzen des Grills kann zu schlimmen Verbrennungen führen. Dabei geht's mit dem AZK doch ganz von alleine ...

... FAKIR SPIELEN

Auch das Gehen über glühende Kohlen überlässt man besser Spezialisten. Beim Grillen daher immer geschlossenes, festes Schuhwerk tragen, auch wenn der Abend noch so warm ist. Denn glühende Kohle kann durchaus mal auf den Boden fallen.

... ÖL INS FEUER GIESSEN

Gut gemeint ist meist das Gegenteil von gut! So auch bei Marinaden, die oft viel Öl enthalten. Das tropft dann in die Glut, Stichflammen lodern auf und krebserregende Benzpyrene werden frei. Darum Fleisch und Fisch vor dem Auflegen sorgfältig trocken tupfen.

... EINE HÖLLENGLUT ENTFACHEN

»Willst Du grillen oder schmieden?« Falls die Wahl auf Ersteres fallen sollte, hilft ein wenig Augenmaß und ein AZK beim Abmessen von Briketts und Holzkohle. Viel hilft hier nicht immer viel: Für die meisten Einsätze reicht eine Lage Briketts auf dem Kohlerost tatsächlich aus.

... GEPÖKELTES AUFLEGEN

Kasseler und Bockwürste haben auf dem Grillrost nichts verloren. Über der heißen Glut verwandeln sich die Pökelsalze (E249–E252) in gesundheitsschädliche Nitrosamine – also Finger weg!

... UNGEDULDIG SEIN

Wer seinen Gästen vorführen will, wie gut Fleisch und Fisch am Rost kleben, wendet sie direkt nach dem Auflegen. Andernfalls lieber ein paar Minuten warten! Dann sind die Eiweiße denaturiert, es hat sich eine Kruste gebildet und das Grillgut lässt sich problemlos umdrehen.

... STEAKS & WÜRSTCHEN MALTRÄTIEREN

Wer Fleisch & Co. zum Wenden mit einer Gabel einsticht, nimmt in Kauf, dass wertvoller Saft verloren geht. Das Grillgut trocknet aus, schmeckt nicht mehr so gut und womöglich tropft dann auch noch Fett in die Glut. Besser geht's mit einer abgerundeten Grill- oder Barbecuezange.

... SEINE GÄSTE VERHUNGERN LASSEN

Beim indirekten Grillen oder Smoken kann's schon mal 'ne Weile dauern, bis das Thermometer endlich die gewünschte Kerntemperatur meldet. Damit nichts vorzeitig und halbgar auf dem Teller landet, serviert man seinen Gästen zwischendurch besser minutenschnell gegrillte Kleinigkeiten oder fängt einfach früher an.

ANANAS VOM GRILL

mit Pata Negra und getrockneten Tomaten

ZUBEREITUNGSZEIT 40 Minuten | GRILLZEIT 4 Minuten
FÜR 4 PORTIONEN

ZUTATEN
½ Ananas (quer halbiert)
1 TL Meersalz
1 TL Fenchelsamen
16 getrocknete Tomaten
8 Basilikumblätter
2 EL fein geriebener Parmesan
16 Scheiben Pata Negra (roher Schinken vom Iberico Schwein, oder Wacholderschinken)

1 Die Ananas mit einem Messer schälen und mit dem Strunk längs in 8 Scheiben schneiden (1). Mit dem Meersalz bestreuen und 20 Minuten ziehen lassen. Inzwischen die Fenchelsamen im Mörser oder in der Gewürzmühle fein zerkleinern.

2 Die Ananasscheiben mit dem Fenchel würzen und die getrockneten Tomaten darauf verteilen (2). Mit den Basilikumblättern belegen, mit dem Parmesan bestreuen und die Päckchen einzeln in jeweils 2 Schinkenscheiben hüllen (3).

3 Den Grill anfeuern. Die Ananas-Schinken-Päckchen auf dem Grill direkt über der Glut auf beiden Seiten etwa 4 Minuten grillen. Die gegrillte Ananas passt perfekt zu auf der Haut gegrilltem Fisch wie Zander oder Loup de Mer.

»FÜR EINE VEGGIE-VERSION DEN SCHINKEN DURCH PLATTIERTE RADICCHIO-BLÄTTER ERSETZEN UND DIE PÄCKCHEN MIT SCAMORZA FÜLLEN.«

BERND AROLD

ALPKÄSE VOM GRILL

mit Salzzitronen-Polenta

ZUBEREITUNGSZEIT 45 Minuten | **GRILLZEIT** 4–5 Minuten
FÜR 4 PORTIONEN

FÜR DIE SALZZITRONEN-POLENTA
1 Lorbeerblatt
1 EL fein gehackte Salzzitrone
200 g Instant-Polenta
150–200 ml Olivenöl extra vergine

FÜR DEN ALPKÄSE
500 g Bio-Alpkäse
(6–12 Wochen gereift)
frisch gemahlener Pfeffer

1 Den Ofen auf 180 °C (Ober-/Unterhitze) vorheizen. Für die Polenta 800 ml Wasser mit dem Lorbeerblatt in einem ofenfesten Topf aufkochen. Die Zitronen und den Polentagrieß in einem Schwung zugeben und mit dem Schneebesen einrühren – beim Rühren nicht die Richtung wechseln, sonst kann es spritzen! Die Polenta unter Rühren einmal aufkochen lassen.

2 Die Polenta vom Herd ziehen, den Topf mit einem Deckel zudecken, in den Ofen geben und darin weitere 10 bis 15 Minuten fertig garen lassen. Die fertige Polenta mit dem Öl verrühren, die Masse in eine mit kaltem Wasser ausgespülte Terrinenform gießen und lauwarm auskühlen lassen.

3 Den Grill anfeuern und dabei den Grillrost mit aufheizen. Die erkaltete Polenta aus der Form stürzen, in 2 cm dicke Scheiben schneiden und goldbraun grillen. Den Alpkäse mit der Rinde in 2 cm dicke Scheiben schneiden und ebenfalls auf den Grill legen. Der Rost muss sehr heiß sein, dann bildet sich sofort eine Kruste und der Käse zerfließt nicht! Den Käse grillen, bis die untere Seite knusprig wird, nochmals kurz umdrehen und pfeffern. Die Polentascheiben mit dem Käse anrichten und servieren.

SALZZITRONEN SELBST MACHEN

4 Bio-Zitronen heiß waschen, trocken tupfen, vierteln und mit 100 g Meersalz, 1 TL schwarzem Pfeffer sowie 5 Lorbeerblättern leicht verkneten. Die Zitronen in ein großes Schraubglas geben. Mit dem Saft von 2 Zitronen übergießen und mit Olivenöl bedecken. Im Kühlschrank mindestens 4 Wochen durchziehen lassen. Die Salzzitronen halten sich mehrere Monate.

PAPRIKA-TOFU-BRATEN VOM GRILL

mit dreierlei Paprika

ZUBEREITUNGSZEIT 1 Stunde 30 Minuten | TROCKENZEIT mind. 3 Stunden | GRILLZEIT 4 Minuten
FÜR 4–6 PORTIONEN

ZUTATEN
600 g frischer Tofu
100 g Zwiebeln
1 kleine Knoblauchzehe
4 EL Olivenöl
100 g Emmentaler
½ Bio-Zitrone
je 1 kleine rote, gelbe und grüne Paprikaschote
2 Eier | 1 geh. TL Salz
1 gestr. TL Piment d'Espelette (oder Chilipulver)
2 geh. TL Tomatenmark
1 gestr. TL Kurkumapulver
2 geh. EL fein gehackte Petersilie

AUSSERDEM
Kartoffelpresse
1 Kastenform (20 cm)

1 Den Tofu in ein Sieb legen, mit einem Teller abdecken und diesen mit 1 kg Gewicht (z. B. Milchtüte, Flasche, Mehltüte) beschweren, um die Flüssigkeit aus dem Tofu zu pressen. Das Pressen sollte mindestens 3 Stunden dauern, am besten 1 Tag.

2 Die Zwiebeln und den Knoblauch schälen und fein hacken. Beides in Olivenöl glasig dünsten. Den Emmentaler fein reiben. Die Zitrone heiß waschen, trocken tupfen und die Schale fein abreiben.

3 Die Paprikaschoten waschen, halbieren, den Stielansatz und die Kerne entfernen und das Fruchtfleisch nach Farben getrennt in kleine Würfel (Brunoise) schneiden. Die Eier in einer Schüssel verquirlen, den Emmentaler untermischen und die Masse mit Salz, der abgeriebenen Zitronenschale und Piment d'Espelette würzen.

4 Den Tofu durch eine Kartoffelpresse drücken und portionsweise ausdrücken, um möglichst viel Flüssigkeit zu entfernen. Den ausgedrückten Tofu unter die Eiermasse rühren und die Mischung in drei gleichgroße Portionen teilen.

5 Eine Portion der Tofumasse mit den roten Paprikawürfeln und dem Tomatenmark mischen und mit einem Pürierstab cremig pürieren. Den zweiten Teil der Tofumasse mit den gelben Paprikawürfeln und dem Kurkumapulver pürieren. Den dritten Teil der Tofumasse mit den grünen Paprikawürfeln und der gehackten Petersilie fein mixen.

6 Den Backofen auf 180 °C (Ober-/Unterhitze) vorheizen. Die Kastenform mit Backpapier auslegen. Die rote Tofumasse hineingeben, gleichmäßig verteilen, glatt streichen und die Form ein paar Mal kräftig auf die Arbeitsfläche klopfen. Anschließend die gelbe Tofumasse und schließlich die grüne Tofumasse hineingeben.

7 Den Tofubraten im heißen Ofen (Mitte) 45 Minuten backen, dann herausnehmen und auskühlen lassen. Zum Grillen aus der Form stürzen, in fingerdicke Scheiben schneiden, mit etwas Olivenöl bestreichen und auf dem Rost kurz von beiden Seiten grillen.

VEGGIEBURGER

mit Käse und Rucola

ZUBEREITUNGSZEIT 3 Stunden | **GRILLZEIT** 10–20 Minuten
FÜR 5–10 PORTIONEN

FÜR DIE BURGER BUNS
½ Würfel Hefe (21 g)
2 TL Akazienhonig
275 ml lauwarme Milch
550 g Weizenmehl (Type 405)
1 geh. TL Salz | 1 Ei
1–2 EL weiche Butter
Mehl zum Arbeiten
Öl für das Blech
1 EL Sesamsamen

FÜR DIE REISPATTIES
230 g Vollkorn-Rundkornreis (oder Vollkorn-Risottoreis)
1 Vollkornbrötchen | 80 g Zwiebeln
50 g Gouda (oder Emmentaler)
1 Knoblauchzehe | 1 Ei
50 g Haferflocken (Schmelzflocken)
2 EL Sojasauce | 1 geh. TL Senf
1 geh. TL gehackter Rosmarin
1 geh. TL gehackter Salbei
1 gestr. TL Salz
2 Msp. frisch gemahlener Pfeffer
2 Msp. frisch geriebene Muskatnuss

FÜR DAS TOMATENKETCHUP
200 g Tomatenmark | 2 EL Essig
100 g flüssiger Honig
1 geh. TL Currypulver | 1 geh. TL Salz
2 Msp. frisch gemahlener Pfeffer

FÜR DEN BELAG
4 große Tomaten
1 Salatgurke
1–2 Bund Rucola
10 Scheiben Gouda
10 EL Mayonnaise

1 Für die Burger Buns die Hefe und den Honig in der Milch auflösen. Mehl und Salz mischen, Ei, Hefe-Milch und Butter hinzufügen und alles zu einem geschmeidigen Teig verarbeiten. Den Teig kräftig durchkneten und in eine bemehlte Schüssel legen. Mit einem Tuch abdecken und an einem warmen Ort etwa 45 bis 60 Minuten gehen lassen, bis er sein Volumen verdoppelt hat.

2 Für die Reispatties den Reis im Sieb mit kaltem Wasser abspülen. In einen Topf geben, 600 ml Wasser angießen und bei geschlossenem Deckel kochen lassen, bis das Wasser vollständig aufgesogen ist (der Reis sollte eher zu weich gegart sein). Den Reis im geschlossenen Topf vom Herd nehmen und 2 Stunden quellen lassen.

3 Den Hefeteig kurz durchkneten und in 10 Portionen teilen. Die Teigstücke zu Kugeln formen und auf einer mit Mehl bestäubten Arbeitsfläche zu Kreisen von 10 cm Durchmesser ausrollen. Die Teiglinge auf ein mit Öl gefettetes Blech setzen, mit Wasser bestreichen und mit dem Sesam bestreuen. Abgedeckt etwa 20 Minuten gehen lassen, bis die Teiglinge ihr Volumen um ein Drittel vergrößert haben.

4 Den Ofen auf 180 °C (Ober-/Unterhitze) vorheizen. Die Teiglinge im heißen Ofen 15 bis 20 Minuten goldbraun backen. Inzwischen alle Zutaten für das Ketchup mit 50 ml Wasser mischen und kräftig verquirlen. Für den Belag die Tomaten und die Gurke waschen und in Scheiben schneiden. Den Rucola waschen und trocken schleudern.

5 Die Reispatties fertigstellen: Das Brötchen in Wasser einweichen und gut ausdrücken. Die Zwiebeln schälen und sehr fein würfeln. Den Käse reiben. Den Knoblauch abziehen und durchpressen. Alle Zutaten für die Patties miteinander vermengen. Die Masse mit feuchten Händen in 10 Portionen teilen und zu runden Bratlingen mit je 10 cm Durchmesser formen.

6 Den Grill anfeuern. Die Patties auf einer Grillplatte von beiden Seiten braun grillen, mit einer Scheibe Käse belegen und auf dem Grill mit Deckel backen, bis der Käse zu schmelzen beginnt. Die Burger Buns auf den Grill anrösten, aufschneiden, mit Tomate, Gurke, Rucola und Patty belegen und zwischen die Schichten Mayonnaise und Ketchup streichen.

STOCKBROT
mit Knoblauch und Rosmarin

ZUBEREITUNGSZEIT 1 Stunde | **GEHZEIT** 1 Stunde | **GRILLZEIT** 15 Minuten
FÜR 4–6 PORTIONEN

ZUTATEN
1 Würfel Hefe (42 g)
200 ml lauwarme Milch
500 g Weizenmehl (Type 405)
1 TL Salz
1 Bund Rosmarin
2 Knoblauchzehen
1 Ei | 50 g Zucker
80 ml Olivenöl
Mehl zum Arbeiten

AUSSERDEM
4–6 Holzstecken

1 Die Hefe in der Milch auflösen. Das Mehl mit dem Salz in einer Schüssel mischen, eine Mulde hineindrücken, die Hefe-Milch hineingießen und mit wenig Mehl vom Rand vermischen. Mit einem Tuch abdecken und an einem warmen Ort etwa 20 Minuten gehen lassen, bis der Vorteig Risse zeigt und sein Volumen verdoppelt hat.

2 In der Zwischenzeit den Rosmarin waschen, die Nadeln von den Stielen zupfen und fein hacken. Den Knoblauch abziehen und fein würfeln. Das Ei, den Zucker und das Öl mit dem Rosmarin und dem Knoblauch zum Vorteig geben und alle Zutaten mit dem Knethaken kräftig verrühren, bis sich der Teig von den Seitenwänden löst. Den Teig mit einem Tuch abgedeckt nochmals 30 bis 40 Minuten gehen lassen, bis er sein Volumen verdoppelt hat.

3 Den Grill anfeuern. Den Teig in 4 bis 6 Portionen teilen und jede mit bemehlten Händen zu einem 30 cm langen Strang rollen (1). Die Teigstränge spiralförmig um Holzstecken wickeln (2). Die Holzstecken über der Glut platzieren und das Stockbrot in 10 bis 15 Minuten langsam goldbraun rösten (3). Dabei regelmäßig drehen, damit der Teig nicht verbrennt. Das Stockbrot ist fertig gegart, wenn an einer eingestochenen Nadel beim Herausziehen kein Teig hängen bleibt.

1

2

3

GEGRILLTE RHABARBERTARTE

mit Vacherin Mont-d'Or

ZUBEREITUNGSZEIT 1 Stunde | KÜHLZEIT 12 Stunden | GRILLZEIT 50 Minuten
FÜR 1 TARTE (12 STÜCKE)

FÜR DEN MÜRBETEIG
250 g Weizenmehl (Type 550)
90 g Puderzucker
Mark von 1 Vanilleschote
1 Prise Salz | 1 Ei
125 g eiskalte Butter
Mehl zum Arbeiten

FÜR DIE FÜLLUNG
1 Vanilleschote
200 ml Milch
80 g Zucker
1 Prise Salz
1–2 EL Speisestärke (30 g)
1 Ei | 200 g Crème fraîche
500 g Rhabarber
500 g Vacherin Mont-d'Or

AUSSERDEM
1 Tarteform (26 cm Ø)
Butter für die Form

1 Für den Mürbeteig das Mehl mit dem Puderzucker, dem Vanillemark und dem Salz vermischen. Das Ei und die Butter in Würfeln dazugeben und alles rasch zu einem glatten Teig verkneten. Zur Kugel formen, in Frischhaltefolie wickeln und über Nacht kalt stellen.

2 Für die Füllung die Vanilleschote längs aufschneiden und das Mark herauskratzen. 180 ml Milch mit dem Zucker, dem Salz, Vanilleschote und -mark zum Kochen bringen. Die Stärke mit der restlichen Milch und dem Ei verrühren und in die kochende Milch einrühren. Unter ständigem Rühren aufkochen lassen, bis die Masse cremig anzieht. Die Vanilleschote entfernen. Die Creme auf 50 °C abkühlen lassen, dann die Crème fraîche unterrühren. Die Creme mit Frischhaltefolie abdecken und vollständig auskühlen lassen.

3 Inzwischen den Rhabarber waschen, putzen, schräg in schmale Stücke schneiden und leicht zuckern. Den Grill auf 180 °C vorheizen. Die Tarteform dünn mit Butter ausstreichen. Den Teig auf wenig Mehl kreisrund ausrollen und die Form damit auslegen, dabei einen 1 bis 2 cm hohen Rand mitformen. Den Mürbeteigboden im heißen Grill bei geschlossenem Deckel in 20 Minuten goldgelb backen.

4 Die erkaltete Creme mit dem Pürierstab glatt mixen und auf den vorgebackenen Tarteboden streichen. Die Tarte erneut auf den Grill geben und bei 180 °C und geschlossenem Deckel 12 bis 15 Minuten backen. Mit dem Rhabarber belegen und die Tarte anschließend weitere 15 Minuten im Grill backen.

5 Die fertige Rhabarbertarte vom Grill nehmen und abkühlen lassen. Vom Vacherin Mont-d'Or vorsichtig den Deckel entfernen und mit einem Löffel schöne Nocken aus dem Käse stechen. Auf die noch warme Rhabarbertarte setzen und diese sofort servieren.

WEISSER PFIRSICH VOM GRILL

mit Ricotta-Honig-Füllung

ZUBEREITUNGSZEIT 25 Minuten | GRILLZEIT 10–15 Minuten
FÜR 4 PORTIONEN

ZUTATEN
4 weißfleischige Pfirsiche
2–3 EL Zitronensaft
100 g Ricotta
1 EL flüssiger Honig
1 TL geröstete Pinienkerne
1 Msp. Vanillemark
2 Stängel Minze
200 ml Vanillesauce
4 Kugeln Himbeereis
Himbeeren und frische Minze zum Garnieren

AUSSERDEM
Küchengarn

1 Die Pfirsiche waschen, trocken tupfen und den Blütenansatz oder die Fruchtstiele entfernen. Die Früchte mit einem Messer quer halbieren, den Kern entfernen und die Schnittflächen des Fruchtfleisches mit etwas Zitronensaft beträufeln.

2 Für die Füllung den Ricotta mit dem Honig, den Pinienkernen und dem Vanillemark glatt rühren. Die Masse in einen Spritzbeutel geben und die Pfirsiche anstelle des Kerns damit füllen. Die Fruchthälften wieder zusammensetzen. Die Minze waschen, trocken schütteln und die Blättchen von den Stielen zupfen. Jeweils einige Minzeplättchen um jeden Pfirsich legen und mit Küchengarn fixieren.

3 Den Grill auf etwa 150 °C vorheizen. Die Pfirsiche bei geschlossenem Deckel 10 bis 15 Minuten indirekt grillen. Zum Servieren die gegrillten Pfirsiche auf Teller geben und mit dem Himbeereis, den frischen Himbeeren und der Minze anrichten.

GEGRILLTE SCHOKO-BANANEN

Nicht zu reife Bananen schälen, die Schalen jedoch aufheben. Die Bananen der Länge nach halbieren. Eine Hälfte mit dunklen Schokoladenblättchen (oder Rippen) belegen, die zweite Bananenhälfte darauflegen und die gefüllte Banane anschließend wieder in die Schale hüllen. Jede Banane in Alufolie wickeln und auf dem heißen Grill ohne Deckel auf jeder Seite 3 bis 4 Minuten garen. Auspacken und mit Vanilleeis servieren.

GEFÜLLTER BRATAPFEL

mit Zimtblütensauce

ZUBEREITUNGSZEIT 30 Minuten | GRILLZEIT 4 Minuten
FÜR 4 PORTIONEN

FÜR DIE ZIMTBLÜTENSAUCE
250 g Sahne
10 Zimtblüten
(oder 1 kleine Zimtstange)
1 Eigelb | 1 Ei
50 g Zucker
1 Prise Salz

FÜR DIE BRATÄPFEL
2 Äpfel (z. B. Cox Orange)
2–3 EL flüssige Butter
160 g Marzipan
80 g Mandelblättchen
Puderzucker zum Bestreuen

AUSSERDEM
Apfelausstecher

1 Für die Zimtblütensauce die Sahne mit den Zimtblüten aufkochen. Das Eigelb mit dem Ei, dem Zucker und dem Salz verquirlen. Die heiße Sahne nach und nach unter die Eiermasse rühren. Die Masse über einem heißen Wasserbad zur Rose abziehen, d. h. unter Rühren auf 80 °C erhitzen, sodass sie dickcremig wird. Vom Wasserbad nehmen und abkühlen lassen, dabei gelegentlich umrühren.

2 Für die Bratäpfel die Äpfel waschen und jeweils mit einem Ausstecher das Kerngehäuse entfernen. Die Äpfel anschließend quer in 1 cm dicke Scheiben schneiden und diese auf beiden Seiten mit Butter einpinseln. Das Marzipan mit den Mandelblättchen verkneten, portionsweise flach drücken und auf die Hälfte der Scheiben verteilen. Jeweils eine zweite passende Apfelscheibe darauflegen.

3 Den Grill anfeuern. Die gefüllten Apfelscheiben auf dem Grill auf jeder Seite jeweils 1 bis 2 Minuten grillen. Die gegrillten Bratäpfel dünn mit Puderzucker bestreut servieren. Die Zimtblüten aus der Zimtblütensauce entfernen und die Sauce zu den Bratäpfeln reichen.

»WER KEIN MARZIPAN MAG, VERWENDET FÜR DIE FÜLLUNG 200 G FRISCHKÄSE, 60 G GEHACKTE ROSINEN UND JE 40 G GEHACKTE WALNÜSSE UND FLÜSSIGE BUTTER.«

MANUEL REHEIS

SMOKEN

BISONRIPPE

mit Tomaten-Whiskey-Marinade

ZUBEREITUNGSZEIT 1 Stunde | **MARINIERZEIT** 12 Stunden | **SMOKEZEIT** 3–4 Stunden
FÜR 4 PORTIONEN

FÜR DAS DRY RUB
1 EL gemahlener Ingwer
1 TL gemahlener Koriander
1 TL zerstoßene Wacholderbeeren
1 Msp. gemahlene Nelken | ½ TL Macis
1 EL frisch gemahlener Pfeffer
1 EL brauner Zucker | 1 TL Salz

FÜR DAS FLEISCH
4 Bisonrippen (je 800 g; längs geschnitten, nicht quer)

FÜR DIE TOMATEN-WHISKEY-MARINADE
1 kg Tomaten | 2 rote Zwiebeln
5–6 Knoblauchzehen | 4 EL Rapsöl
1 EL Tomatenmark | 4 EL Ahornsirup
¼ l Rinderbrühe | 2 EL Rotweinessig
4 cl Whiskey | 1 EL Angostura
1 EL Worcestersauce | 2 Lorbeerblätter
½ Bund Thymian | Salz

AUSSERDEM
Buchenholzkohle
Hickory-Chips, gewässert

1 Alle Zutaten für das Dry Rub miteinander vermengen. Die Bisonrippen trocken tupfen, rundherum mit der Dry Rub-Gewürzmischung einreiben, vakuumieren (oder luftdicht verpacken) und mindestens 12 Stunden kühl gestellt ziehen lassen.

2 Für die Tomaten-Whiskey-Marinade die Tomaten waschen, halbieren, entkernen und würfeln. Die Zwiebeln und den Knoblauch schälen, fein würfeln und im heißen Öl scharf anbraten. Das Tomatenmark dazugeben und kurz mitbraten, dann die Tomatenwürfel und den Sirup hinzufügen und kurz mit angehen lassen.

3 Mit der Brühe, dem Essig und dem Whiskey ablöschen. Die Marinade mit Angostura, Worcestersauce, Lorbeerblättern, Thymian und Salz würzen und etwa 30 Minuten köcheln lassen. Die Lorbeerblätter entfernen. Die Marinade mit dem Pürierstab fein mixen und nach Belieben durch ein feines Sieb streichen.

4 Den Smoker mit der Holzkohle auf 110 °C anheizen. Die Bisonrippen in eine Grillschale oder feuerfeste Form geben, diese auf den Rost stellen und die Marinade über die Rippen gießen. Die Rippen 3 bis 4 Stunden bei abfallender Hitze im Smoker garen und immer wieder Chips auf die Holzkohle legen. Den Smoker für die letzte Stunde der Gardauer auf 120 °C aufheizen und die Marinade noch einmal großzügig auf die Rippen aufbringen. Evtl. übrig gebliebene Marinade als Sauce zu den Rippen servieren.

MIT OFEN UND GRILL

Wer keinen Smoker hat, kann die Bisonrippen auch bei 80 °C (Ober-/Unterhitze) in einer feuerfesten Form im Backofen garen, das dauert 8 bis 10 Stunden. Danach auf dem Grill kurz auf allen Seiten nachbraten.

BRISKET

aus dem Hickory-Rauch

ZUBEREITUNGSZEIT 2 Stunden 30 Minuten | SMOKEZEIT 4–7 Stunden
FÜR 10 PORTIONEN

ZUTATEN
1 EL brauner Zucker
1 EL edelsüßes Paprikapulver
1 TL Chilipulver
1 TL Knoblauchgranulat
1 TL Zwiebelgranulat
2 EL Salz
2 EL mittelscharfer Senf
1 Brisket (Rinderbrust, 4–5 kg)
Mop nach Wunsch
(z. B. Barbecue-Style S. 261)

AUSSERDEM
Hickory-Chips, gewässert

1 Für das Dry Rub den Zucker mit dem Paprikapulver, dem Chilipulver und dem Knoblauch- und Zwiebelgranulat in einer kleinen Schüssel vermengen. Das Brisket gut trocken tupfen, großzügig salzen (1) und rundherum mit dem Senf einreiben. Das Dry Rub darauf verteilen und anschließend mit den Händen leicht andrücken.

2 Den Smoker auf 120 °C anheizen. Das Brisket im Smoker über indirekter Hitze je nach Dicke 4 bis 7 Stunden garen. Dabei eine Schale mit Wasser über die Glut stellen, damit das Fleisch während des Garens saftig bleibt. Einmal pro Stunde den Mop aufstreichen (2) und Hickory-Chips nachlegen, dann aber den Smoker schnell wieder schließen, damit die Hitze möglichst konstant erhalten bleibt.

3 Wenn das Brisket eine Kerntemperatur von 88 °C erreicht hat, das Fleisch in Alufolie einschlagen und etwa 2 Stunden bei fallender Hitze ruhen lassen. Zum Servieren quer zur Faser in 2 bis 3 cm dicke Scheiben schneiden (3). Dazu passen ein Salat, Folienkartoffeln, gegrillter Mais, Grillgemüse sowie verschiedene Dips und Saucen.

ASIA-MOP
mit Feigen und Sesam

ZUBEREITUNGSZEIT 40 Minuten | ZIEHZEIT 12 Stunden
FÜR ETWA 1 L SAUCE

3 frische Feigen | 3 rote Zwiebeln | 5 Knoblauchzehen | 50 g Sesamöl
50 g Sonnenblumenöl | ½ l dunkle Sojasauce | 100 ml helle Sojasauce
200 ml ungesalzener Geflügelfond | 4 Bio-Limetten | 5–6 Korianderkörner
1 großes Stück frischer Ingwer (8–10 cm) | 2 Chilischoten | 80 g Honig
2 EL Reisessig | 50 ml Sake (oder anderer Reiswein, trockener Riesling)
2 EL Tandooripaste (40 g) | 2–3 EL geröstete weiße Sesamsamen
1–2 EL geröstete schwarze Sesamsamen

1 Die Feigen häuten und hacken. Die Zwiebeln und den Knoblauch schälen und fein würfeln. Beide Öle in einer Pfanne erhitzen und die Zwiebeln und den Knoblauch darin anschwitzen, bis sie leicht Farbe bekommen.

2 Die dunkle und die helle Sojasauce sowie den Geflügelfond angießen und etwas einkochen lassen. Inzwischen die Limetten heiß waschen, trocken reiben, die Schale fein abreiben, die Früchte halbieren und auspressen.

3 Den Koriander trocken anrösten, bis er duftet, abkühlen lassen und fein mörsern. Den Ingwer schälen und fein würfeln. Die Chilis halbieren, entkernen und fein hacken.

4 Den Honig, den Limettensaft und -abrieb, den Reisessig, den Sake, Koriander und Ingwer, die Chilis und die Tandooripaste zum Feigen-Zwiebel-Sud geben und die Mischung zugedeckt über Nacht durchziehen lassen. Die Sesamsamen unter die fertige Marinade rühren.

BARBECUE-MOP
mit geräucherten Äpfeln und Zwiebeln

ZUBEREITUNGSZEIT 40 Minuten | SMOKEZEIT 15 Minuten
FÜR ETWA 1 L SAUCE

250 g Zwiebeln | 200 g fruchtig-säuerliche Äpfel (z. B. Cox Orange, Elstar)
200 g Butter | 2 EL Räuchermehl | ½ l Cola | 1 Knoblauchzehe
2 EL fein gehackter Ingwer | 1 TL gemahlener schwarzer Pfeffer
2–3 TL Cayennepfeffer | 1 EL mittelscharfer Senf | 150 ml Apfelessig
400 ml Orangensaft | 2 EL dunkle Sojasauce | 80 ml Worcestersauce
250 g Ketchup | 100 g Tomatenmark | 2 EL Salz | Zucker | Buchenräuchermehl

1 Für die Marinade die Zwiebeln schälen und hacken. Die Äpfel waschen, halbieren, vom Kerngehäuse befreien und würfeln. Die Apfelstücke in der Butter andünsten, sodass sie etwas Farbe bekommen. Den Räuchertopf flach mit Alufolie auslegen.

2 Das Räuchermehl auf die Alufolie geben. Den Topf stark erhitzen, bis das Räuchermehl zu rauchen beginnt. Den Deckel schließen. Die Zwiebel- und Apfelstücke in einer flachen Schüssel verteilen, die Schüssel auf ein Gitter in den Topf stellen und bei geschlossenem Deckel 15 Minuten räuchern.

3 Die geräucherten Zwiebel- und Apfelstücke in eine Pfanne umfüllen und darin erhitzen. Mit Cola ablöschen und unter Rühren reduzieren, bis fast keine Flüssigkeit mehr da ist. Inzwischen den Knoblauch abziehen, hacken und mit dem Messerrücken fein verreiben.

4 Knoblauch, Ingwer, Pfeffer, Cayennepfeffer und Senf zu den Apfel- und Zwiebelstücken geben. Mit Apfelessig, Orangensaft, Soja- und Worcestersauce aufgießen und alles gut verrühren. Ketchup und Tomatenmark einrühren, alles einmal aufkochen und die Marinade mit Salz und Zucker abschmecken.

BRUST VOM KALB (OHNE KNOCHEN)
GEWICHT: 1,25 BIS 1,5 KG
DICKE: 5 BIS 7 CM

GEFÜLLTE KALBSBRUST

aus dem Smoker

ZUBEREITUNG

ZUBEREITUNGSZEIT 1 Stunde 30 Minuten | MARINIERZEIT 12 Stunden | SMOKEZEIT 3 Stunden
FÜR 4–6 PORTIONEN

ZUTATEN

1,5 kg Kalbsbrust (ohne Knochen, pariert) | 1 gestr. TL Kümmelsamen
2 EL edelsüßes Paprikapulver | Salz | 2–3 EL frische Majoranblättchen
Abrieb von 1 Bio-Zitrone | 4 zerdrückte Knoblauchzehen | 70 ml Olivenöl
100 g fein gewürfelter durchwachsener Speck | 80 g Butter
2 fein gewürfelte Schalotten | 1 fein gehackte Knoblauchzehe
150 g grob gewürfelte Champignons | 200 ml Milch
frisch gemahlener Pfeffer | frisch geriebene Muskatnuss
3 altbackene Brötchen, in dünne Scheiben geschnitten | 3 Eier
1 EL fein gehackte Petersilie | 800 g festkochende Kartoffeln
4 Knoblauchzehen | 1 Zweig Rosmarin

AUSSERDEM

Mesquite-Chips | Fleischnadel und Küchengarn

1 Am Vortag die Kalbsbrust vorbereiten. Dazu den Kümmel mit Paprikapulver, 1 EL Salz, 2 EL Majoran, Zitronenschale und Knoblauch in einem Mörser fein zerreiben. Die Würzmischung mit dem Olivenöl vermengen. Die Kalbsbrust an der langen Seite quer einschneiden und aufklappen. Innen mit etwa der Hälfte der Würzmischung bestreuen und diese leicht einmassieren. Das Fleisch zuklappen und abgedeckt über Nacht kühl stellen. Die Mesquite-Chips für den Smoker etwa 1 Stunde wässern.

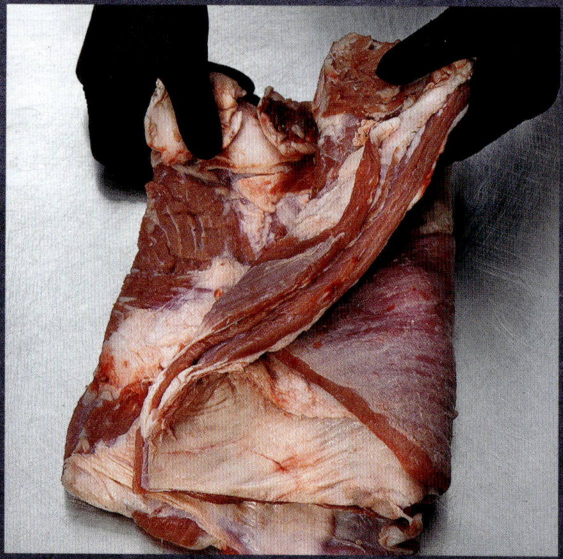

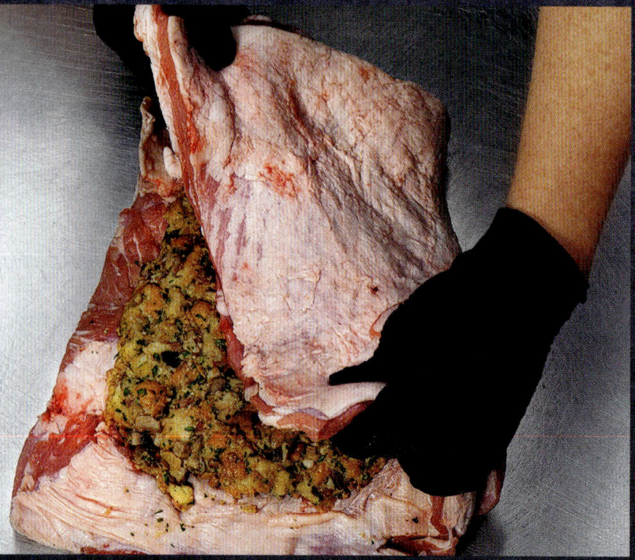

2 Für die Füllung den Speck in Butter anbraten. Schalotten, Knoblauch und Champignons zugeben und mitbraten, bis die Zutaten Farbe nehmen. Dann die Milch angießen und mit Salz, Pfeffer und Muskat würzen. Kurz aufkochen lassen. Die Milch-Speck-Schalotten-Mischung über die Brötchenscheiben geben, die Eier hinzufügen und alles 20 Minuten quellen lassen. Die Füllung gut vermengen, die gehackte Petersilie untermischen, die Masse abschmecken und auf eine Hälfte der Kalbsbrust streichen. Dabei einen Rand von 2 cm lassen.

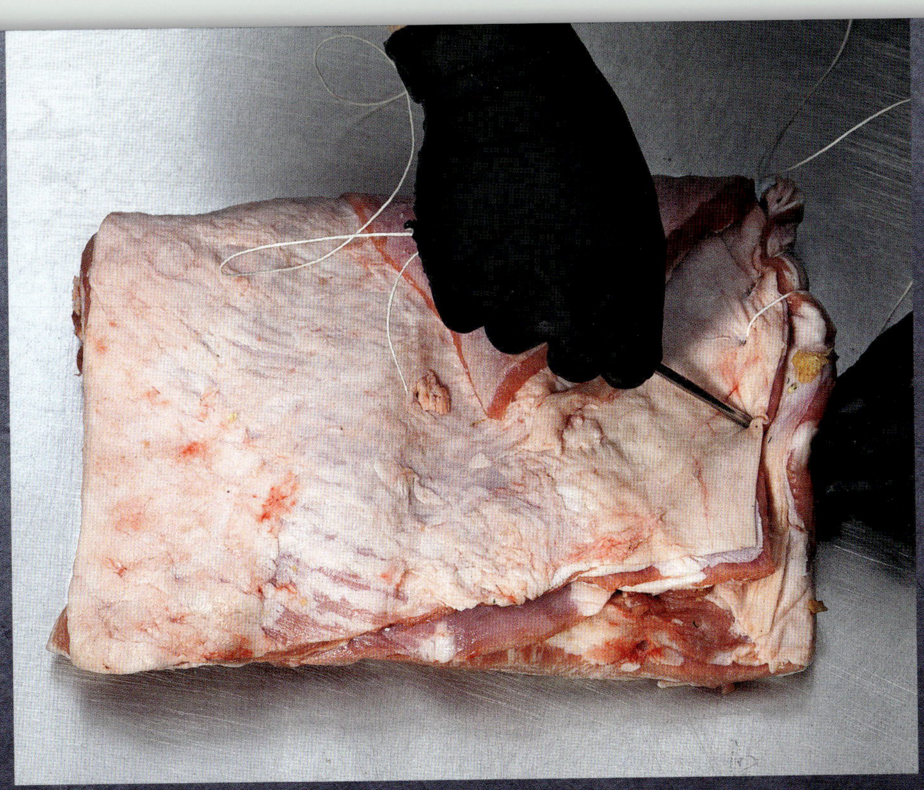

3 Das Fleisch zuklappen und die offenen Seiten mit Küchengarn zunähen, sodass beim Garen keine Füllung austreten kann. Die gefüllte Kalbsbrust in einen Bräter legen und Zimmertemperatur annehmen lassen. Den Smoker auf 130 °C anheizen und die gewässerten Chips auf die Glut legen. In der Zwischenzeit die Kartoffeln schälen und halbieren oder vierteln. Den Knoblauch abziehen und halbieren. Den Rosmarin waschen und trocken schütteln.

4 Die Kalbsbrust rundherum mit der restlichen Würzmischung einreiben und im Bräter etwa 2 Stunden bei geschlossenem Deckel und möglichst konstanter Temperatur smoken. Dann die Kartoffeln, den Knoblauch und den Rosmarin um die Brust herum im Bräter verteilen und alles weitere 60 bis 75 Minuten bei konstanter Hitze garen. Die Kalbsbrust ist gar, wenn der austretende Fleischsaft bei der Nadelprobe klar ist und das Fleisch auf Fingerdruck gleich und weich nachgibt. Das dauert insgesamt etwa 3 Stunden und sollte nach 2 Stunden in kürzeren Abständen überprüft werden.

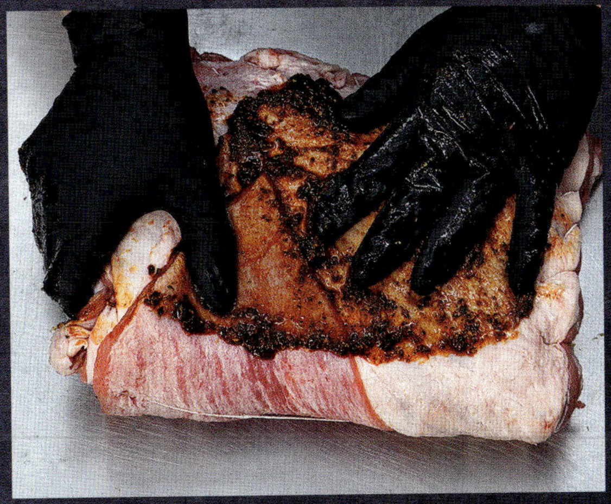

5 Nach Ende der Garzeit die gefüllte Kalbsbrust vom Grill nehmen und in Alufolie gewickelt vor dem Anschneiden etwa 15 Minuten ruhen lassen. Zum Servieren das Küchengarn entfernen und die gefüllte Kalbsbrust mit einem Messer in etwa 2 cm dicke Scheiben schneiden. Auf vorgewärmten Tellern anrichten und mit den Kartoffeln und dem Bratenfond servieren. Dazu passt ein Blattsalat mit Zitronenvinaigrette und Bier oder trockener Rotwein.

SPARERIBS IN CHILI- HOISIN-MARINADE

mit Chinakohl-Tofu-Salat

ZUBEREITUNGSZEIT 45 Minuten | **MARINIERZEIT** 12 Stunden | **SMOKEZEIT** 4–5 Stunden
FÜR 4 PORTIONEN

FÜR DEN CHINAKOHL-TOFU-SALAT
200 g Tofu
4 EL dunkle Sojasauce
1 TL Sesamöl | 300 g Tomaten
200 g Salatgurke
1 gelbe Paprikaschote
1–2 rote Zwiebeln | 150 g Chinakohl
50 g schwarze Oliven (entsteint)
5 EL Aceto balsamico bianco
7 EL Olivenöl | 2 Spritzer Tabasco
2 TL flüssiger Honig | Salz
frisch gemahlener Pfeffer
2 EL Gado-Gado (gewürzte Erdnussbrösel; Asialaden)

FÜR DIE SPARERIBS
3 kg Spareribs (Schweineschälrippchen, am besten eignet sich die obere Brustrippe)
5 Knoblauchzehen
1 großes Stück Ingwer (6 cm)
130 g Sweet Chili Sauce
130 g Ketchup | 130 g Hoisinsauce
200 ml Limettensaft | 130 g Honig

AUSSERDEM
Holzchips oder -chunks (z. B. Hickory), gewässert

1 Für den Chinakohl-Tofu-Salat den Tofu über Nacht in Sojasauce und Sesamöl einlegen. Für die Spareribs das Fleisch vorbereiten: Dazu das Vlies auf der Knochenseite vorsichtig entfernen, damit die Marinade eindringen kann.

2 Den Knoblauch abziehen, den Ingwer schälen und beides grob hacken. Aus Sweet Chili Sauce, Ketchup, Hoisinsauce, Knoblauch, Ingwer, Limettensaft und Honig mit dem Pürierstab eine glatte Paste mixen. Die Spareribs damit bestreichen und zum Marinieren abgedeckt über Nacht in den Kühlschrank stellen.

3 Am nächsten Tag die Spareribs aus dem Kühlschrank holen und Zimmertemperatur annehmen lassen. Den Smoker auf 115 °C anheizen. Die Ribs 4 bis 5 Stunden smoken und dabei immer wieder mit der Marinade bestreichen.

4 Den marinierten Tofu zerkleinern. Die Tomaten waschen, halbieren, den Stielansatz entfernen und das Fruchtfleisch grob würfeln. Die Gurke schälen und in Streifen schneiden. Die Paprika waschen, halbieren, putzen und ebenfalls in Streifen schneiden. Die Zwiebeln schälen, halbieren und in dünne Scheiben schneiden.

5 Den Chinakohl putzen, waschen, trocken schleudern und in Streifen schneiden. Die Tomaten, Gurken, Paprika, Zwiebeln, Oliven und den Chinakohl in eine Schüssel geben. Den Tofu untermischen. Aus Essig, Olivenöl, Tabasco und Honig eine Vinaigrette rühren und diese mit Salz und Pfeffer abschmecken. Den Salat damit marinieren. Zum Servieren das Gado-Gado über den Salat streuen.

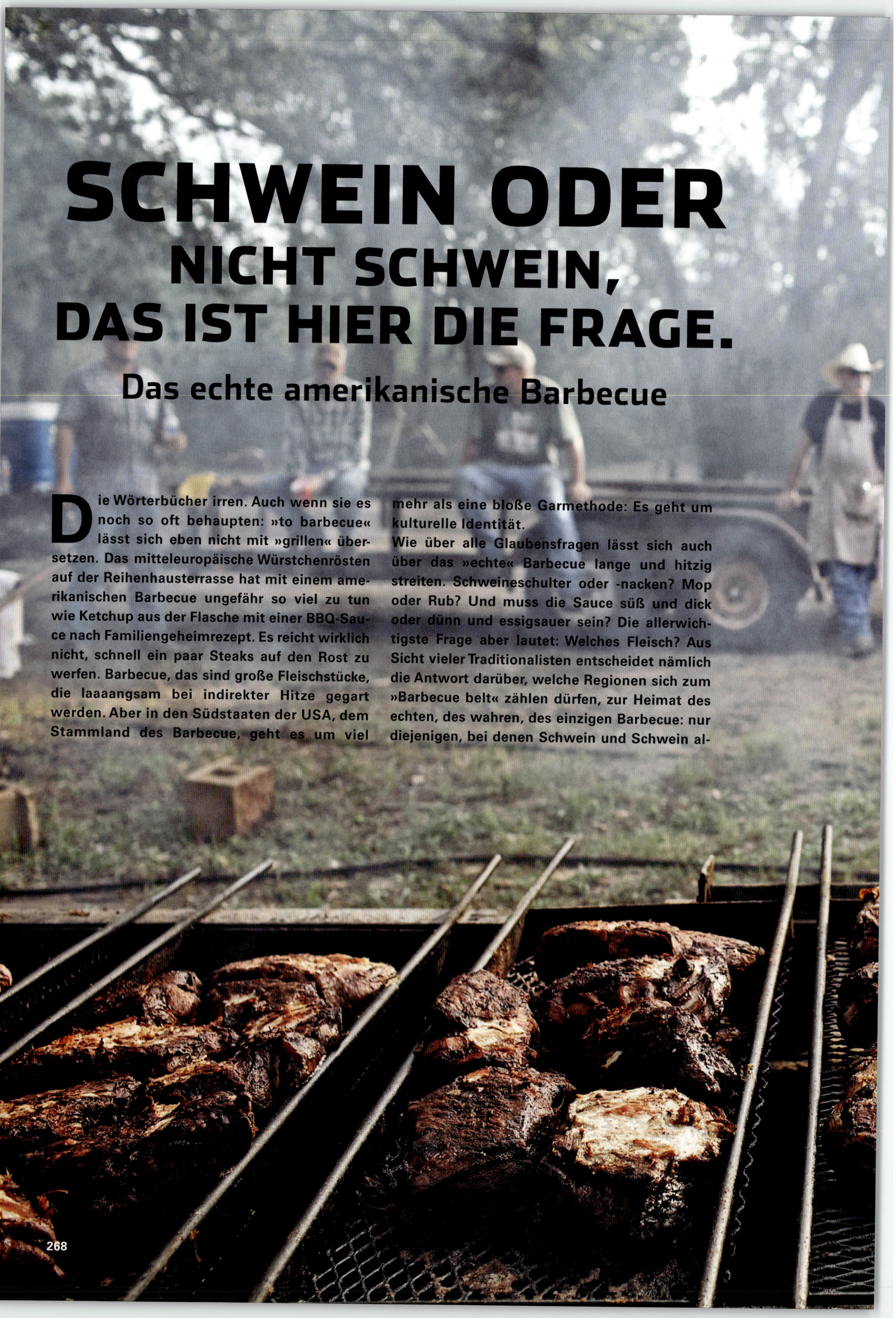

SCHWEIN ODER NICHT SCHWEIN, DAS IST HIER DIE FRAGE.

Das echte amerikanische Barbecue

Die Wörterbücher irren. Auch wenn sie es noch so oft behaupten: »to barbecue« lässt sich eben nicht mit »grillen« übersetzen. Das mitteleuropäische Würstchenrösten auf der Reihenhausterrasse hat mit einem amerikanischen Barbecue ungefähr so viel zu tun wie Ketchup aus der Flasche mit einer BBQ-Sauce nach Familiengeheimrezept. Es reicht wirklich nicht, schnell ein paar Steaks auf den Rost zu werfen. Barbecue, das sind große Fleischstücke, die laaaangsam bei indirekter Hitze gegart werden. Aber in den Südstaaten der USA, dem Stammland des Barbecue, geht es um viel mehr als eine bloße Garmethode: Es geht um kulturelle Identität.

Wie über alle Glaubensfragen lässt sich auch über das »echte« Barbecue lange und hitzig streiten. Schweineschulter oder -nacken? Mop oder Rub? Und muss die Sauce süß und dick oder dünn und essigsauer sein? Die allerwichtigste Frage aber lautet: Welches Fleisch? Aus Sicht vieler Traditionalisten entscheidet nämlich die Antwort darüber, welche Regionen sich zum »Barbecue belt« zählen dürfen, zur Heimat des echten, des wahren, des einzigen Barbecue: nur diejenigen, bei denen Schwein und Schwein al-

Hauptsache Schwein! Was anderes kommt in Memphis nicht auf den Rost.

lein in Rauch und milder Hitze veredelt wird? Oder vielleicht doch auch die anderen?

Dass Memphis (Tennessee) der reinen Barbecue-Lehre anhängt, leugnet niemand. Hier dreht sich alles ums Schwein: neben Rippchen auch große Stücke wie Schweineschulter oder -nacken. Oder gleich ganze Schweine, die nach Stunden und Tagen auf dem Barbecue klein gehackt und mit Barbecue-Sauce und Coleslaw (Krautsalat) im Burger-Bun als »chopped pork sandwich« serviert werden. Das Gericht erhält zusätzliche Legitimation durch seinen bekanntesten Fan: Elvis Presley, der King des Rock 'n' Roll.

Auch in den beiden Carolinas (North und South) steht das Schwein im Mittelpunkt, ebenfalls gerne im Ganzen gegart und dann gehackt oder zerzupft (pulled pork). Lexington in North Carolina bezeichnet sich selbst als »Welthauptstadt des Barbecue« und veranstaltet jedes Jahr ein populäres Barbecue-Festival. Ansonsten unterscheiden sich die beiden Carolinas im Wesentlichen durch die bevorzugte Sauce: im Norden liebt man sie dünn und essigsauer, im Süden dicklich auf Ketchupbasis – und in einem kleinen Landesteil kommt die »Carolina Gold« genannte Senfmischung aufs Fleisch.

BBQ-Festivals in den USA: It´s all about the Smoke.

RIND AUF DEN ROST? FÜR MANCHE NICHT AUTHENTISCH.

Kentucky wiederum ist berühmt für seinen »black dip«, der sowohl als Marinade als auch zum Bestreichen des Fleischs verwendet wird – schwarz ist er, weil er reichlich Worcestersauce enthält. Die auffälligste lokale Eigenheit ist allerdings die Fleischauswahl. Barbecue-Puristen schauen den Staat eher schräg an, weil in seiner westlichen Ecke nicht nur das traditionelle Schwein geröstet wird, sondern auch und besonders gerne Lamm und Hammel. Immerhin war Kentucky früher ein Zentrum der nordamerikanischen Schafzucht. Doch auch wenn manche dem Staat die Zugehörigkeit zum Barbecue belt absprechen: Hier wird trotzdem seit 1978 eines der ältesten und bekanntesten Barbecue-Festivals abgehalten, das International Bar-B-Q Festival in Owensboro.

Das texanische Barbecue hat mit dem gleichen Außenseiterstatus zu kämpfen wie das in West-Kentucky. Denn hier, im Land der Cowboys, dreht sich selbstverständlich auch das Barbecue ganz allein ums Rind. Dass Traditionalisten das als nicht authentisch genug ansehen, kann man ironisch finden, wenn man möchte: Schließlich wird im südlichen Texas sogar noch das klassische »barbacoa« gepflegt, also die Version des Barbecue, die den Ursprüngen des Gerichts noch am nächsten ist. Dazu gräbt man eine Erdgrube, wickelt das Fleisch (gerne Rinderkopf, aber auch ganze Ziegen oder Schweine) in Bananen- oder Agavenblätter, gart es in der Grube und serviert es schließlich mit Beilagen, die nach dem nahen Mexiko schmecken: Maistortillas, Salsas, Chili, Limette und Koriander. Anderswo in Texas, wo man das Barbecue eher im Südstaaten-Smoker-Stil liebt, hat sich dagegen Kartoffelsalat als Beilage durchgesetzt – Mitbringsel der deutschstämmigen Bevölkerung.

From Nose to Tail: Hier kommt alles vom Schwein auf den Rost!

So sehen Griller aus! Und ein echter »pitmaster« verliert nie den Überblick am Rost.

Doch bei allen regionalen Unterschieden – auf eins kann man sich im gesamten Süden der USA einigen: Wichtiger als alle Feinheiten der Tradition sind das Können und die Erfahrung der »pitmaster«, der Männer und Frauen an der Glut. Die besten von ihnen werden in Barbecue-Meisterschaften gekürt, bei denen teilweise fünfstellige Preisgelder im Spiel sind. Dann sehen Zehntausende von Zuschauern den Teams dabei zu, wie sie mit sportlichem Ernst die Feinheiten von Würzung, Barbecuetechnik und Präsentation perfektionieren. Natürlich ist auch das Fernsehen dabei. Und natürlich schalten auch Zuschauer im Rest der USA ein. Denn auch anderswo wird inzwischen mit Begeisterung der Smoker befeuert, und nicht nur dort, wo ausgewanderte Südstaatler ihre eigene Barbecue-Traditionen begründet haben.

Aber im Süden, wo am Straßenrand alle paar Kilometer ein lachendes Schwein mit Messer und Gabel in den Händen für ein Barbecue-Restaurant wirbt, da geht es um mehr als nur einen kulinarischen Trend. Dort ist Barbecue Bestandteil des Southern Way of Life.

Sabine Schlimm

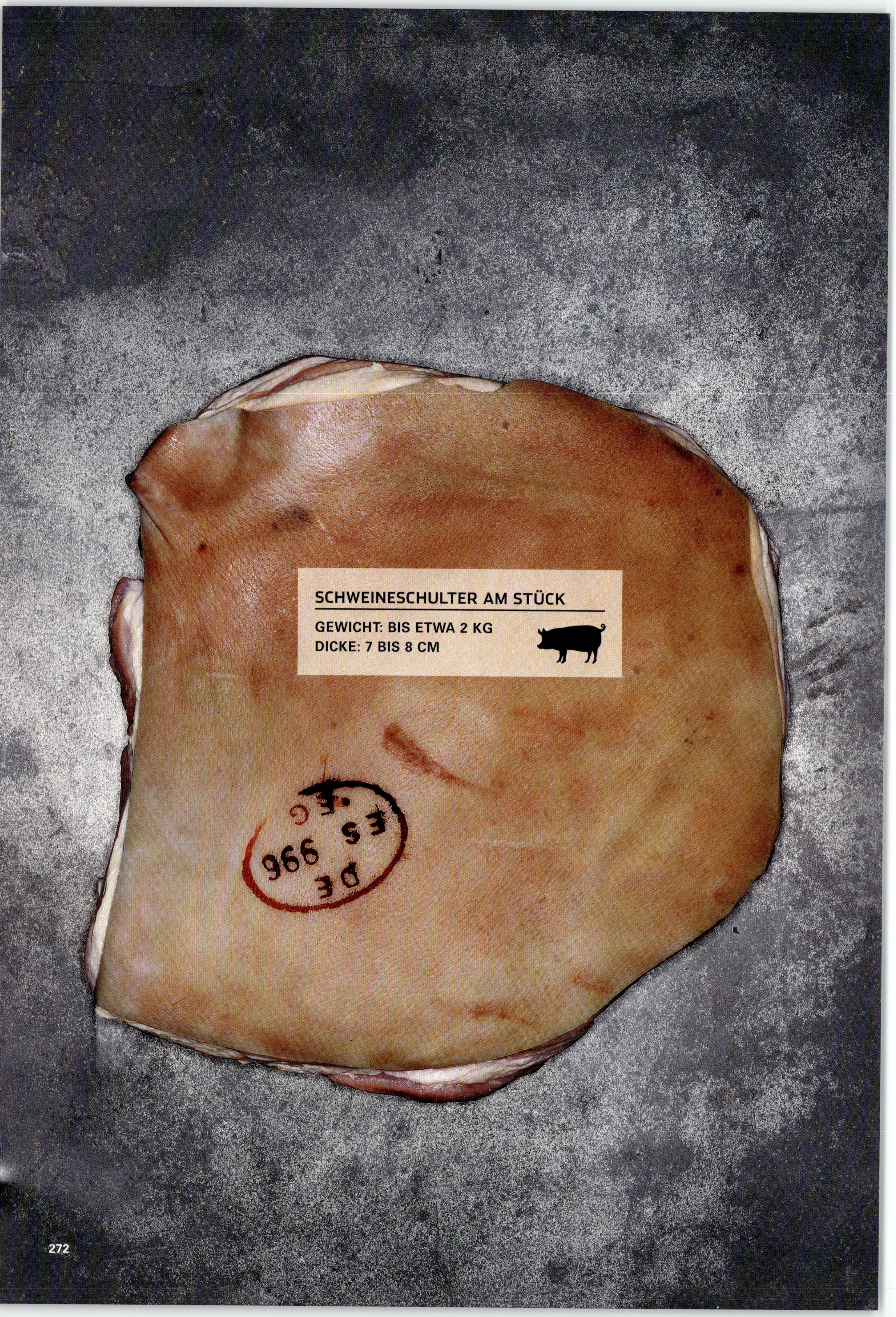
SCHWEINESCHULTER AM STÜCK
GEWICHT: BIS ETWA 2 KG
DICKE: 7 BIS 8 CM

PULLED PORK
Schweineschulter aus dem Smoker

ZUBEREITUNG

ZUBEREITUNGSZEIT 2 Stunden | MARINIERZEIT 12 Stunden | SMOKEZEIT 6–8 Stunden
FÜR 8 PORTIONEN

ZUTATEN

1 EL schwarze Pfefferkörner | 5 Gewürznelken | 5 Zimtblüten (oder 1 kleine Zimtstange) 1–2 getrocknete Chilischoten | 2 Sternanis | 1 EL Korianderkörner | 1 EL Fenchelsamen 2 kg Schweineschulter (oder Halsgrat) | 60 g scharfer Senf | 2 EL brauner Zucker | 1–2 EL edelsüßes Paprikapulver | 1 EL getrockneter Thymian ½ EL getrockneter Oregano | 1 EL Knoblauchpulver | Salz | 3 rote Zwiebeln | 4 Knoblauchzehen | 2 EL Traubenkernöl (oder Sonnenblumenöl) 100 ml Apfelsaft | 2 EL Apfelessig | 2 EL Worcestersauce

AUSSERDEM

etwa 100 g Buchenmehl (oder Räucherchunks) | 10 Wacholderbeeren 4 Lorbeerblätter | 4 angedrückte Knoblauchzehen | 1 EL Fenchelsamen | Fleischthermometer

1 Für den Rub die Pfefferkörner, die Nelken, die Zimtblüten, die Chilis, den Sternanis, den Koriander und den Fenchel in einer Pfanne trocken rösten, bis sie zu duften anfangen. Dann abkühlen lassen und im Mörser fein zerstoßen.

2 Die Schweineschulter mit einem Küchentuch abtupfen und rundherum mit dem Senf einstreichen. Die feingemörserten Gewürze mit Zucker, Paprika, Thymian, Oregano, Knoblauchpulver und 1–2 EL Salz vermengen. Die Hälfte des Rubs auf die mit Senf eingestrichene Schweineschulter streuen.

3 Die Schweineschulter umdrehen, den übrigen Rub darauf verteilen, das Fleisch in Frischhaltefolie wickeln und über Nacht im Kühlschrank durchziehen lassen. Am nächsten Tag das Fleisch Zimmertemperatur annehmen lassen. Den Smoker auf 115 °C anheizen. Das Buchenmehl mit den Wacholderbeeren, den Lorbeerblättern, dem Knoblauch und den Fenchelsamen vermengen. Die Mischung auf der heißen Kohle verteilen.

4 Das Fleisch aus der Folie wickeln und im Smoker 3 bis 4 Stunden bei konstant 115 °C garen. Inzwischen für den Mop die Zwiebeln und den Knoblauch schälen und fein würfeln. Die Zwiebeln im heißen Öl anbraten, den Knoblauch dazugeben und goldbraun braten. Mit dem Saft, dem Essig und der Worcestersauce ablöschen. Den Mop vom Herd ziehen, aber nicht vollständig erkalten lassen.

5 Wenn die Kerntemperatur 75 °C erreicht hat (und auch wirklich erst dann), das Fleisch mit dem Zwiebelmop bestreichen. Weiter smoken, bis die Kerntemperatur 95 °C beträgt, dabei stündlich mit dem warmen Mop bestreichen. Dann das Fleisch vom Grill nehmen, in Alufolie wickeln und 30 Minuten ruhen lassen. Das Fleisch sollte ganz weich sein und sich mit einer Grillzange zerpflücken lassen. Zum Servieren das Fleisch nach Belieben mit Salz und Chilipulver würzen. Traditionell wird Pulled Pork im Brötchen gegessen, dazu gibt's Krautsalat.

REHSCHULTER

am Knochen gesmoked

ZUBEREITUNGSZEIT 45 Minuten | MARINIERZEIT 12 Stunden | SMOKEZEIT 3–4 Stunden
FÜR 4 PORTIONEN

ZUTATEN
2 Bio-Orangen
1 Bio-Zitrone
2 Lorbeerblätter
1 Stück frischer Ingwer (3–4 cm)
½ Zimtstange
15 Wacholderbeeren
10 schwarze Pfefferkörner
1 EL Thymianblättchen
1 EL flüssiger Honig
1 Rehschulter (2–2,5 kg)
Salz

1 Die Orangen und die Zitrone heiß waschen, trocken reiben und die Schalen fein abreiben. Die Lorbeerblätter grob hacken. Den Ingwer schälen und hacken, die Zimtstange zerbröckeln. Den Schalenabrieb, die Lorbeerblätter, den Ingwer, den Zimt, die Wacholderbeeren, die Pfefferkörner und den Thymian in einem Mörser fein zerstoßen. Den Honig zugeben und alles zu einer Paste verrühren.

2 Die Rehschulter von Fasern und Sehnen befreien und gut trocken tupfen. Das Fleisch rundherum mit Salz würzen und anschließend mit der Würzpaste einreiben. Zugedeckt im Kühlschrank etwa 12 Stunden ziehen lassen.

3 Den Smoker auf 120 °C anheizen. Die Rehschulter gut in Alufolie einpacken und im heißen Smoker etwa 2 Stunden garen lassen. Danach auspacken, den Fond aus der Folie aufbewahren, und die Rehschulter bis zu einer Kerntemperatur von 75 °C smoken. Das Fleisch dabei immer wieder mit dem Fond bestreichen und drehen. Es ist gar, wenn es sich bei leichtem Drücken vom Knochen löst.

OHNE KNOCHEN GAREN

Auch ausgelöst und mariniert eignet sich Rehschulter für den Smoker. Dabei gart man sie jedoch am besten im Vakuumbeutel und im Wasserbad bei 72 °C etwa 2 Stunden vor. Anschließend wird das Fleisch fertig gesmoked, das dauert bei 120 °C noch etwa 1 Stunde.

HASENKEULEN IM SCHOKOLADENMANTEL

mit Blaukraut und Kartoffeltaler

ZUBEREITUNGSZEIT 3 Stunden 30 Minuten | **MARINIERZEIT** 12 Stunden | **SMOKEZEIT** 4–5 Stunden
FÜR 4 PORTIONEN

FÜR DIE HASENKEULEN
1 TL Wacholderbeeren
4 Zimtblüten (oder ½ Zimtstange)
4 Pimentkörner
2 frische Chilischoten, gewürfelt
1 EL getrocknete Orangenschale
je ½ Bund Thymian, Rosmarin, Bohnenkraut und Petersilie
4 Hasenkeulen (mit Knochen)
200 ml trockener Rotwein | Salz
80 g dunkle Schokolade (68 % Kakao)
16 Scheiben grüner Speck

FÜR DAS BLAUKRAUT
1 Kopf Blaukraut (1,2 kg) | Salz
50 ml Rotweinessig | 375 ml Rotwein
300 ml Apfelsaft | 3 Gewürznelken
1 TL Wacholderbeeren | 1 Stange Zimt
1 TL Pimentkörner | 1 TL schwarze Pfefferkörner | 1 TL Korianderkörner
4 Zwiebeln | 150 g Gänseschmalz
2 Äpfel | 1–2 TL Speisestärke

FÜR DIE KARTOFFELTALER
600 g mehligkochende Kartoffeln
1 TL Kümmelsamen | Salz
2 Eigelbe | 1 TL Crème fraîche
1 Msp. frisch geriebene Muskatnuss
Stärke zum Arbeiten
100 g Butterschmalz
2 angedrückte Knoblauchzehen

AUSSERDEM
2 Bio-Orangen, in Scheiben
1 Bund frischer Lorbeer
2 Handvoll Walnuss-Chips, gewässert
Kartoffelpresse

1 Für die Hasenkeulen Wacholder, Zimtblüten und Piment trocken rösten, bis sie duften. Mit den Chilis und der Orangenschale im Mörser fein zerstoßen und mit den Kräutern mischen. Die Hasenkeulen trocken tupfen und damit einreiben. Mit dem Wein in einen Gefrierbeutel geben und 12 Stunden kalt gestellt ziehen lassen.

2 Für das Blaukraut das Kraut fein hobeln und mit Salz, Essig, Wein und Apfelsaft kräftig verkneten. Nelken, Wacholder, Zimt, Piment, Pfeffer und Koriander in einer Pfanne trocken anrösten, bis sie duften. Die Gewürze in ein Säckchen geben, zubinden, in das Kraut legen und zusammen über Nacht im Kühlschrank durchziehen lassen.

3 Die Hasenkeulen am nächsten Tag abtropfen lassen, die Flüssigkeit auffangen. Die Hasenkeulen salzen. Die Schokolade im Wasserbad schmelzen lassen, die Keulen damit bestreichen und mit dem Speck umwickeln. Den Smoker auf 130 °C anheizen. Die Orangen und Lorbeerblätter auf den Rost legen. Die Walnuss-Chips auf die heiße Glut geben. Die Hasenkeulen 4 bis 5 Stunden smoken.

4 Das Blaukraut fertigstellen: Die Zwiebeln schälen, in feine Streifen schneiden und in heißem Gänseschmalz glasig anschwitzen. Die Äpfel schälen, entkernen, in dünne Scheiben schneiden und zu den Zwiebeln geben. Das Kraut mit dem Gewürzsäckchen dazugeben, die aufgefangene Weinmarinade von den Hasenkeulen angießen und das Ganze etwa 2 Stunden köcheln lassen. Mit Salz abschmecken und mit in wenig kaltem Wasser angerührter Stärke binden.

5 Für die Kartoffeltaler den Ofen auf 180 °C (Ober-/Unterhitze) vorheizen. Die Kartoffeln in mit Kümmel gewürztem Salzwasser in etwa 30 Minuten weich kochen. Abgießen und im heißen Ofen 10 Minuten ausdämpfen lassen. Die Kartoffeln pellen, durch die Kartoffelpresse drücken und sofort mit den Eigelben und der Crème fraîche vermischen. Die Masse mit Salz und Muskat abschmecken.

6 Reichlich Stärke auf die Arbeitsfläche streuen, den Kartoffelteig zu einer Rolle formen und diese in 2 cm dicke Scheiben schneiden. Das Schmalz erhitzen, die Knoblauchzehen dazugeben und die Taler im heißen Fett von beiden Seiten goldgelb braten. Die Hasenkeulen mit den Kartoffeltalern und dem Blaukraut anrichten.

BEER BUTT CHICKEN

mit Whiskey, Minze, Kakao und Kaffee

ZUBEREITUNGSZEIT 30 Minuten | MARINIERZEIT 8 Stunden | SMOKEZEIT 2 Stunden 30 Minuten
FÜR 4 PORTIONEN

ZUTATEN
1 TL Szechuan-Pfeffer
1 TL Korianderkörner
1–2 TL Salz
1 TL Kakaopulver
1 TL Instant-Kaffeepulver
1 TL Tandooripulver
1 Hähnchen (1,2–1,4 kg)
4 Minzblätter
1 Dose Bier (0,33 l-Dose)
12 cl Single Malt Whiskey

1 Den Szechuan-Pfeffer mit dem Koriander in einem Mörser fein zerstoßen und das Salz, den Kakao, das Kaffeepulver sowie das Tandooripulver untermischen. Das Hähnchen mit Küchenpapier trocken tupfen und innen und außen mit der Gewürzmischung einreiben. Zugedeckt im Kühlschrank etwa 8 Stunden durchziehen lassen.

2 Den Smoker auf 110 °C anheizen. Die Minze unter die Brusthaut des Hähnchens schieben. Aus der Bierdose etwa 120 ml abtrinken (das sind zwei große Schlucke), nach Belieben den Deckel mit einem Dosenöffner aufschneiden und den Whiskey ins Bier gießen. Wer keine Bierdose nehmen will, verwendet einen Geflügelhalter aus Edelstahl (S. 123).

3 Das marinierte Hähnchen auf die Bierdose setzen und im Smoker etwa 2 Stunden 30 Minuten garen. Das Hähnchen ist fertig, wenn die Kerntemperatur in der Hänchenbrust bei 75–80 °C liegt. Zum Anrichten tranchieren.

»DAZU EINE ROSMARIN-KARTOFFEL-FOCACCIA ODER EINFACH BUTTER-MAISKOLBEN UND DU DREHST DURCH!«

BERND AROLD

ENTENKEULEN

mit Sherry und Honig mariniert

ZUBEREITUNGSZEIT 30 Minuten | **MARINIERZEIT** 12 Stunden | **SMOKEZEIT** 1 Stunde 30 Minuten
FÜR 4 PORTIONEN

ZUTATEN

½ Bio-Orange
½ Bio-Limette
1 Stück frischer Ingwer (2–3 cm)
2 cl Cream Sherry
4 EL japanische Sojasauce
2 EL Waldhonig
1 Msp. Cayennepfeffer
4 Barbarie-Entenkeulen
(oder Entenkeulen mit wenig Fett, keine Bauernenten)

AUSSERDEM

2 Handvoll Hickory-Chips, gewässert

1 Die Orange und die Limette auspressen. Den Ingwer schälen und fein reiben. Aus dem Orangen- und Limettensaft mit dem Ingwer, dem Sherry, der Sojasauce, dem Honig und dem Cayennepfeffer eine Marinade rühren. Die Entenkeulen mit Küchenpapier trocken tupfen. Die Haut mit den Fingern lösen und zur Unterkeule ziehen. Das Fleisch rundherum mit der Marinade einpinseln und die Haut wieder über das Fleisch ziehen. Die Entenkeulen im Kühlschrank abgedeckt etwa 12 Stunden marinieren.

2 Die Entenkeulen Zimmertemperatur annehmen lassen. Den Smoker auf 200 °C anheizen. Die Entenkeulen mit der Hautseite nach oben auflegen und 15 Minuten indirekt angrillen. Dann umdrehen, ein Rauchpäckchen mit gewässerten Hickory-Chips auflegen und die Luftzufuhr weitgehend schließen (die Glut darf aber nicht erlöschen).

3 Die Keulen 30 Minuten bei 180 °C smoken und anschließend 1 Stunde ohne Rauch bei auf 150 °C abfallender Temperatur fertiggaren. Die Entenkeulen sind gar, wenn nach einem Einstich in die dickste Stelle der austretende Fleischsaft klar ist. Zum Schluss den Grill noch einmal anfeuern, die Keulen umdrehen und auf der Hautseite schön knusprig grillen. Die Keulen vom Rost nehmen und vor dem Servieren einige Minuten ruhen lassen. Dazu passen gut Chinakohlsalat und frisches Baguette.

SMOKEN IN DER GRILLSCHALE

Wenn man die Entenkeulen zum Smoken in eine Grillschale legt, kann der aufgefangene Fleischsaft zur Sauce verarbeitet werden. Den Fleischsaft mit wenig Wasser lösen, mit Marinade abschmecken und mit 1 TL Tapiokamehl, das in 2 EL Sherry angerührt wurde, binden.

MÄNNER AM GRILL FRAUEN IN DER KÜCHE?

Vergessen Sie den Mond. Ja, er verwandelt ein paar wenige Männer in Werwölfe, wenn er einmal im Monat voll und rund scheint. Aber ehrlich – was ist das gegen Feuer und Flamme? Die verwandeln massenweise Männer in Neandertaler, und zwar während der gesamten Grillsaison.

Verdrängt der Kerl mit der Keule (oder der Edelstahl-Grillzange) das Weibchen von der Glut des Kugelgrills?

Sollte man jedenfalls meinen, wenn man sich die häufigste Begründung für ein auffälliges Phänomen ansieht: In den westlichen Ländern stehen die Männer am Grill, während ihre Partnerinnen für Salate und Abwasch verantwortlich sind. Dass es (in der Mehrzahl der Fälle) tatsächlich so ist, zeigen Umfragen. Zum Warum wird immer wieder der innere Höhlenmensch bemüht. Der übernimmt offenbar beim Anblick von Flammen die Herrschaft im zivilisationsmüden Mann, der die teuer überkronten Reißzähne lustvoll in halb rohe Fleischbrocken schlägt. Wie im Mythos von der guten alten Steinzeit, nach dem nicht nur die Jagd noch eindeutig männliche Domäne war, sondern wohl auch das Barbecue: Die erfolgreichen Mammutbezwinger mussten nämlich ihre Beute bereits an Ort und Stelle rösten und trocknen, um sie überhaupt heim in die Höhle schaffen zu können. Der moderne Mann, dem sowohl der Adrenalinkick der Jagd als auch der darauffolgende Beifall der weiblichen Hordenmitglieder fehlen, kompensiert beides heute – am Grill.

Oder liegt der Männlichkeitsnimbus des Grillens doch eher am Gegrillten? Fleisch, so heißt es, ist ein Stück männliche Lebenskraft, Grillen heißt Fleisch – ergo ist Grillen männlich. Irgendwie. Bei uns essen Männer tatsächlich im Durchschnitt mehr Fleisch als Frauen – historisch bedingt: Wer die Macht hatte, der bekam auch das Lebensmittel mit dem höchsten Ansehen.

Das lässt allerdings zwei Fragen unbeantwortet: Warum blieb die Zubereitung des Sonntagsbratens traditionell der Hausfrau überlassen? Und warum ist beispielsweise in Südostasien das (Fleisch-)Grillen Frauensache? Vielleicht steckt die Erklärung für die westliche Männerdominanz am Grill doch eher in einem spezifisch westlichen Rollenmuster.

Der simplen Drinnen-Draußen-Regel zum Beispiel: Zu der Zeit nämlich, als das Barbecue seinen Siegeszug durch Nordamerika antrat, herrschte die Frau übers Haus, der Mann über alles andere – und ein Barbecue fand nun einmal draußen statt. Hinzu kam, dass es in den Südstaaten der USA eng mit Wahlkampfveranstaltungen verknüpft war. Hier konnten Politiker ihre Volkstümlichkeit demonstrieren, indem sie die Ärmel hochkrempelten und persönlich Hand ans Spanferkel legten. Klar, dass Frauen dabei nichts zu suchen hatten.

Aber das ist lange her. Heute gibt es erfolgreiche Politikerinnen – warum dann nur so wenige Grillmeisterinnen? Vielleicht lautet die Antwort ganz simpel: weil so viel über den Männlichkeitsmythos Grillen geredet wird. Höchste Zeit, ihn ins Reich der Legenden zu verbannen, wo er dem Werwolf Gesellschaft leisten kann. Und in Zukunft grillt einfach, wer am meisten Spaß daran hat.

Sabine Schlimm

LACHS AUF DEM HOLZBRETT

mit Dill, Ingwer und Zitrone

ZUBEREITUNGSZEIT 1 Stunde | SMOKEZEIT 30 Minuten
FÜR 4–6 PORTIONEN

ZUTATEN
3–4 Stängel Dill (20 g)
½ Chilischote
1 Stück frischer Ingwer (2 cm)
1 Lachsfilet (1,3 kg, ohne Gräten, mit Haut, ohne Schuppen)
2 EL Salz
1 EL Zucker
Zesten von 1 Bio-Zitrone
1 TL frisch gemahlener Pfeffer

AUSSERDEM
1 Zedern- oder Rotzedernholzbrett (siehe S. 289)
Holzkohlebriketts
Olivenöl für das Brett

1 Das Zedernholzbrett etwa 2 Stunden in kaltem Wasser einweichen; es sollte dabei möglichst vollständig unter Wasser liegen, daher beschwert man es am besten mit einer Wasserflasche oder Konservendose. Den Smoker mit Holzkohlebriketts anheizen.

2 Den Dill waschen, trocken schütteln und fein hacken. Die Chili entkernen und ebenfalls fein hacken. Den Ingwer schälen und fein reiben. Den Lachs trocken tupfen und auf der Hautseite vorsichtig etwa alle 2 cm einschneiden. Das Salz mit dem Zucker und den Zitronenzesten vermischen und den Lachs damit rundherum würzen. Dann mit Dill, Ingwer, Chili und Pfeffer einreiben und zugedeckt etwa 45 Minuten marinieren lassen.

3 Das Zedernholzbrett aus dem Wasser nehmen, trocken tupfen und für 3 bis 5 Minuten im vorgeheizten Smoker anwärmen. Herausnehmen, die Oberfläche mit Olivenöl einreiben und den Lachs darauf legen. Den Lachs auf dem Zedernholzbrett bei 120 °C etwa 30 Minuten in den Smoker geben. Er soll nicht vollständig durchgegart, sondern im Inneren noch leicht glasig sein. Dazu passen Pellkartoffeln mit Kräuterschmand oder kleine Rösti.

»DER LACHS BRAUCHT SCHONENDE HITZE, SONST WIRD ER TROCKEN, UND AUSREICHEND ZEIT, DAMIT DAS ZEDERNHOLZ SEIN FEINES AROMA AUCH ENTFALTEN KANN!«

WOLFGANG MÜLLER

SAIBLING IN ZITRONENGRASMARINADE

mit Kartoffeln aus dem Smoker

ZUBEREITUNGSZEIT 1 Stunde | **MARINIERZEIT** 3–5 Stunden | **SMOKEZEIT** 25 Minuten
FÜR 4 PORTIONEN

FÜR DEN SAIBLING
2 Bio-Limetten
2 Stängel Zitronengras
½ TL weiße Pfefferkörner
2–3 Stängel Minze
1 Bund Thymian
150 ml mildes Olivenöl
1–2 EL Honig
1 TL Kreuzkümmel | Salz
4 Saiblinge (je 350–400 g, küchenfertig)
160 ml Weißwein

FÜR DIE KARTOFFELN
100 g weiche Butter
Salz | gemahlener Kreuzkümmel
4 große Kartoffeln

AUSSERDEM
Holzchips
Alugrillschale
Pergamentpapier

1 Für den Saibling die Limetten heiß waschen, trocken tupfen und von der Schale Zesten abziehen. Die Früchte halbieren und den Saft auspressen. Das Zitronengras putzen und fein schneiden. Die Pfefferkörner im Mörser grob zerstoßen. Die Minze und den Thymian waschen, trocken schütteln, die Blättchen von den Stielen zupfen und sehr fein hacken.

2 Saft und Zesten der Limette mit dem Öl, Honig, Kreuzkümmel, Pfeffer und Zitronengras in einen Mixbecher geben und mit dem Pürierstab zu einer glatten Paste verarbeiten. Minze und Thymian unterrühren und die Marinade mit Salz abschmecken. Die Saiblinge waschen, trocken tupfen, mit der Marinade bestreichen und im Kühlschrank 3 bis 5 Stunden ziehen lassen.

3 Den Smoker auf 90 °C anheizen und die Holzchips auflegen. Für die Kartoffeln die Butter mit Salz und Kreuzkümmel verrühren. Die Kartoffeln gründlich waschen und trocken tupfen, halbieren, die Gewürzbutter auf die Schnittfläche streichen und die Kartoffeln im Smoker in einer Grillschale 2 bis 2,5 Stunden garen.

4 Etwa 30 Minuten, bevor die Kartoffeln gar sind, die Saiblinge in Pergamentpapier einschlagen, dabei mit etwas Weißwein beträufeln. Die verpackten Fische im heißen Smoker etwa 25 Minuten garen, dabei die letzten 10 Minuten die Pergamenthülle öffnen. Dazu schmeckt Gurken-Raita (S. 290) besonders gut.

FÜR NOCH MEHR AROMA

Die Saiblinge zum Smoken nicht auf Pergamentpapier, sondern auf unbehandelte Zedernholzbretter legen. Die Bretter sollten ausreichend groß und gut 2 cm dick sein. Vor der Verwendung mindestens 45 Minuten wässern, damit sie ihr Aroma besser abgeben können und im Smoker nicht verbrennen.

KERBEL-PESTO

mit Chili und Mandeln

ZUBEREITUNGSZEIT 15 Minuten
FÜR 2–4 PORTIONEN

70 g frischer Kerbel | **1**–2 Jalapeño-Chilischoten, sauer eingelegt
1–2 EL süßer Senf (40 g) | 1 TL Fleur de Sel
90 ml mildes Olivenöl (oder Distelöl) | 2–3 EL Estragonessig
1 EL Holunderblütenessig | 2 EL gemahlene Mandeln

1 Den Kerbel waschen, trocken schütteln und die Blättchen mit den Stielen grob hacken. Die eingelegten Chilis gut abtropfen lassen oder trocken tupfen und in kleine Stücke schneiden. Je nach gewünschtem Schärfegrad die Kerne dabei entfernen.

2 Den Kerbel mit den Chilistücken, dem Senf, dem Öl, dem Estragon- und Holunderblütenessig in einen hohen Becher geben und mit dem Pürierstab fein mixen. Mit Fleur de Sel abschmecken und die gemahlenen Mandeln unterrühren. Passt gut zu Lamm und Spargel.

GURKEN-RAITA
mit frischer Minze

ZUBEREITUNGSZEIT 20 Minuten
FÜR 4–6 PORTIONEN

1 Salatgurke | 2–3 Schalotten | 1 EL Distelöl | 200 g Joghurt (3,5 % Fett)
100 g Quark (20 % Fett) | ½ Bund glatte Petersilie | ½ Bund Minze
Salz | Zucker | ¼ TL gemahlener Kreuzkümmel
1 Msp. Cayennepfeffer | frisch gemahlener weißer Pfeffer

1 Die Gurke schälen, der Länge nach halbieren und mit einem Löffel die Kerne herauskratzen. Das Fruchtfleisch grob raspeln. Die Schalotten schälen und fein würfeln. Das Distelöl mit Joghurt und Quark verrühren. Die Gurkenraspel und die Schalottenwürfel unterheben.

2 Die Petersilie und die Minze waschen, trocken schütteln, die Blättchen von den Stielen zupfen und fein hacken. Die Kräuter unter den Gurken-Joghurt mischen und mit Salz, Zucker, Kreuzkümmel, Cayennepfeffer und weißem Pfeffer abschmecken. Passt zu Fisch und Fleisch.

RUBS'N'MOPS
WÜRZKUNST, THE AMERICAN WAY

Was wird wie, womit und wann gewürzt? Dieses Wissen macht einen echten Pitmaster aus. Manchmal hilft viel tatsächlich viel, manchmal ist weniger mehr.

Gutes Fleisch braucht nichts, nur ein bisschen Salz! Das stimmt – zum Teil zumindest. Es kommt nämlich drauf an, welches Teilstück bei welcher Temperatur auf den Rost soll. Für Steaks und Stücke, die bei starker direkter Hitze gegrillt werden, reicht es, sie vorher mit grobem Salz (grobes Meersalz, Fleur de Sel oder Salt Flakes) zu bestreuen und hinterher mit frisch gemahlenem Pfeffer und ein paar Tropfen Olivenöl zu würzen. Anders ist es, wenn große Fleischstücke (Rinderbrust, Schweineschulter) sehr lange bei niedrigen Temperaturen im Grill oder Smoker bleiben. Dann verbrennen die Würzzutaten nicht, sondern sorgen für ein erstklassiges Geschmackserlebnis. Doch wie kommt die Würze ans Fleisch? Klassisch amerikanisch mit einem Dry Rub, einer trockenen Würzmischung, mit der das Grillgut eingerieben wird. Ein Dry Rub besteht in der einfachen Version zu gleichen Teilen aus grobem Salz, grobem Pfeffer und Knoblauchpulver. Meist sind noch brauner Zucker, Paprika-, Knoblauch- und Chilipulver sowie granulierte Zwiebeln mit von der Partie. Rezepte für Rubs gibt es unzählige. Pitmaster in den USA lieben es süß und scharf, manchmal bringt auch ein Löffel gemahlener Kreuzkümmel, Senfpulver oder eine Spur Zimt den letzten Schliff. Es können aber auch getrocknete Kräuter (Oregano, Thymian), Zitronenpfeffer, Piment oder Rauchsalz sein. Hauptsache, es schmeckt!
Damit der Rub besser hält, reiben Profis das Fleisch vorher überall leicht mit Öl oder Senf ein. Bei einem Wet Rub, einer feuchten Würzpaste, ist vorheriges Ölen nicht notwendig. Hier ist das Öl, neben frischen Kräutern, Knoblauch, Chilis und/oder Ingwer, schon mit drin, ebenso wie etwas Säure durch Essig, Zitronen- oder Limettensaft. Damit die Aromen gut einziehen können, packt man das gerubbte Grillgut erst in Frischhaltefolie und dann für 3 bis 24 Stunden in den Kühlschrank – Fisch kürzer, Fleisch länger. Hier ein Rezept für ein Basic Rub, es lässt sich nach Belieben variieren: 1–2 EL Zucker, 2 EL edelsüßes Paprikapulver, je 1 EL granulierte Zwiebeln und Knoblauch, 2 EL schwarzer Pfeffer, 1–2 EL grobes Meersalz und 1 EL Selleriesalz. Alles gut vermischen und auftragen. Wer's schärfer oder exotischer mag, rührt noch 1–2 TL Chilipulver (mittelscharf), Cayennepfeffer oder gemahlenen Kreuzkümmel unter.
Eine weitere Möglichkeit, Geschmack ans Grillgut zu bringen: in eine Marinade oder Brine (gewürzte Lake) einlegen. Das geht mit Fisch, Fleisch und Gemüse. Und für Profis: Salzlake, pur oder gewürzt, oder flüssige Butter mit einer Marinierspritze (S. 122) in Fleisch und Geflügel einspritzen.

MOPPEN HÄLT SAFTIG

Damit das Grillgut in der heißen, rauchigen Luft nicht austrocknet, wird es regelmäßig mit einer dünnflüssigen Marinade bestrichen. Diese – engl. Mop, deutsch Mopp-Sauce genannt – wird alle ein bis zwei Stunden mit einem BBQ-Pinsel (S. 121) oder einem Saucenmopp (S. 122) ringsum dünn aufgetragen. Hier ein Grundrezept, das sich nach Belieben abwandeln lässt: ¼ l Apfelessig mit ¼ l Apfelsaft, Bier oder Wasser sowie 100 ml Öl, ½ fein gewürfelte Zwiebel, 1 Knoblauchzehe, 1 Chilischote, 1 EL Meersalz und 1 TL schwarzer Pfeffer. Die Zutaten vermischen, aufkochen und das Fleisch damit moppen.

Katrin Wittmann

OKTOPUS, CHORIZO UND RIESENGARNELEN

mit Avocado-Limetten-Salat

ZUBEREITUNGSZEIT 1 Stunde | **SMOKEZEIT** 15 Minuten
FÜR 4 PORTIONEN

FÜR DEN AVOCADO-SALAT
6 Scheiben Toastbrot
180 ml Olivenöl
1 Knoblauchzehe
1 Zweig Rosmarin
1–2 Schalotten
2 Tomaten | 4 Limetten
1 EL Aceto balsamico bianco
1–2 EL Zucker | Salz
frisch gemahlener Pfeffer
180 g gemischte Blattsalate
½ Bund Petersilie
1 reife Avocado
Rote-Bete-Sprossen

FÜR OKTOPUS, CHORIZO UND RIESENGARNELEN
12 Riesengarnelen (8/12 Größe)
3–4 Knoblauchzehen
100 g Butter | 6 Zweige Thymian
3 Zweige Rosmarin
150 g Chorizo
300 g gekochter Oktopus

AUSSERDEM
Alugrillschale
Holzchips (z. B. Erlen-Chips)

1 Für den Avocado-Salat das Toastbrot entrinden und in Würfel schneiden. 50 ml Olivenöl mit der angedrückten Knoblauchzehe und dem Rosmarin erhitzen, die Brotwürfel dazugeben und unter ständigem Wenden goldbraun braten. Die Croûtons aus der Pfanne nehmen und beiseitestellen. Den Smoker auf 120 °C anheizen.

2 Die Schalotten schälen und fein würfeln. Die Tomaten waschen, halbieren, den Stielansatz und die Kerne entfernen und das Fruchtfleisch in Würfel schneiden. Die Limetten auspressen. Den Limettensaft mit Essig, Zucker, Salz und Pfeffer verrühren. Das restliche Öl mit einem Schneebesen unterschlagen, sodass eine sämige Vinaigrette entsteht. Die Schalotten unterziehen.

3 Die Blattsalate putzen, waschen und trocken schleudern. Die Petersilie waschen, trocken schütteln und die Blättchen von den Stielen zupfen. Die Avocado halbieren, entkernen und in Würfel schneiden. Die Blattsalate mit den Tomaten, der Petersilie und den Avocadowürfeln mischen und mit der Limettenvinaigrette marinieren. Die Croutons und die Sprossen auf dem Salat verteilen.

4 Die Riesengarnelen aus der Schale brechen und den Darm entfernen. Den Knoblauch abziehen und in Stücke schneiden. Die Butter in einer Grillschale schmelzen und den Knoblauch, den Thymian und den Rosmarin hineingeben. Die Chorizowürste dazulegen und für 3 bis 5 Minuten in den Smoker geben. Dann die Riesengarnelen dazugeben und mitgaren und nach weiteren 3 bis 5 Minuten den Oktopus in die Grillschale geben.

5 Den fertig gesmokten Oktopus in Stücke teilen, die heißen Chorizowürste in Scheiben schneiden. Mit den Garnelen auf einer vorgewärmten Platte anrichten und mit dem Avocadosalat servieren.

HOKKAIDOKÜRBIS

mit Stockfischfüllung

ZUBEREITUNGSZEIT 1 Stunde | **EINWEICHZEIT** 5–6 Stunden | **SMOKEZEIT** 45 Minuten
FÜR 4 PORTIONEN

ZUTATEN
200 g Stockfisch | Salz
150 g mehligkochende Kartoffeln
4 kleine Hokkaidokürbisse
(oder 2 große, die man halbiert)
2 EL Schalottenwürfel
1 Knoblauchzehe, fein gewürfelt
2 EL Olivenöl
frisch gemahlener Pfeffer
1 Prise Zucker
1 EL fruchtiges Currypulver
2 Eigelbe
1 TL edelsüßes Paprikapulver
1 EL fein gehackte Petersilie

AUSSERDEM
Kartoffelpresse
Erlen-, Hickory- oder Walnussholz
für den Smoker
Grillschale oder -pfanne

1 Am Vortag den Stockfisch 5 bis 6 Stunden in kaltem Wasser einweichen, dabei das Wasser mehrfach wechseln, um den Salzgehalt zu reduzieren. Am nächsten Tag den Stockfisch abgießen, in kochendem Wasser 20 Minuten garen und abkühlen lassen. Das Fischfleisch mit den Fingern in feine Stücke zerzupfen und dabei Haut und Gräten entfernen (1). Die Kartoffeln waschen und in der Schale in Salzwasser weich kochen, dann pellen und gut ausdampfen lassen.

2 Die Kürbisse waschen, trocken tupfen, den Boden gerade schneiden und je nach Größe einen Deckel abschneiden oder halbieren. Die Kerne mit einem Löffel entfernen (2) und etwas Fruchtfleisch herauskratzen. Die Schalotten und den Knoblauch mit dem Kürbisfleisch in heißem Öl anbraten, mit Salz, Pfeffer und Zucker würzen und offen garen, bis alle Flüssigkeit verdampft ist. Mit Curry bestäuben und die Masse pürieren.

3 Die Kartoffeln durchdrücken und mit Eigelb, Paprika, Petersilie, Stockfisch und Kürbispüree vermengen. Die Masse in die ausgehöhlten Kürbisse füllen (3) und diese dünn mit Olivenöl bepinseln. Den Smoker auf 160 °C anheizen. Die Kürbisse in eine Grillpfanne setzen und 45 Minuten smoken (die Lüftungsklappen sollten weitgehend geschlossen sein). Die Kürbisse sind gar, wenn sie mit einem dünnen Spieß leicht einzustechen sind.

GEFÜLLTE PAPRIKA

mit Seidentofu und Passionsfrucht

ZUBEREITUNGSZEIT 25 Minuten | **SMOKEZEIT** 1 Stunde
FÜR 4 PORTIONEN

ZUTATEN
4 rote oder gelbe Paprikaschoten
100 g Räuchertofu
300 g Seidentofu
1 Ei | 4 Minzblätter
2–3 Passionsfrüchte
1 EL Estragonsenf
½ TL Zimtpulver | Salz

AUSSERDEM
Holzchips (z. B. Walnuss oder Kirsche)

1 Den Smoker auf 120 °C anheizen. Die Paprikaschoten waschen, trocken tupfen und oben am Stielansatz jeweils knapp einen Deckel abschneiden. Die weißen Fruchthäute und die Kerne herauskratzen oder mit einem kleinen Messer entfernen.

2 Den Räuchertofu in feine Würfel schneiden und gründlich mit dem Seidentofu und dem Ei vermengen. Die Minze waschen, trocken schütteln, fein hacken und unterziehen. Die Passionsfrüchte halbieren, mit einem Esslöffel die Kerne herausheben und ebenfalls unter die Tofumasse ziehen.

3 Die Füllmasse mit dem Senf und dem Zimt würzen und mit Salz abschmecken. Alles in die vorbereiteten Paprikaschoten verteilen und im Smoker 1 Stunde garen. Nach Belieben mit Café de Paris-Sauce oder einer anderen Sahnesauce und Baguette servieren.

»DAS TOPPT ALLES! UND ALS FLESCHALTERNATIVE 200 G RINDERHACKFLEISCH, 40 G HÜTTENKÄSE UND 100 G SCAMORZA IN DIE PAPRIKA FÜLLEN!«

BERND AROLD

WIRSINGROLLEN

mit Banane und Austern

ZUBEREITUNGSZEIT 45 Minuten | SMOKEZEIT 30 Minuten
FÜR 4 PORTIONEN

ZUTATEN
4 Bananen
12 frische Austern
(oder 100 g Lupinensteak)
Wasabipaste (Asialaden)
50 g Butter
2 Zweige Rosmarin
4 Noriblätter (Asialaden)
4–8 große Wirsingblätter
Meersalz

AUSSERDEM
Holzchips (z. B. Zitrushölzer)

1 Die Bananen schälen und der Länge nach halbieren, sodass zwei möglichst gleich dicke Hälften entstehen. Die Austern vorsichtig aufbrechen und das Muschelfleisch mit dem Austernmesser aus der Schale lösen (1). Jeweils 3 Austern auf eine Bananenhälfte legen. Jeweils die zweite Bananenhälfte dünn mit dem Wasabi bestreichen und auf die Austern legen. Die Butter in einem Topf zerlassen, den Rosmarin dazugeben und kurz ziehen lassen.

2 Die Noriblätter nacheinander mit der Rosmarinbutter bepinseln und jeweils eine Austernbanane darin einwickeln, sodass sie vollständig eingepackt ist. Den Strunk der Wirsingblätter keilförmig herausschneiden. Die Wirsingblätter 2 Minuten in kochendem Wasser blanchieren, kalt abschrecken und auf Küchenpapier abtropfen lassen. Den Smoker auf 120 °C anheizen.

3 Die Wirsingblätter mit einem Teigroller plattieren (2) und jede Austern-Nori-Banane in 2 bis 3 Wirsingblätter einwickeln (3), dabei die Seiten nach innen schlagen, sodass sie vollständig in Wirsing gehüllt ist. Die Wirsingrollen 30 Minuten im Smoker garen, dann mit Meersalz würzen und mit Basmatireis oder Couscous servieren.

RÄUCHERN

GERÄUCHERTES SCHWEINEFILET

im Weißbrotteig

ZUBEREITUNGSZEIT 2 Stunden | **BEIZZEIT** 24 Stunden | **RÄUCHERZEIT** 40–50 Minuten
FÜR 4 PORTIONEN

FÜR DAS SCHWEINEFILET
50 g Salz | 2 EL Zucker
1 Stück frischer Ingwer (2–3 cm)
1–2 EL Honig (30 g)
5 schwarze Pfefferkörner
3 Wacholderbeeren
1 Lorbeerblatt
10 g Korianderkörner, geröstet
2 Schweinefilets (je 300 g)

FÜR DEN BROTTEIG
½ Würfel Hefe (21 g)
½ EL Zucker
500 g Weizenmehl (Type 405)
1–2 TL weiche Butter
1 EL Salz
1–2 TL Kümmel (nach Geschmack)
Mehl zum Arbeiten

AUSSERDEM
1 Marinierspritze

1 Am Vortag für die Schweinelende ½ l Wasser mit dem Salz und dem Zucker auf 80 °C erwärmen und gut verrühren. Den Ingwer schälen und in grobe Stücke schneiden. Den Honig, die Pfefferkörner, die Wacholderbeeren, das Lorbeerblatt, den Koriander und den Ingwer dazugeben und die Würzlake auskühlen lassen.

2 Die Schweinefilets von Sehnen und Fett befreien und trocken tupfen. Die Würzlake durch ein Sieb gießen. Etwa die Hälfte der Flüssigkeit in die Marinierspritze füllen und die Lake im Abstand von etwa 2 cm in die Filets einspritzen. Die vorbereiteten Filets zum Beizen in der restlichen Lake abgedeckt 24 Stunden kühl stellen.

3 Nach dem Beizen die Schweinefilets trocken tupfen. Den Räucherofen auf 54 °C erhitzen und die beiden Filets je nach Dicke darin 40 bis 50 Minuten heiß räuchern. Anschließend die Filets möglichst schnell abkühlen lassen.

4 Für den Brotteig die Hefe mit dem Zucker in 200 ml lauwarmem Wasser auflösen. Eine Mulde in das Mehl drücken, das Hefewasser hineingießen, mit wenig Mehl vom Rand vermischen und zugedeckt 20 Minuten ruhen lassen.

5 Weitere 400 ml Wasser sowie die Butter, das Salz und den Kümmel dazugeben und alles mit dem Knethaken der Küchenmaschine zu einem geschmeidigen Teig verkneten. Den Teig an einem warmen Ort zugedeckt etwa 30 Minuten gehen lassen. Anschließend nochmals kurz auf der Arbeitsfläche durchkneten.

6 Den Backofen auf 200 °C (Ober-/Unterhitze) vorheizen. Den Hefeteig halbieren und jede Portion auf wenig Mehl zu einem Fladen ausrollen. Die kalten Schweinefilets mittig darauf geben, die Fladen darüber schlagen und die Nahtstellen gut aneinanderdrücken.

7 Die Filets im Weißbrotteig auf ein mit Backpapier belegtes Blech setzen und mit etwas Salzwasser bestreichen. Im heißen Ofen auf der mittleren Schiene etwa 30 Minuten goldbraun backen. Herausnehmen, abkühlen lassen und in Scheiben geschnitten servieren.

KALT GERÄUCHERTER HIRSCHSCHINKEN

mit Zitrusschalen und Koriander

ZUBEREITUNGSZEIT 40 Minuten | BEIZZEIT 1 Woche | RÄUCHERZEIT 45 Minuten
FÜR 8–10 PORTIONEN

ZUTATEN
800 g Hirschrücken
(Unterschale, Nuss oder Oberschale)
2 Bio-Orangen
2 Bio-Zitronen
1 Knoblauchzehe
3 Zweige Thymian
10 Wacholderbeeren
15 schwarze Pfefferkörner
5 Gewürznelken
5 Pimentkörner
½–1 EL Korianderkörner, geröstet
100 g grobes Meersalz
2 EL Zucker

AUSSERDEM
Buchenholzspäne
Evtl. kleine Tannenzapfen oder Tannenzweige zum Aromatisieren

1 Den Hirschrücken von Sehnen und Fett befreien, waschen und gut trocken tupfen. Die Orangen und Zitronen heiß waschen, trocken reiben und die Schale fein abreiben. Den Knoblauch abziehen und fein würfeln. Den Thymian waschen, trocken schütteln, die Blättchen von den Stielen zupfen und grob hacken.

2 Die Wacholderbeeren, Pfefferkörner, Nelken, Piment- und Korianderkörner im Mörser zerstoßen. Das Meersalz mit dem Zucker, dem Orangen- und Zitronenabrieb, dem Knoblauch, dem Thymian sowie mit den Gewürzen vermischen.

3 Den Hirschrücken damit einreiben, in einen Bräter legen und die Salzmischung nochmals großzügig darüber verteilen. Abgedeckt und kühl gestellt 1 Woche beizen, damit die Würzaromen ins Fleisch ziehen können. Währenddessen das Fleisch ab und zu umdrehen, damit der Schinken gleichmäßig gebeizt wird.

4 Nach dem Beizen den Schinken unter fließend kaltem Wasser gründlich waschen und sehr gut trocken tupfen. Um den Salzgehalt festzustellen, eine dünne Scheibe abschneiden und probieren. Sollte der Schinken zu salzig sein, das Fleisch etwa 1 Stunde in kaltes Wasser legen und erneut gut trocknen.

5 Den Räucherofen mit den Buchenholzspänen vorheizen. Den gebeizten Schinken für 45 Minuten in den kalten Rauch hängen, dabei darauf achten, dass der Rauch nicht heißer als 18 °C ist. Aus dem Rauch nehmen und zum Servieren mit einem scharfen Messer hauchdünn aufschneiden.

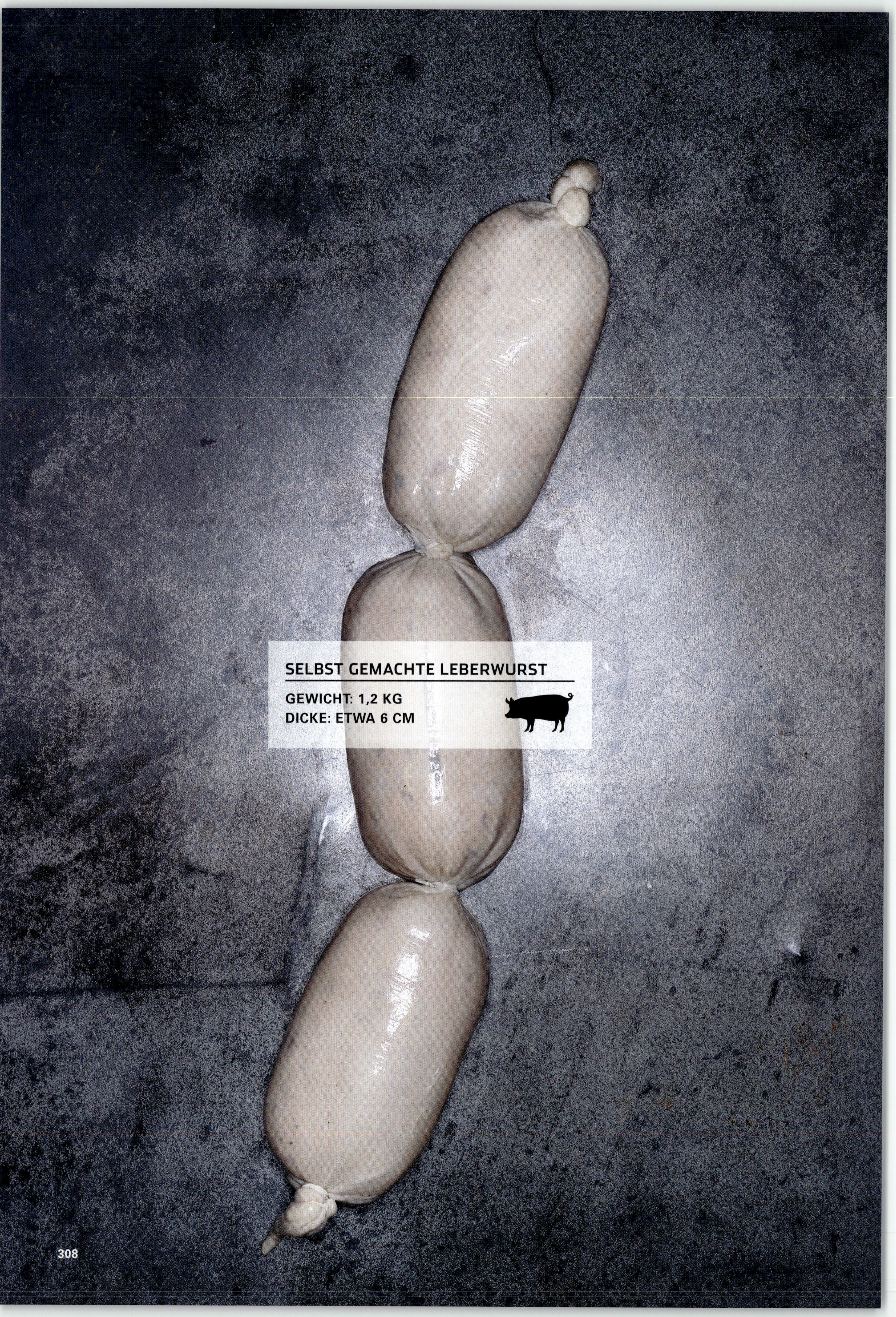

SELBST GEMACHTE LEBERWURST

GEWICHT: 1,2 KG
DICKE: ETWA 6 CM

GROBE LEBERWURST
vom Schwein mit Zwiebeln

ZUBEREITUNG

ZUBEREITUNGSZEIT 4 Stunden | EINWEICH-/RUHEZEIT 24 Stunden | RÄUCHERZEIT 6 Stunden
FÜR 8–10 PORTIONEN (FÜR ETWA 1,2 KG WURST)

FÜR DIE LEBERWURST-GEWÜRZMISCHUNG
100 g Nitritpökelsalz | 100 g Tafelsalz | 2–3 EL gerebelter Majoran (30 g)
2–3 EL frisch gemahlener weißer Pfeffer (30 g) | 1 TL frisch geriebene Muskatnuss (5 g)
1 EL gerebeltes Basilikum (10 g) | 2 TL Knoblauchgranulat (15 g) | 1 EL gemahlener Piment (10 g)

FÜR DIE LEBERWURST
2 Lorbeerblätter | 6 Gewürznelken | 2 Zwiebeln, geschälte | 40 g Salz
850 g Schweinebauch (fett und frisch mit Schwarte; etwa 1/3 Fettanteil)
150 g Zwiebelwürfel | Öl zum Braten | 300 g Schweineleber (küchenfertig, ohne Gallengänge)

AUSSERDEM
Rinder-Naturdarm (55–60 mm Ø)
Fleischwolf mit Füllvorrichtung (Wursthorn) | Buchenholzspäne

1 Die Därme am Vortag in handwarmem Wasser einweichen und über Nacht zugedeckt kalt stellen. Für die Leberwurst-Gewürzmischung alle Zutaten mischen. Für die Leberwurst die Lorbeerblätter mit den Nelken auf die Zwiebeln stecken. 4 l Wasser mit dem Salz aufkochen, die Zwiebeln und den Schweinebauch zufügen und 1,5 Stunden knapp unter dem Siedepunkt garen, Schaum abschöpfen.

2 Inzwischen die Zwiebelwürfel in heißem Öl anschwitzen und auskühlen lassen. Den Schweinebauch aus dem Kochwasser nehmen und kurz abkühlen lassen. Die Leber im Ganzen für 1 Minute in den kochend heißen Schweinebauchsud geben und wieder herausnehmen. Den Schweinebauch sparsam abschwarten. Bauch und Leber in grobe Streifen schneiden.

3 Bauch und Leber mit den gebratenen Zwiebeln je zur Hälfte durch die 2-mm-Scheibe, die andere Hälfte durch die 8-mm-Scheibe des Fleischwolfs drehen. Die Wurstmasse wiegen und die benötigte Menge an Gewürzmischung ermitteln: Pro kg Masse rechnet man mit 30 g Leberwurst-Gewürzmischung. Die Gewürzmischung einstreuen und nach und nach gerade so viel entfetteten Kochfond einrühren, bis ein dicker Brei entstanden ist. Wurstmasse und Fond sollten dabei dieselbe Temperatur haben (40 °C).

4 Den Rinder-Darm an einem Ende zubinden, das offene Ende auf den Fülltrichter stülpen und den Darm daraufschieben. Die Wurstmasse in den Darm füllen. Wer keinen Fleischwolf mit Füllvorrichtung hat, kann die Wurstmasse auch in einen Spritzbeutel geben und darauf den Darm auffädeln. Den Darm nicht zu prall füllen, denn die Wurstmasse dehnt sich beim Garen noch aus!

5 Vom zugebundenen Ende aus die Würste abbinden: Hierzu nach der gewünschten Wurstlänge immer zwei Knoten mit 1 cm Abstand setzen, damit die Würste beim Abschneiden auf beiden Seiten zugebunden sind. Die Würste bei 82 °C brühen, und zwar pro Millimeter Durchmesser 1 Minute, also etwa 60 Minuten. Anschließend abschrecken und einen Tag ruhen lassen. Zum Räuchern die Kohlen vorglühen. 400 g Räucherspäne in einem flachen Gefäß ins Gerät stellen, die Kohlen darauf verteilen. Die Würste bei geringem Zug etwa 6 Stunden räuchern, dabei darauf achten, dass die Temperatur 30 °C nicht übersteigt.

KANINCHENKRONE

auf Wiesenheu geräuchert

ZUBEREITUNGSZEIT 1 Stunde 45 Minuten | **RÄUCHERZEIT** 35 Minuten
FÜR 4 PORTIONEN

FÜR DIE BERGLINSEN
60 g grüne Puy-Linsen (oder schwarze Beluga-Linsen)
1 Zweig Thymian
40 g Schwarte vom Räucherschinken oder -speck
1 TL geschnittener Kerbel
Salz | frisch gemahlener Pfeffer
2 EL Kräuteressig
4 EL Rapsöl

FÜR DIE KANINCHENKRONE
4 Kaninchenrückenstränge (mit Rippenknochen)
Salz | frisch gemahlener Pfeffer
8 Salbeiblätter
1 Bund Brunnenkresse
6 EL Kalbs- oder Geflügeljus

AUSSERDEM
Küchengarn
Buchenspäne
Wiesenheu

1 Die Linsen mit lauwarmem Wasser bedecken und zugedeckt 1 Stunde einweichen lassen. Inzwischen für die Kaninchenkrone die Kaninchenrückenstränge sauber parieren und die Rippenknochen vollständig von Fett und Sehnen befreien. Die Knochen mit einer Küchenschere auf etwa 5 cm Länge kürzen.

2 Das Fleisch rundherum mit Salz und Pfeffer würzen und auf der Innenseite mit je 2 Salbeiblättern belegen. Die Fleischstränge von der dünnen Seite her jeweils zu einer Spirale aufrollen, sodass die Salbeiblätter innen liegen und die Knochenspitzen eine Krone bilden. Mit Küchengarn fixieren.

3 Den Räucherofen auf 80 °C vorheizen, bis die Buchenspäne zu rauchen beginnen. Das Wiesenheu in einen Siebkorb geben, die Kaninchenkronen darauf setzen und für etwa 35 Minuten im Räucherofen garen. Am Ende der Garzeit die Kerntemperatur der Kronen überprüfen, sie sollte 55 °C betragen. Die Kaninchenkronen gegebenenfalls weiterräuchern, ohne das Räuchermehl zu erneuern.

4 Während die Kaninchenkronen im Räucherofen garen, die eingeweichten Linsen in ein Sieb schütten, waschen und in einen Topf geben. Den Thymianzweig und das Schwartenstück hinzufügen, mit Wasser aufgießen, sodass alles bedeckt ist, aufkochen und das Ganze 10 bis 15 Minuten köcheln lassen, bis die Linsen weich sind.

5 Die Linsen in ein Sieb abgießen, abschrecken, kurz abtropfen lassen und in eine Schüssel geben. Den Kerbel untermischen und das Ganze mit Salz, Pfeffer, dem Essig und dem Öl marinieren. Die Brunnenkresse abzupfen, waschen und trocken tupfen.

6 Die Kaninchenkronen aus dem Räucherofen nehmen und kurz ruhen lassen. Die Kalbsjus in einem kleinen Topf erhitzen. Das Küchengarn von den Kaninchenkronen entfernen. Die Brunnenkresse mit den marinierten Linsen auf Teller verteilen, die Kronen darauf setzen und mit etwas Kalbsjus beträufeln.

TEASMOKED DUCK
aus dem Wok

ZUBEREITUNGSZEIT 2 Stunden 30 Minuten | MARINIERZEIT 12 Stunden | RÄUCHERZEIT 1 Stunde
FÜR 4 PORTIONEN

FÜR DIE ENTE
2 EL 5-Gewürze-Pulver
2 EL gemahlene getrocknete Mandarinenschalen
1 kleine Ente (etwa 2 kg)
50 g Honig

FÜR DEN GARSUD
100 ml salzreduzierte Sojasauce
200 ml Pflaumenwein
1 großes Stück Ingwer (10 cm), geschält und grob zerkleinert
2 EL Szechuanpfeffer
3 Sternanis
1 Zimtstange
1 getrocknete Chilischote

AUSSERDEM
40 g Lady-Grey-Tee
100 g Palmzucker, gehackt
150 g Räuchermehl
Stärke zum Binden
2 l Frittieröl

1 Am Vortag für die Ente das 5-Gewürze-Pulver mit den getrockneten Mandarinenschalen vermischen. Die Ente waschen, gut trocken tupfen, mit dem Honig einreiben, mit der Gewürzmischung bestreuen, diese einmassieren und die Ente zugedeckt 12 Stunden im Kühlschrank ziehen lassen.

2 Den Wok mit Alufolie auskleiden. Den Lady-Grey-Tee mit dem Palmzucker und dem Räuchermehl vermischen und auf den Boden des Woks streuen. Die Ente auf einem Gitter darüber platzieren (das Gitter sollte 4 bis 5 cm über dem Topfboden sein). Den Deckel auflegen und die Mischung im Wok so lange erhitzen, bis sie stark zu rauchen beginnt. Den Topf vom Herd nehmen und die Ente im Rauch ungefähr 1 Stunde ziehen lassen.

3 Die Ente aus dem Wok nehmen, die Alufolie und die Räuchermischung aus dem Wok entfernen und dafür 400 ml Wasser sowie die Zutaten für den Garsud hineingeben. Den Sud aufkochen. Die Ente wieder auf das Gitter in den Wok einsetzen und bei schwacher Hitze etwa 2 Stunden mit geschlossenem Deckel dämpfen lassen, dabei nach Bedarf wenig Wasser nachgießen.

4 Die Ente aus dem Wok nehmen und abtropfen lassen. Den Garsud durch ein Sieb abgießen, dabei die Flüssigkeit auffangen und das Fett abschöpfen. Den Sud nach Belieben mit in wenig kaltem Wasser angerührter Stärke binden. Die Ente sehr gut trocken tupfen. Das Frittieröl in den Wok geben, auf 180 °C erhitzen. Die Ente mit der Brust nach unten in das heiße Fett setzen und in 10 Minuten knusprig frittieren. Dazu passen gegrillte Ananas, Lauch und Süßkartoffeln.

»WER NICHT GERNE FRITTIERT, KANN DIE ENTE AUCH IM HEISSEN OFEN BEI 220 °C IN 25 BIS 30 MINUTEN KNUSPRIG BACKEN!«

MANUEL REHEIS

WAS VOM FEUER
ÜBRIG BLIEB

Tatort Spitzengastronomie: Die Gäste blicken erwartungsvoll auf die Teller, die der Kellner gerade mit Schwung vor sie hingestellt hat, und sehen – schwarz. Ungerührt spult der Kellner sein Sprüchlein ab: »… mit Asche von Wiesenheu. Ich wünsche guten Appetit.«

Die haben Asche! Morbier,
Coer de selles und Aisy Cendré.

Moment – Asche? Ofendesaster, Sabotage des Commis, Streik der Küchenbrigade? Noch vor ein paar Jahren hätte man davon aus- und den Teller zurückgehen lassen können. Aber seit erst die Vorreiter der »New Nordic Cuisine«, dann immer mehr Herdkünstler mit Asche und Kohle experimentieren, essen Restaurantgäste auch die schwärzesten Bissen ohne Protest. Effekthascherei, sagen manche; nichts als demonstrative Abkehr von den manchmal etwas klinisch wirkenden Spielereien der Molekularküche. Oder ist mehr daran? Wird die Kochkunst gerade wie Phönix aus der – nun ja: Asche wiedergeboren?

Die skandinavischen Kreativen berufen sich auf Tradition. Schon die Wikinger hätten den schwarzen Staub aus dem Herdfeuer als Gewürz verwendet. Sie hätten auch entdeckt, wie man schlichten Stockfisch in »Laugenfisch« (lud-, lut- oder lutefisk) verwandelt: durch Einweichen in Birkenaschewasser, eine schwache Lauge, die dem Fisch die typisch gelatinöse Konsistenz verleiht. Damit schenkten sie den Skandinaviern zwar ein Weihnachtsgericht – zu wahrhaft welthistorischer Bedeutung lief Asche allerdings anderswo auf. In Mittelamerika kochte man bereits vor Tausenden von Jahren Mais mit diesem besonderen Stoff. Dabei bildet sich in den Körnern das lebenswichtige Vitamin Niacin. Das derart aufgewertete Grundnahrungsmittel machte die Azteken und Maya zu fitten Kriegern und Gründern von Hochkulturen – ein Zusammenhang, den die europäischen Eroberer leider übersahen. Die verbreiteten zwar den Mais, nicht aber das Geheimnis seiner Zubereitung. Die Folge: Mangelerkrankungen.

In Mitteleuropa nutzte man eher eine andere Eigenschaft von Asche: Sie ist steril. Davon profitierten unter anderem die Milchbauern der Franche-Comté, wo früher in der Regel bei einem Melkgang nicht genügend Milch für einen großen Käselaib anfiel. Die Bauern bestreuten daher den Käsebruch von der Morgenmilch mit etwas Asche, um sie vor Verkeimung zu schützen, und gaben dann abends frischen Käsebruch vom zweiten Melkgang darauf. Diese schwarze Schicht kennzeichnet den Morbier bis heute.

Sie gibt auch der Zungenspitze zumindest eine Ahnung von den Geschmacksqualitäten von Asche. Die Fans dieser kulinarischen Neuentdeckung schwärmen von mineralischen und rauchigen Tönen und einer Bitternote, die sich als Kontrapunkt gerade für süßliche Aromen eignet. Kreative Köche verwenden den schwarzen Stoff in Öl oder Wasser gelöst als Gewürz, experimentieren aber auch mit Gemüse, das direkt in der Glut gegart wird und unter der schwarzen Kruste konzentrierte Röstaromen entfaltet. Das ist alles schön und gut – aber der Verdacht drängt sich auf, dass Gastronomen, die gerne als innovativ gelten möchten, insgeheim eine weitere Eigenschaft der Asche besonders schätzen: ihre Farbe. Die entfaltet nämlich auf weißem Porzellan eine schön dramatische Wirkung.

Sabine Schlimm

GERÄUCHERTE TAUBENBRUST

mit Topinambur-Rosinen-Gemüse

ZUBEREITUNGSZEIT 40 Minuten | **MARINIERZEIT** 12 Stunden | **RÄUCHERZEIT** 10 Minuten
FÜR 4 PORTIONEN

FÜR DAS TOPINAMBUR-ROSINEN-GEMÜSE
2 EL Rosinen (etwa 30 Stück)
50 ml weißer Portwein
2 Schalotten
8 Topinamburknollen
1 EL Butter
Meersalz
3 Stängel glatte Petersilie
Abrieb von ½ Bio-Zitrone

FÜR DIE GERÄUCHERTE TAUBENBRUST
4 Taubenbrüste
2 EL Olivenöl
Meersalz
1 EL Butter

AUSSERDEM
2–3 EL Räuchermehl
Bratenthermometer

1 Für das Gemüse die Rosinen über Nacht im Portwein marinieren. Am nächsten Tag die Schalotten schälen und fein würfeln. Die Topinamburknollen schälen und würfeln. Die Schalotten in 1 EL Butter glasig anschwitzen, die Topinamburwürfel dazugeben und salzen. Die Rosinen abgießen, den Portwein auffangen. Das Gemüse mit dem Portwein ablöschen und zugedeckt 8 Minuten garen.

2 In der Zwischenzeit die Petersilie waschen, trocken schütteln, die Blättchen von den Stielen zupfen und in feine Streifen schneiden. Die Petersilienstiele in feine Ringe schneiden. Die Petersilie und den Zitronenabrieb mit den Rosinen zum Topinamburgemüse geben und dieses mit Salz abschmecken. Zugedeckt warm halten.

3 Für die Taubenbrust den Ofen auf 80 °C (Ober-/Unterhitze) vorheizen. Einen Räuchertopf flach mit Alufolie auslegen und das Räuchermehl daraufgeben. Die Küchentür schließen und das Fenster öffnen. Den Topf stark erhitzen, bis das Räuchermehl zu rauchen beginnt. Den Deckel schließen. Die Taubenbrüste trocken tupfen, salzen und auf der Hautseite etwa 4 Minuten bei starker Hitze anbraten.

4 Die Taubenbrüste aus der Pfanne nehmen, in den Räuchertopf geben und 5 bis 10 Minuten räuchern. Anschließend das Fleisch im heißen Ofen bis zu einer Kerntemperatur von 54 °C weitergaren. Aus dem Ofen nehmen und 5 Minuten ruhen lassen. Die Butter in einer Pfanne aufschäumen lassen und die Taubenbrüste darin kurz nachbraten. Mit dem Topinambur-Rosinen-Gemüse auf vorgewärmten Tellern anrichten und mit Orangenhollandaise (S. 321) servieren.

»DIE TAUBENBRUST LÄSST SICH AUCH GUT DURCH REBHUHN, FASAN ODER STUBENKÜKEN ERSETZEN.«

ANDI SCHWEIGER

MAYONNAISE
mit Jalapeño-Chilis

ZUBEREITUNGSZEIT 20 Minuten
FÜR 4–6 PORTIONEN

1–2 rote Chilischoten (Jalapeño) | 3 Eigelbe | 1 EL Senf
1 EL Aceto balsamico bianco | 300 ml neutrales Pflanzenöl | Salz

1 Die Chili waschen, halbieren, entkernen und fein hacken (wegen der Schärfe am besten Einmalhandschuhe tragen). Die Eigelbe mit dem Senf und dem Essig verrühren. Etwa die Hälfte des Öls tropfenweise dazugeben und mit einem Schneebesen kräftig unterschlagen, sodass die Mischung eine cremige Konsistenz erhält.

2 Das restliche Öl in dünnem Strahl unter ständigem Schlagen mit dem Schneebesen dazugießen und die Mischung zur homogenen Mayonnaise aufschlagen. Die klein gehackten Chilistücke unter die fertige Mayonnaise heben und die Sauce mit Salz abschmecken. Sie passt gut zu gegrilltem oder gebratenem Fleisch.

SAUCE HOLLANDAISE
mit Orangenzesten

ZUBEREITUNGSZEIT 20 Minuten
FÜR 4–6 PORTIONEN

100–120 g Butter | 1 Bio-Orange
4 Eigelbe | 1 TL Zucker | Meersalz

1 Zunächst die Butter klären: Dazu die Butter in einen kleinen Topf geben, bei mittlerer Hitze zerlassen und den aufsteigenden Schaum mit einem Schaumlöffel abheben. Die Butter anschließend etwas abkühlen lassen. Inzwischen die Orange heiß waschen, trocken tupfen und von der Schale feine Zesten abziehen. Die Frucht halbieren und auspressen.

2 Die Eigelbe mit 50 ml Orangensaft, dem Zucker und etwas Salz über einem Wasserbad schaumig aufschlagen. Nach und nach die temperierte geklärte Butter unterschlagen, sodass eine homogene Emulsion entsteht. Die Orangenzesten unter die Hollandaise ziehen und die Sauce mit Salz abschmecken. Sie passt gut zu gebratenem Fleisch oder gegrilltem Gemüse.

GERÄUCHERTES PETERSILIENWURZELPÜREE

mit Lammkoteletts aus dem Ofen

ZUBEREITUNGSZEIT 1 Stunde | **RÄUCHERZEIT** 4 Minuten
FÜR 4 PORTIONEN

FÜR DAS PETERSILIEN-WURZELPÜREE
100 g Schalotten
800 g Petersilienwurzeln
4 EL Olivenöl
Meersalz
200 ml trockener Weißwein
400 g Sahne
80 g kalte Butterwürfel

FÜR DAS LAMMKARREE
1 kg Lammkrone
Meersalz
2 EL neutrales Pflanzenöl
1 EL Butter
2 Knoblauchzehen
4 Zweige Rosmarin
4 Zweige Thymian

AUSSERDEM
3 EL Räuchermehl
Bratenthermometer

1 Für das Petersilienwurzelpüree die Schalotten und die Petersilienwurzeln schälen und alles klein schneiden. Die Schalotten in heißem Olivenöl glasig anschwitzen. Die Petersilienwurzeln dazugeben, kurz mit anschwitzen und salzen, damit die Petersilienwurzel etwas Wasser zieht. Mit dem Wein ablöschen und diesen fast vollständig reduzieren. Dann die Sahne angießen und die Petersilienwurzeln bei schwacher Hitze in 25 bis 30 Minuten weich dünsten. Dabei nicht zu stark kochen lassen, sonst verliert das Gemüse den frischen leichten Geschmack!

2 Den Backofen auf 80 °C (Ober-/Unterhitze) vorheizen. Die Lammkrone von Sehnen befreien und die Knochen mit einem kleinen Messer sauber abschaben. Das Fleisch trocken tupfen, mit Meersalz würzen und in einer ofenfesten Pfanne in heißem Öl kräftig anbraten. In den heißen Backofen geben und in 25 bis 35 Minuten bis zu einer Kerntemperatur von 55 °C garen.

3 Während das Fleisch gart, das Räuchern vorbereiten: Die Küchentür schließen und das Küchenfenster öffnen. Einen Topf flach mit Alufolie auslegen, 3 EL Räuchermehl daraufgeben und den Topf stark erhitzen, bis das Räuchermehl zu rauchen beginnt. Den Herd auf die kleinste Stufe zurückschalten. Die gegarten Petersilienwurzeln in ein Sieb geben und die ablaufende Flüssigkeit auffangen. Das Gemüse kurz abtropfen lassen und anschließend 3 bis 4 Minuten räuchern, dabei den Topf mit einem Deckel gut verschließen.

4 Die geräucherten Petersilienwurzeln wieder in einen Topf geben und mit der aufgefangenen Kochflüssigkeit fein pürieren. Die Butterwürfel unterschlagen, das Püree durch ein feines Sieb streichen und abschmecken. Das fertige Lammkarree aus dem Ofen nehmen. Die Butter aufschäumen lassen, den Knoblauch andrücken, mit den Kräutern in die Butter geben und das Fleisch darin kurz nachbraten. Das Lammkarree in Koteletts schneiden. Mit dem Petersilienwurzelpüree und z. B. Chilimayonnaise (S. 320) servieren.

GERÄUCHERTES ZANDERFILET

in Kürbissuppe mit Curry und Ingwer

ZUBEREITUNGSZEIT 50 Minuten | **RÄUCHERZEIT** 8 Minuten
FÜR 4 PORTIONEN

ZUTATEN
60 g Schalottenwürfel
2 Knoblauchzehen, gewürfelt
¼–½ rote Chilischote, fein geschnitten
2–3 EL Butter
500 g Kürbisfleisch (Butternut)
1–2 TL Currypulver (z. B. Madras)
100 ml trockener Weißwein
½ l Geflügelfond
200 g Zanderfilet ohne Haut
frisch gemahlener Pfeffer
Salz | 1 Prise Zucker
100 g Sahne | 2 EL Crème fraîche
Himbeeressig zum Abschmecken
1 Prise frisch geriebene Muskatnuss
1 Msp. gemahlener Ingwer
4 EL Kürbiskernöl

AUSSERDEM
1 EL Buchenspäne

1 Für die Kürbissuppe die Schalotten, den Knoblauch und die Chili in der Butter glasig dünsten. Das Kürbisfleisch in Würfel schneiden und 4 EL davon beiseitestellen. Den Rest zur Schalotten-Knoblauch-Mischung geben und kurz anschwitzen. Mit dem Curry bestäuben, kurz anrösten, dann den Wein und den Geflügelfond angießen und die Suppe 30 Minuten bei schwacher Hitze köcheln lassen.

2 Die beiseitegestellten Kürbiswürfel für die Einlage separat in etwas Butter bissfest garen. Das Zanderfilet waschen, trocken tupfen und in 20 möglichst gleich große Würfel schneiden (1). Die Zanderwürfel mit Pfeffer, Salz und Zucker würzen. Den Räucherofen auf 80 °C vorheizen und die Buchenspäne hineingeben. Nach einigen Minuten Rauchentwicklung die Zanderwürfel in einem Siebeinsatz verteilen, in den Räucherofen geben und 6 bis 8 Minuten räuchern (2). Das Fischfilet soll dabei innen noch leicht glasig bleiben.

3 Die Kürbissuppe pürieren, die Sahne und die Crème fraîche unterrühren und die Suppe mit Essig, Salz, Zucker, Pfeffer, Muskat und Ingwer abschmecken. Die Suppe vor dem Servieren noch einmal mit dem Pürierstab aufschäumen (3) und auf die Teller verteilen. Die Zander- und Kürbiswürfel hineingeben. Die Suppe mit Kürbiskernöl beträufeln und servieren.

TATAR VON GERÄUCHERTER FORELLE UND LACHS

mit Pomelo-Creme und Gurken-Gazpacho

ZUBEREITUNGSZEIT 2 Stunden | RÄUCHERZEIT 1 Stunde
FÜR 4 PORTIONEN

FÜR DIE GURKEN-GAZPACHO
1 Salatgurke
1 Stück frischer Ingwer (1 cm)
1 großes Bund Koriandergrün (50 g)
100 g Crème fraîche
100 ml Kokosmilch (ohne Fett)
¼ rote Chilischote ohne Kerne
Salz | Fischsauce

FÜR DAS TATAR
1 kleine Forelle (350 g)
200 g frisches Lachsfilet
1 Schalotte | ¼ Bund Schnittlauch
40 g Pinienkerne, geröstet
Abrieb von 1 Bio-Zitrone
2 EL Zitronensaft | Meersalz
1 EL Olivenöl | 4 EL Crème fraîche
frisch gemahlener Pfeffer

FÜR DIE POMELO-CREME
4 EL Crème fraîche
½ Pomelo | Meersalz

FÜR DAS KARTOFFELSTROH
1 festkochende Kartoffel
100 ml Frittieröl | Meersalz

AUSSERDEM
1 Servierring (8 cm Ø)
Schnittlauchröllchen und -spitzen
zum Garnieren

1 Eine Forelle heiß räuchern, wie auf Seite 134 f. beschrieben. Für die Gurken-Gazpacho die Salatgurke schälen, der Länge nach halbieren und die Kerne mit einem Löffel entfernen. Das Gurkenfruchtfleisch zerkleinern. Den Ingwer schälen und fein reiben. Die Gurkenstücke mit Ingwer, Koriander, Crème fraîche, Kokosmilch und Chilischote fein pürieren. Die Suppe durch ein grobes Sieb passieren und mit Salz und Fischsauce abschmecken. Die Gurken-Gazpacho bis zum Servieren zugedeckt kalt stellen.

2 Für das Tatar die Forelle filetieren. Forellen- und Lachsfilet etwa 3 mm groß würfeln. Die Schalotte schälen und möglichst fein würfeln. Den Schnittlauch waschen, trocken schütteln und in feine Ringe schneiden. Die Fischwürfel mit den Schalotten, Pinienkernen und dem Schnittlauch vermischen. Mit Zitronenabrieb, -saft und Meersalz würzen. Die Crème fraîche und das Öl unterziehen und das Tatar mit Pfeffer abschmecken.

3 Für die Pomelo-Creme die Crème fraîche glatt rühren. Die Pomelo mit einem Messer schälen und die Filets zwischen den Trennhäuten herausschneiden. Die Pomelofilets kleinschneiden, unter die Crème fraîche heben und alles mit Meersalz abschmecken.

4 Für das Kartoffelstroh die Kartoffel schälen und in feinste Streifen schneiden oder hobeln. Die Kartoffelstreifen mit kochendem Salzwasser übergießen, in ein Sieb abgießen und kalt abschrecken. Die Kartoffelstreifen abtropfen lassen und auf einem Küchentuch sehr gut trocknen. Das Öl in einem großen Topf auf 160 °C erhitzen und die Kartoffelstreifen darin goldgelb frittieren. Mit einem Schaumlöffel herausheben, auf Küchenpapier entfetten und salzen.

5 Zum Anrichten das Tatar mithilfe des Servierrings kreisförmig auf den Tellern platzieren. Die Pomelo-Creme auf das Tatar streichen und das Ganze mit Kartoffelstroh bestreuen. Mit Schnittlauchröllchen und -spitzen garnieren. Die Gurken-Gazpacho in Schälchen füllen und dazu servieren.

GERÄUCHERTE MIESMUSCHELN

mit Johannisbeeren

ZUBEREITUNGSZEIT 1 Stunde | **RÄUCHERZEIT** 45 Minuten
FÜR 4 PORTIONEN

ZUTATEN
2 kg Miesmuscheln
2 EL Pflanzenöl
200 ml Weißwein
100 ml Madeira
10 cl Anisschnaps (Pastis oder Noilly Prat)
2 Limetten
1 TL mittelscharfer Senf
Salz | Zucker
2 EL kräftiges Olivenöl
50 g Johannisbeeren
6 Basilikumblättchen

AUSSERDEM
Buchenholz

1 Die Miesmuscheln 20 Minuten in kaltes Wasser legen, geöffnete Muscheln wegwerfen. Die Muscheln in einem Topf in heißem Pflanzenöl bei starker Hitze 2 Minuten anbraten, mit Weißwein, Madeira und Pastis ablöschen und 5 Minuten bei geschlossenem Deckel kochen lassen. Alles in ein Sieb abgießen, dabei den Fond auffangen. Die gegarten Muscheln aus der Schale brechen, nach dem Garen noch geschlossene Muscheln wegwerfen.

2 Den Räucherofen mit dem Buchenholz auf 50 °C vorheizen. Die Muscheln in ein Räuchersieb geben und 45 Minuten räuchern. Inzwischen die Limetten auspressen. Aus dem aufgefangenen Muschelfond, Senf, Salz, Zucker, Limettensaft und Olivenöl mit einem Schneebesen ein Dressing rühren.

3 Die Johannisbeeren waschen, abtropfen lassen und vom Stiel zupfen. Die Basilikumblätter waschen, trocken tupfen und in feine Streifen schneiden. Die Johannisbeeren und das Basilikum unter das Dressing mischen. Die noch warmen geräucherten Muscheln behutsam unterheben und sofort servieren. Dazu passen Kartoffelchips oder auch Pumpernickel.

»WER JAKOBSMUSCHELN MAG, KANN DIE OHNE VORHERIGES KOCHEN BEI 50 °C ETWA 1 STUNDE RÄUCHERN UND KLEINGESCHNITTEN MIT DEN BEEREN MARINIEREN.«

BERND AROLD

RÄUCHER-PRODUKTE

TROCKENGELEGT

Reisgerichte sind der Stolz der persischen Küche. Reisanbau aber ist nur im Norden des Irans möglich, wo das nahe Kaspische Meer für reichlich Regen sorgt. Viel Regen hieß allerdings früher auch, dass die kostbare Ernte rasch verdarb – es sei denn, man kriegt sie schnell trocken, zum Beispiel im dichten Rauch eines Reisspreu-Feuers. So nahm der Reis ein intensives Aroma an, von dem nach dem Garen eine eher dezente Rauchnote blieb. Die Notwendigkeit für diese Konservierung hat sich inzwischen erledigt, aber Räucherreis ist und bleibt für viele Nordiraner der Geschmack der Heimat. Bei uns wird diese Delikatesse gerade erst entdeckt.

RAUCHIG SCHARF

Normalerweise werden die mexikanischen Jalapeño-Chilis noch grün und fleischig geerntet. Reifen sie allerdings zu tiefroten Schoten heran, dann kommen sie für mehrere Tage in den Rauch, dürfen sich fortan Chipotle nennen und geben der mexikanischen Küche ordentlich Zunder. Bei uns gibt es sie in Spezialgeschäften entweder gemahlen zu kaufen oder in Dosen als »chipotle in adobo«. Aber auch in Europa weiß man schon lange, dass sich die Früchte der Gattung Capsicum prima mit Rauch vertragen: In der spanischen Region La Vera werden Gewürzpaprikaschoten geräuchert und zu Pulver vermahlen, das sich mit der geschützten Ursprungsbezeichnung Pimentón de la Vera schmücken darf. Diesem Paprikapulver verdankt die spanische Chorizo ihre rote Farbe und den würzigen Geschmack.

RÄUCHER-KÄSE

Wer Räuchern für die alleinige Domäne von Metzgern und Fischern hält, der sieht den Rauchfang vor lauter Schinken nicht. Denn die konservierende und aromatisierende Wirkung des Rauchs haben sich Menschen immer schon für alle möglichen Lebensmittel zunutze gemacht. Für Käse beispielsweise. Eine relativ unbekannte Delikatesse (immerhin eine mit geschützter Ursprungsbezeichnung) ist der Oscypek aus der polnischen Tatra. Der junge Schafskäse bekommt seine Spindelform durch verzierte Holzmodeln, in denen er die erste Nacht verbringt. Danach wird er in den Rauch gehängt und erhält so ein intensiv salzig-rauchiges Aroma. Ein bisschen milder – und bei uns auch leichter erhältlich – ist der süditalienische Scamorza affumicata aus Kuhmilch. Er gehört zu den Filata-Käsen: Käsebruch wird heiß überbrüht und unter Rühren zu einem faserigen Teig verarbeitet. Die frischen Käsekugeln werden paarweise aufgehängt und geräuchert.

PROST!

Dieses Bier macht das Schinkenbrot dazu überflüssig: Rauchbier bringt selbst ein starkes Schinkenaroma mit. Geräuchert wird allerdings nicht das flüssige Endprodukt, sondern – genau wie beim Whiskey – das Gerstenmalz, das über dem Feuer gedarrt wird. Vor der Erfindung »geschmacksneutraler« Trocknungsverfahren war das in Brauereien die Regel. Heute wird die Tradition der Rauchbiere vor allem in Bamberg und Umgebung gepflegt. Und in den USA neu entdeckt.

VEGETARISCHER SCHINKEN

Der zurückhaltende Geschmack von Tofu mag ja die Köche Ostasiens seit Jahrhunderten zu immer neuen meisterhaften Kreationen inspirieren – im Westen halten ihn viele für langweilig. Einigermaßen akzeptiert wird der Bohnenquark noch in geräucherter Form. Schon um 1910 pries der erste Tofuhersteller Europas seiner Pariser Kundschaft Räuchertofu an: Man könne ihn »wie Schinken« in Omeletts geben, schmoren und in Pâtés verwenden. Auch heute bedient dieses Lebensmittel vor allem den steigenden westlichen Bedarf an einem vegetarischen Produkt mit deftigem Aroma. In Asien spielt Räuchertofu dagegen nur eine kleine Rolle.

RAUCHTEE

Wie macht man aus der Not eine Tugend – oder gleich international begehrte Ware? Mit harzigem Nadelholz, Bambuskörbchen und Sparsamkeit! Die hinderte nämlich der Legende nach die Teebauern im chinesischen Wuyi-Gebirge daran, ihre durch Kriegswirren gestörte Tee-Ernte einfach verloren zu geben. Sie legten bei der Trocknung der Teeblätter einfach den Turbogang ein und rösteten sie in Bambuskörbchen über offenem Feuer. Geboren war der Rauchtee Lapsang Souchong. Der ist vor allem im Westen populär – übrigens auch als rauchig-aromatische Marinade in der kreativen Küche.

EIN HAUCH PRÄRIE

Angeblich haben die Wikinger vorgemacht, wie man Salz durch Räuchern verfeinert. Oder waren es doch die amerikanischen Indianer? Vermutlich stimmt beides, denn lange gab es wohl überhaupt kaum Salz ohne rauchige Note. Schließlich wurden Meerwasser oder Sole bisweilen über offenem Feuer erhitzt, bis das Wasser verdampft und das Salz gewonnen war – und wo Feuer, da Rauch! Besonders in den USA wurde und wird dieser deftige Geschmack hoch geschätzt. Salz bekommt dort durch den Rauch von Hickory-, Apfel- oder Erlenholz besondere Würze – und bringt einen Hauch von Prärie in die heimische Küche.

Sabine Schlimm

BIRNEN, BOHNEN UND KARTOFFELN

aus dem Rauch

ZUBEREITUNGSZEIT 1 Stunde 15 Minuten | RÄUCHERZEIT 30–40 Minuten
FÜR 4 PORTIONEN

ZUTATEN
400 g grüne Bohnen
Salz | 1 Bund Bohnenkraut
600 g festkochende Kartoffeln (z. B. Linda)
80 g Macadamianüsse
4 Schalotten
2 Birnen (z. B. Williams Christ)
Saft von ½ Zitrone
1 EL Butter
2 EL Sonnenblumenöl
frisch gemahlener Pfeffer
1 Zimtstange
4 Gewürznelken
1 EL Wacholderbeeren
1 TL schwarze Pfefferkörner
2 Lorbeerblätter
1 TL Korianderkörner
½ l Frittieröl

AUSSERDEM
100 g Räuchermehl

1 Die Bohnen waschen, abtropfen lassen und putzen, dabei die Enden abschneiden. In einem großen Topf reichlich Salzwasser aufkochen, die Hälfte des Bohnenkrauts und die Bohnen hineingeben und etwa 10 Minuten kochen, bis sie bissfest sind. Mit einem Schaumlöffel herausheben und sofort abschrecken, damit sie nicht mehr weitergaren und die Farbe der Bohnen erhalten bleibt. Die Bohnen in einem Sieb gut abtropfen lassen.

2 Die Kartoffeln schälen, waschen, etwa 100 g beiseitelegen, die restlichen Kartoffeln in 2 cm große Würfel schneiden. In reichlich Salzwasser gar kochen, abgießen, abschrecken und ebenfalls in einem Sieb sehr gut abtropfen lassen. Die Macadamianüsse in möglichst feine Scheiben schneiden oder hacken. Die Schalotten schälen und in feine Würfel schneiden.

3 Das übrige Bohnenkraut waschen, trocken schütteln, die Blätter von den Stielen zupfen (die Stiele nicht wegwerfen), hacken und für später beiseitelegen. Die Birnen waschen, trocken tupfen, vierteln, das Kerngehäuse entfernen und das Fruchtfleisch in 1 cm große Würfel schneiden. Sofort mit dem Zitronensaft beträufeln, damit sich die Birnenwürfel nicht verfärben.

4 Den Räucherofen anheizen und die Bohnenkrautstängel und Gewürze zum Räuchermehl geben. Birnen, Bohnen, Kartoffeln und Schalotten in den Räucherofen geben und alles 30 bis 40 Minuten kalt räuchern. Inzwischen die beiseitegelegten Kartoffeln mit dem Gemüsehobel in feinste Streifen schneiden. Das Frittieröl erhitzen und die Kartoffelstreifen darin goldbraun frittieren. Mit einem Schaumlöffel herausheben und auf Küchenpapier entfetten.

5 In einer gusseisernen Pfanne die Butter und das Sonnenblumenöl erhitzen. Die geräucherten Kartoffeln hineingeben und scharf anbraten, dann die Hitze reduzieren und die Kartoffeln weiterbraten, bis sie gar und goldgelb sind. Die Schalottenwürfel dazugeben und glasig werden lassen. Die Nüsse, Birnen und Bohnen zugeben und alles durchschwenken, bis es heiß ist. Mit Salz, Pfeffer und Bohnenkraut abschmecken und mit dem Kartoffelstroh garniert servieren.

GERÄUCHERTER BERGKÄSE

mit Endivien-Walnuss-Salat

ZUBEREITUNGSZEIT 30 Minuten | RÄUCHERZEIT 2 Stunden
FÜR 4 PORTIONEN

ZUTATEN

500 g Bergkäse am Stück (z. B. Appenzeller)
1 kleiner Kopf Endiviensalat, geputzt
1 reife Birne (z. B. Williams)
60 g Walnusskerne
2 Stängel Estragon
50 ml Birnenessig
50 ml Birnensaft
Salz | Zucker
frisch gemahlener Pfeffer
50 ml Walnussöl
Vollkornbrot zum Servieren

AUSSERDEM

30–50 g Erlen-Räuchermehl

1 Den Räucherofen zum Kalträuchern auf 25 °C vorheizen und das Räuchermehl im Pfännchen entzünden. Den Käse auf ein Holzbrett geben, im Räucherofen platzieren und etwa 1 Stunde räuchern, anschließend abkühlen lassen und dann den Räuchervorgang noch einmal wiederholen.

2 Den Salat putzen, waschen und trocken schleudern. Die Birne schälen, vierteln, das Kerngehäuse entfernen und das Fruchtfleisch in Würfel schneiden. Die Walnüsse grob hacken. Den Estragon waschen, trocken schütteln, die Blättchen von den Stielen zupfen und in feine Streifen schneiden.

3 Den Salat mit den Birnen und den Nüssen in eine Schüssel geben. Aus Birnenessig, -saft, Salz, Zucker, Pfeffer und Walnussöl eine Vinaigrette rühren, abschmecken und mit dem Salat vermengen. Den Käse in dicken Scheiben auf einem Holzbrett anrichten, den Salat separat mit dem Vollkornbrot servieren.

RÄUCHERN IM GRILL

Wer keinen Räucherofen hat, kann auch im Kugelgrill räuchern: Dafür eine Aluschale mit 100 g Buchen-Räuchermehl füllen, 2 glühende Kohlen hinzufügen und die Schale in den Kugelgrill stellen. Den Käse auf ein Holzbrett geben, das Ganze auf den Grillrost legen und bei möglichst konstanter Hitze 1 Stunde räuchern. Den Käse abkühlen lassen und noch einmal räuchern.

GEFÜLLTE DATTELN

aus dem Räucherofen

ZUBEREITUNGSZEIT 1 Stunde | RÄUCHERZEIT 10 Minuten
FÜR 40 DATTELN

FÜR DIE DATTELN
40 frische Datteln
20 Scheiben Bauchspeck

FÜR DIE CURRY – GARNELEN-FÜLLUNG
4 Garnelen (küchenfertig)
Öl zum Braten
2 Stängel Koriandergrün (10 g)
4 getrocknete Tomaten (20 g)
1 Stück frischer Ingwer (1–2 cm)
1 Stück Chilischote (nach Belieben)
50 g Doppelrahmfrischkäse
1–2 TL Currypulver (10 g)

FÜR DIE SÜSSKARTOFFEL-CHORIZO-FÜLLUNG
80 g Süßkartoffeln
1 kleine Chorizo (30 g)
1–2 EL gehackte Mandeln
2–3 Stängel Petersilie (20 g)
1 EL Schmand | 1 EL Zitronenabrieb

AUSSERDEM
Kartoffelpresse
Buchenholzspäne

1 Für die Curry-Garnelen-Füllung die Garnelen waschen, trocken tupfen, in einer beschichteten Pfanne in etwas Öl anbraten und anschließend fein würfeln. Den Koriander waschen, trocken schütteln, die Blättchen von den Stielen zupfen und fein hacken. Die getrockneten Tomaten fein würfeln. Den Ingwer schälen und fein reiben. Die Chili entkernen und sehr fein würfeln. Alles mit dem Frischkäse vermischen und mit Curry abschmecken.

2 Für die Süßkartoffel-Chorizo-Füllung die Süßkartoffeln kochen, pellen und durch die Kartoffelpresse drücken. Die Chorizo fein schneiden und in einer beschichteten Pfanne kurz anbraten. Die Mandeln in einer beschichteten Pfanne ohne Fett goldbraun rösten, herausnehmen und auskühlen lassen. Die Petersilie waschen, trocken schütteln und fein hacken. Alles mit dem Schmand vermengen und den Zitronenabrieb unterrühren.

3 Die Datteln mit einem kleinen Messer der Länge nach aufschneiden und den Kern entfernen. Die Hälfte der Datteln mit je 1 TL Curry-Garnelen-Füllung, die anderen 20 Datteln mit der Süßkartoffel-Chorizo-Masse füllen. Die Bauchspeckscheiben quer halbieren und alle Datteln mit Bauchspeck umwickeln. Den Räucherofen auf 40 °C vorheizen. Die Datteln etwa 10 Minuten darin räuchern.

MIT ZIEGENKÄSE-HONIG-FÜLLUNG

Wer eine vegetarische Füllung bevorzugt, sollte folgende Variante probieren: 100 g Ziegenfrischkäse klein würfeln und mit 30 g gerösteten und gehackten Walnüssen, 1 EL flüssiger Honig und 1 TL fein gehacktem Thymian vermengen. Die Masse in 20 Datteln füllen und die Datteln räuchern, wie im Rezept oben beschrieben.

CASHEWKERNE
im Würzmantel

ZUBEREITUNGSZEIT 25 Minuten | RÄUCHERZEIT 12–14 Minuten
FÜR 6–8 PORTIONEN

1 EL Salz (15 g) | ½ TL Knoblauchpulver (2–3 g) | ½ TL Zwiebelgranulat (2–3 g)
½ TL Cayennepfeffer (2–3 g) | ½ TL edelsüßes Paprikapulver (2–3 g) | ½ TL Oregano (2–3 g)
¼ TL frisch gemahlener weißer Pfeffer | ½ TL frisch gemahlener schwarzer Pfeffer
1 Eiweiß | 1 kg ungesalzene Cashewkerne | Buchenholzspäne

1 Den Räucherofen auf 180 °C vorheizen. Die Buchenholzspäne in der Räucherpfanne zum Glühen bringen. Das Salz mit allen Gewürzen gründlich vermengen, das flüssige Eiweiß und die Cashewkerne untermischen und das Ganze auf einem Blech verteilen.

2 Die Cashewnüsse für 12 bis 14 Minuten im Räucherofen räuchern. Je länger die Nüsse im Rauch bleiben, desto intensiver wird das Aroma. Die fertigen Nüsse herausnehmen und abkühlen lassen. Bis zum Servieren luftdicht verschlossen kühl und dunkel aufbewahren.

GERÄUCHERTE GEWÜRZE

für den Vorrat

ZUBEREITUNGSZEIT 20 Minuten | **RÄUCHERZEIT** 1 Stunde 30 Minuten
FÜR 250–500 G GEWÜRZ

500 g grobe Salzkristalle (Meer- oder Siedesalz) oder 250 g Wacholderbeeren
oder 500 g grober Zucker (Rohrohrzucker, Krümelkandis oder Würfelzucker)
Walnussholzspäne

1 Das Salz, den Zucker oder die Wacholderbeeren in eine Aluschale oder einen Siebeinsatz geben und darin möglichst flach ausbreiten. Die Gewürze in der Aluschale mit sehr wenig kaltem Wasser befeuchten, das geht am besten mit einem Wasserzerstäuber. Den Räucherofen mit den Walnussspänen auf 25 °C aufheizen.

2 Die Gewürze mit den Walnussholzspänen mindestens 1 Stunde 30 Minuten bei konstanter Temperatur räuchern. Je länger die Gewürze im Rauch bleiben, desto intensiver wird das Aroma. Die ausgekühlten Rauchgewürze können luftdicht verschlossen 6 bis 8 Wochen aufbewahrt werden.

GLOSSAR

AZK Anzündkamin

BASTE Andere Bezeichnung für Mop-Sauce.

BBC Beer but chicken, auch Beer can chicken oder deutsch: Dosenhuhn.

BRANDING Streifenmuster auf dem Grillgut beim direkten Grillen auf dem Rost, gelingt besonders gut auf Gusseisenrosten und Grillgrates.

BREKKIS Grillbriketts aus Holzkohle oder Kokos.

BRINE Lake mit Salz (osmotisch wirkende, flüssige Gewürzmischung) oder mit Säure zum Würzen oder Zartmachen von Fleisch. Das Grillgut wird darin meist über Nacht oder auch noch etwas länger eingelegt.

BRINEN Einlegen in eine Brine.

BRISKET engl. für Rinderbrust. Eines der berühmtesten Gerichte aus dem Smoker. Zählt neben Ribs und Pulled Pork zur Holy Trinity (»Heilige Dreifaltigkeit«) des Barbecues. Wird bei 110 bis 120 °C bis zu 15 Stunden und länger gegart. Immer quer zur Faser aufschneiden.

BULLET-SMOKER Andere Bezeichnung für Water-Smoker.

CAST IRON engl. für Guss/Gusseisen. Roste, Grillplatten und schwere Töpfe aus Gusseisen wie der Dutch oven speichern die Hitze besonders gut.

DO oder **DUTCH OVEN**. Dickwandiger Topf mit Deckel aus Gusseisen, zum schonenden Garen und Backen über offenem Feuer (für eine gleichmäßige Hitze auch den Deckel mit Glut belegen). Der DO eignet sich auch zum Kochen am Smoker, z. B. für Cowboybeans. Er steht auf der Kochplatte oder hängt am Galgen über der Sidefirebox.

GBA German Barbecue Association, 1996 gegründeter Verein zur Förderung der freizeitlichen Grillkultur in Deutschland. Die GBA ist Mitglied der World Barbecue Association (WBQA).

GLACE, GLAZE Glasur zum Finishen des Grillguts, enthält meist Zucker oder Honig, die dann karamellisieren (aber nicht verbrennen dürfen!).

GRIDDLE Gussgrillrost für ein gutes Branding oder Grillplatte aus Gusseisen (für Meeresfrüchte, Gemüse oder Eier mit Speck), kommt auf den normalen Rost, als Zubehör erhältlich.

GRILLGRATE Zusatzrost aus Flugzeugaluminium für ein gutes Branding.

JEHOVA Bezeichnung in Grillerkreisen für die verpönte Alufolie, die aber manchmal durchaus nützlich sein kann.

MINION-METHODE nach Jim Minion benannte Methode zum Glutaufbau für lange BBQ-Sessions. Nur ein kleiner Teil der Briketts in der Mitte wird vorgeglüht, die Glut arbeitet sich dann von innen nach außen. Gut geeignet für Water-Smoker (S. 98/99).

MOPP in der Form an einen Wischmopp erinnernden Pinsel, der viel Flüssigkeit aufnehmen kann.

MOPPEN Grillgut im Barbecue-Smoker während des Garens mit Mop-Sauce bestreichen, damit es nicht austrocknet.

MOP, BASTE oder **MOPP-SAUCE**, dünnflüssige Marinade zum Bestreichen des Grillguts im Smoker, z. B. aus Apfelsaft und Apfelessig oder auch auf Bierbasis. Sie würzt und hält das Fleisch zugleich saftig.

PASTE oder **WET RUB**, Würzpaste mit frischen oder flüssigen Zutaten, etwa mit frischen Kräutern, Knoblauch, Chili oder Ingwer.

PP oder **PULLED PORK**. Legendäres BBQ-Gericht aus den Südstaaten der USA. Dafür wird Schweinefleisch (Schulter oder Nacken) im Barbecue-Smoker bei 110 bis 120 °C gegart, bis es so zart ist, dass man es ohne Messer, nur mit Gabeln oder von Hand, auseinander ziehen oder zupfen kann.

RUB, DRY RUB, trockene Würzmischung für Fleisch, Wild und Geflügel. Rubs werden auf dem leicht (!) geölten oder trockenen Fleisch verteilt und gut einmassiert. Die Mischungen am besten gleich in größerer Menge herstellen, sie halten kühl und dunkel gelagert bis zu einem halben Jahr. Feuchte Würzpasten werden als wet rub oder paste bezeichnet.

SLAB Rippenstrang

SPORTGERÄT unter Grillfreaks übliche Bezeichnung für einen Grill, der den Namen auch verdient.

UDS oder **UGLY DRUM SMOKER**. Bezeichnung für einen speziellen, meist selbstgebauten Grill (oft aus alten 200 l Ölfässern aus Metall), funktioniert vom Prinzip her ähnlich wie ein Water-Smoker.

REGISTER

Rezepte sind mit einem Punkt (•) gekennzeichnet.

REGISTER

REGISTER

BEZUGSQUELLEN

GRILLGERÄTE, SMOKER UND ZUBEHÖR

LADENGESCHÄFTE, MEIST MIT INTERNETSHOP

Barbecue Point e. U.
Bahnstraße 36
A-2201 Gerasdorf bei Wien
www.barbecue-point.at

Barbequer – Jendrass Gartenmöbel und Freizeit GmbH & Co. KG
Herrenlandweg 6
D-73779 Deizisau
www.barbequer.de

BBQ24 by Thommel
Shop: Wangener Str. 17
D-88212 Ravensburg
www.bbq24.de

BBQ-HEAVEN
www.bbq-heaven.de

BBQ und Grillzentrum Stuttgart
Feuerbacher-Tal-Str. 141
D-70469 Stuttgart-Feuerbach
www.bbq-profi.de

Der BBQ-Laden
Bertha-von-Suttner-Allee 2
D-21614 Buxtehude
www.bbq-laden.de

Eisen Marx GmbH
Hauptstr. 16
D-66127 Saarbrücken-Klarenthal
www.saarland-grillgeraete.de

GrillArena
Steinbrinksweg 47
D-31840 Hessisch Oldendorf
www.amgrill.de

Grillfürst
Friedewalder Str. 24
D-36251 Bad Hersfeld
www.grillfuerst.de

Grill-Sheriff GmbH
Büel 6, CH-8634 Grüningen
www.grill-sheriff.ch

Grill-Shop-Berlin
Hohenstaufenstr. 42
D-10779 Berlin
www.grill-shop-berlin.de

Grillworld e.K.
Konrad-Hornschuch-Straße 67
D-73660 Urbach
Ringstraße 72
D-74523 Schwäbisch Hall
www.grillworld.de

Haupert Shop
Rechwies 7
D-66557 Illingen-Welschbach
www.haupert-shop.de

Jean Hommel GmbH
Magnolienweg 14
D-63741 Aschaffenburg-Nilkheim
www.hommel-shop.de

Madlener GmbH
Bleichestraße 14b
A-6850 Dornbirn
www.grillshop.at

MYBBQ.de
www.mybbq.de

myGRILL.de
Münchner Straße 7
D-85635 Höhenkirchen
www.mygrill.de

Petras Grillshop
Nürnberger Str. 18-20
D-90587 Veitsbronn
www.petras-grillshop.de

Ramster's Holzbackofen-Shop
Zeppelinstr. 140
D-66953 Pirmasens
www.holzbackofen.de

SANTOS Grills GmbH
Shop: Hafenstr. 1–3
D-51063 Köln
www.santosgrills.de

HERSTELLER

www.barbecook.com
www.barbequer.de
www.bbq-hydra.de
www.beelonia.de
www.biggreenegg.eu/de
www.brennwagen.de
www.broilkingbbq.com/Intl/Germany
www.cadac.ch
www.campingaz.com/de
www.cobb-grill.de
www.derbrodem.de
www.dutchtroy.com/de
www.enders-colsman.de
www.farmergrill.com
www.ferraboli.it
www.fire-magic.co.uk/DE
www.gourmet-fischgriller.de
www.greenmountaingrills.com
www.grillson.com
www.hajatec.com
www.heibi.de
www.holzbackofen.de (Ramster Juke Boxen)
www.landmann.de
www.la-va.com
www.lotusgrill.de
www.memphisgrills.com
www.monolith-grill.de
www.moestabbq.de
www.napoleongrills.de

www.outdoorchef.com/de
www.plancha-mania.de
www.ricon-manufaktur.de
www.roesle.de
www.rumo.de
www.saarland-grillgeraete.de
www.schaschlikgrill.de
www.schickling-grill.de
oder www.edel-designschickling.de
www.smokyfun.eu
www.sonofhibachi.com
www.spiess-grill.de
www.steba.com
www.superfeuer.de
oder www.startfire.de
www.thueros.de
www.weberstephen.de

RÄUCHERSCHRÄNKE & -GERÄTE

HERSTELLER

www.abugarcia.com
www.agk-kronawitter.de
www.backdorf.de
www.barbecook.com
www.beelonia.de
oder www.raeucherschraenke.de
www.behrfishing.de
www.bradleysmoker.de
www.hans-grassl.com
www.heliasmoker.com
www.hiki.at
www.holzeis.com
www.jost-raeucherschraenke.de
www.landmann.de
www.peetz-onlineshop.de
www.raeucheroefen.de
www.roesle.de
www.smoki-raeuchertechnik.de
www.thueros.de

BRENNSTOFF, ANZÜNDER & RÄUCHERHOLZ

HERSTELLER/INTERNETSHOPS

www.algusto-shop.de

Axtschlag
Blossiner Seeweg 3
D-15754 Heidesee-/OT Blossin
www.axtschlag.de
(Axtschlag-Produkte bei
www.fisch-bestellen.de)

Biomassehof Allgäu eG
Riederau 1
D-87437 Kempten
www.holzbrennstoffe.de

www.brennstoffe-saarland.de
www.flamax.de

Harzköhlerei Stemberghaus
Stemberghaus 1
D-38899 Hasselfelde
www.harzkoehlerei.de

www.haupert-shop.de
www.k-lumet.de
www.mcbrikett.de
www.olive-e-piu.de
www.point-virgule.eu.com

proFagus GmbH
Uslarer Straße 30
D-37194 Bodenfelde
www.holzkohle.de

Rebenglut
Mußbacher Landstraße 21
D-67433 Neustadt
www.rebenglut.de

www.schoenbucher-shop.de
www.superfeuer.de
oder www.startfire.de
www.zuendholzriesa.de

GRILL- & BBQ-ZUTATEN

FLEISCH & WURST INTERNETSHOPS

www.genusshandwerker.de
www.gourmetfleisch.de
www.gourmondo.de
www.jackoshea.com
www.otto-gourmet.de
www.partyservice-brath.de
www.saargudd.de
www.tillygourmet.de
www.yourbeef.de

GEWÜRZE & SAUCEN

Altes Gewürzamt GmbH Ingo Holland
Unterlandstr. 50
D-63911 Klingenberg
www.ingo-holland.de

HERSTELLER/INTERNETSHOPS

www.ankerkraut.de
www.bbq-grill-shop.de
www.bbq-laden.de
www.bosfood.de
www.dinsesculinarium.de
www.gourmondo.de
www.hagengrote.de
www.hotmamas.de
www.pepperworldhotshop.de
www.red-arrow-deutschland.de
www.royal-spice.de
www.salz-kontor.de
www.salzwelten-shop.at
www.sau-gudd.de
www.spiceworld.at
www.stonewallkitchen.com
www.stubbsbbq.com

ANDI SCHWEIGER

»EINFACH MAL ÜBER DEN TELLERRAND HINWEG GUCKEN! MAN KANN ALLES GRILLEN, WAS SCHMECKT, WICHTIG IST NUR DIE QUALITÄT.«

Schon als Kind war Andi Schweiger entweder in der freien Natur oder in der Küche zu finden. Da verwundert es nicht, dass er sich für eine Karriere in der Gastronomie entschied. Seinen beruflichen Einstieg fand er in den Sterne-Restaurants »Fallert« und in der »Wielandshöhe« von Vincent Klink in Stuttgart. Nach Stationen wie dem Londonder »Hotel Dorchester« und dem Restaurant »Krone« in Herxheim zog es den gebürtigen Karlsruher nach München. Im »Mandarin Oriental« stand Schweiger zunächst neben Holger Stromberg am Herd. Von 2003 bis 2006 arbeitete er als Küchenchef in den angesagten Restaurants »Cocoon« und »G*Munich«. 2006 erfüllte Andi Schweiger sich mit seiner Frau den Traum vom eigenen Restaurant, dem »Schweiger2«. In seinen Gerichten kombiniert Schweiger gekonnt traditionelle Rezepte mit unkonventionellen Zutaten. Diese kulinarischen Kreationen, die er in seiner eigenen Kochschule gerne weitergibt, werden seit 2009 jährlich mit einem Michelin-Stern belohnt. Einige seiner Kreationen sind auch online auf der Homepage des Restaurants zu erwerben.

Für dieses Kochbuch hat Andi Schweiger in seinen Gerichten immer gleich mehrere Arten des Kochens am offenen Feuer vereinigt: Bei ihm gibt es »Geräucherte Taubenbrust mit Topinambur-Rosinen-Gemüse« oder »Gegrillten Steinbutt mit geräuchertem Kartoffelstampf«.

Bernd Arold wird gern als Meister fantasievoller Aromen bezeichnet, der mit den verschiedensten Kräutern und Gewürzen, gerne aber auch mit Fruchtsaftaromen spannende kulinarische Kreationen schafft.
Nach seiner Ausbildung zum Koch in Würzburg waren »Käfer« in München und die renommierten »Schweizer Stuben« in Bettingen Stationen seiner Kochkarriere. Zu Stefan Marquard, als dessen Schüler er sich nach wie vor versteht, kam er dann in die »3 Stuben« in Meersburg und folgte ihm anschließend nach München ins »Lenbach«. Marquards Philosophie, die keine Rezepte und vor allem keine Kompromisse kennt, nahm Bernd Arold als Küchenchef mit in das »Ess Neun« in München.
Seit Juli 2008 stellt er sich mit seinem eigenen Restaurant »Gesellschaftsraum« in München neuen Herausforderungen und überrascht seine Gäste mit spannenden Aroma-Kombinationen.
Arolds Kreationen polarisieren immer – sind aber auch immer einen Versuch wert. Für dieses Buch steuerte er beispielsweise das »Beer Butt Chicken«, die »Geräucherten Miesmuscheln mit Johannisbeeren« und die »Wirsongrollen mit Banane und Austern« bei.

BERND AROLD

»DER FANTASIE FREIEN LAUF LASSEN UND NEHMEN, WAS SCHMECKT – DANN MACHT GRILLEN RICHTIG SPASS!«

Manuel Reheis kann auf eine abwechslungsreiche kulinarische Karriere zurückblicken. Nach seiner Kochlehre arbeitete er zunächst als Koch für Lebensmittelfotografie im Münchener Studio Eising. Während eines einjährigen Aufenthalts in Costa Rica war er nicht nur als Koch in einem veganen Restaurant tätig, sondern auch als Bio-Obst- und Gemüsebauer. Zurück in Deutschland, arbeitete er im Restaurant »Hubertus« und in »Geisels Vinothek" im Münchener »Excelsior Hotel« unter Jörg Placke.

Seit 1995 bringt Manuel Reheis seine vielfältigen Erfahrungen als Chefkoch und Geschäftsführer im Restaurant »Broeding« in München ein. Sein Küchenstil, der traditionelle Rezepte abwandelt und verfeinert, erzielte 15 Punkte im Gault Millau. Im Fernsehen vermittelt er kulinarisches Wissen zu einzelnen Produkten wie »Quitten« oder zu umfassenden Themen wie »Chinas Küchen«. Manuel Reheis gibt sein Know-how auch regelmäßig in Kochkursen weiter, in denen er beispielsweise die Zubereitung eines »Bayerisch-chinesischen Freundschaftsmenüs« erläutert.

Als chinesischen Gruß in diesem Buch kann man auch die »Fahrradspeichen-Spieße« verstehen. Aus seiner Küche stammen außerdem beispielsweise die Rezepte »Hasenkeulen im Schokoladenmantel«, »Tea-Smoked Duck« oder »Pulled Pork«. Darüber hinaus war Manuel Reheis als fachlicher Berater auch an Konzept und Umsetzung des Buches beteiligt.

MANUEL REHEIS

»BEIM GRILLEN NUR BESTE KOHLEN VERWENDEN, DENN AUCH HIER GILT: DAS GERICHT IST NUR SO GUT WIE DIE SCHLECHTESTE ZUTAT!«

Udo Einenkel kann wirklich als Pionier der vegetarischen Küche Deutschlands bezeichnet werden. Von 1990 bis 2005 war Einenkel, der selbst seit 30 Jahren vegetarisch lebt, Betreiber des international bekannten vegetarischen Bio-Restaurants »abendmahl« in Berlin. Während dieser Zeit beeinflusste er mit seinen Kreationen und Eventveranstaltungen wie z. B. zum Thema »essbare Blüten« nachhaltig die vegetarische Esskultur in Berlin.

Im Mittelpunkt seiner Leidenschaft zum Essen stand für Udo Einenkel schon immer der Wunsch, gesundheitliche Aspekte mit der Lust am Essen zu verbinden, weshalb er eine Ausbildung zum »ärztlich geprüften Gesundheitsberater« bei der Gesellschaft für Gesundheitsberatung absolvierte. Die in dieser Zeit gesammelten Einsichten über natürlich gesundes Essen und eine ganzheitliche Lebensführung lässt er in seine Rezepte mit einfließen und vermittelt sie in Seminaren, privaten Kochkursen und in seiner Bio-Kochschule »abendmahl«.

Für dieses Buch hat Udo Einenkel sich auf die vegetarischen Freuden am Grill konzentriert: Von ihm sind der »Veggieburger«, der »Paprika-Tofu-Braten« oder auch die »Pilze vom Grill«.

UDO EINENKEL

»ROCK THE GRILL MIT FRISCHEM GEMÜSE AUS DEM WALD ODER VON DER WIESE!«

MICHAEL KREILING

»BEIM GRILLEN IMMER AUSREICHEND KALTES BIER IM KÜHLSCHRANK HABEN, DENN MAN WEISS NIE, WIE DAS WETTER SICH ENTWICKELT ...«

Schon früh begeisterte sich Michael Kreiling für den Beruf des Kochs, und nach der Lehre strebte der ehrgeizige Jungkoch bald höhere Weihen an. Er war in renommierten Häusern wie dem 2-Sterne-Restaurant »Speisemeisterei« in Stuttgart, im Sterne-Restaurant »Francais« im Frankfurter Hof und im »Rossini« an Bord der Aida Blue, das 2004 zum besten Schiffrestaurant des Jahres gekürt wurde. Nach der Prüfung zum Küchenmeister stellte er sich sogleich der Herausforderung als Küchenchef des Kölner Spitzenrestaurants »Grangans« im »Hyatt Regency«. Zur Freude seiner Gäste kreierte er hier mit viel Fingerspitzengefühl asiatisch inspirierte Köstlichkeiten. Seine Kochkunst wurde mit 16 Punkten im Gault Millau und mit 2,5 F im »Feinschmecker Hotel & Restaurant Guide 2008« geehrt. Von 2010 an arbeitete Michael Kreiling für den neuen Hyatt Brand, das »Andaz« an der Liverpool Street in London. Dort war er für fünf Restaurants, vier Bars und die Abteilung »Events« kulinarisch verantwortlich. In seinem Fine Dining Restaurant »1901« erhielt er 3 von 5 AA-Rosetten. Derzeit verantwortet Michael Kreiling in Belgrad als Executive Chef im Hyatt Regency den gesamten kulinarischen Bereich.

Für dieses Buch kreierte Michael Kreiling seinen ganz speziellen »Wagyu Beef Burger« sowie die »Spareribs in Chili-Hoisin-Marinade«. Außerdem ist von ihm die »Rhabarbertarte«.

WOLFGANG MÜLLER

»NUR MIT BESTEN ZUTATEN ARBEITEN UND SICH BEIM GRILLEN ZEIT LASSEN«

Aus allem das Beste machen und dabei das Leben in vollen Zügen genießen – das ist das Motto von Wolfgang Müller. Dieses Prinzip setzte er auch in seiner Küche um: Die 18 Gault-Millau-Punkte für das »Adermann« sprachen für sich. Wolfgang Müller arbeitete nach seiner Ausbildung zum Koch in zahlreichen Spitzenrestaurants, etwa in der »Alten Stadtmühle« in Schopfheim und im »Hotelrestaurant Adler« in Pfullendorf. Nach einem Jahr im Gourmetrestaurant »Imperial« im Schlosshotel Bühler Höhe machte er seine Meisterprüfung und blieb dem »Imperial« als Sous-Chef, Küchenchef und als Executive Chef 8 Jahre treu. Schließlich eröffnete er in Berlin das »Adermann«, wo er rasch einen Michelin-Stern erwarb. Danach war Müller vier Jahre Chefkoch des Restaurants »Horváth« in Berlin und erkochte sich dort bald wieder einen Michelin-Stern. Seit Mitte 2009 ist Wolfgang Müller freiberuflicher Koch, Kochbuchautor, gibt Kochkurse und unterstützt einen Freund bei der Yakzucht. Für dieses Buch rezeptierte er beispielsweise das »Asado vom Zicklein«, die »Rehschulter am Knochen gesmoked« oder die »Gefüllten Datteln aus dem Räucherofen«.

Nach seiner Ausbildung war Ingo Bockler in unterschiedlichsten Restaurants tätig, etwa im Hotel »Alpenhof« in Murnau oder dem Schlossrestaurant »Schöningen« in Niedersachsen. Als Küchenchef im Restaurant »Merlin« in Großburgwedel bei hannover erhielt er für seine kreative Küche den begehrten Michelin-Stern. Derzeit arbeitet er im Hotel »Hohenhaus« in Herleshausen, wo er sich ebenfalls einen Michelin-Stern erkochte. Die moderne Klassik bildet in seiner Küche die Basis für seine Gerichte, die jedes für sich als individuelles Highlight aus seiner Küche kommen, wie zum Beispiel ein auf Bohnenkraut gebratenens Lammkarree mit Bugunderjus und weißem Bohnenconfit. »Der Feinschmecker Hotel & Restaurant Guide 2013« ehrt Ingo Bocklers Küche mit 3 F. Sehr beliebt sind auch die Hohenhaus-Kochseminare für Feinschmecker, bei denen der Sternekoch sein Wissen gerne an interessierte Hobbyköche weitergibt. Gute Produkte in gutes Essen zu verwandeln – auch für dieses Buch blieb Ingo Bockler diesem Motto treu. Von ihm ist die »Gefüllte Kalbsbrust«, die »Grobe Leberwurst« oder aber die »Gegrillte Sepia mit Petersilienpesto«. www.hohenhaus.de

INGO BOCKLER

»GRILLEN IM FREIEN AM OFFENEN FEUER – DAS IST ABENTEUER PUR!«

Andreas Rummel steht 200 Mal pro Jahr am Grill. Der gebürtige Thüringer und Barbecue-Experte verbindet klassische Grillrezepte mit der hohen Kochkunst der Spitzengastronomie. Ob nun Fleisch, Fisch, Gemüse, Vor- und Nachspeisen, es gibt nichts, was Andreas Rummel nicht auf dem Grill zubereitet. Ganze Menüs zaubert er auf den Tisch und ist damit bereits seit 2003 in Deutschland, Europa und Südamerika unterwegs. Unter dem Motto »Fire – Food – Fun« reist er zu kulinarischen Events, Gourmet-BBQ-Seminaren, Grillshows, Messen und privaten Veranstaltungen. Hier verwöhnt er seine Zuschauer nicht nur mit wirklich leckeren Kreationen, sondern verrät ihnen mit einer großen Portion Witz auch raffinierte Rezepte und inspiriert sie so zu eigenen Ideen. Seine Verbindung von klassischen Grill- und Zubereitungsmethoden mit modernsten Einflüssen nennt er »Avantgarde Barbecue« – mit seinen mitunter abenteuerlichen Kreationen erntete er oft anerkennendes Kopfschütteln.
Für dieses Buch hat Andreas Rummel beispielsweise den »Steckerlfisch« rezeptiert. Außerdem hat er die Redaktion bei diesem Buch als fachlicher Berater unterstützt.

ANDREAS RUMMEL

»MEIN GRILLTIPP: ALLES PROBIEREN!«

RENÉ RIIS UND DAS FOTOTEAM

René Riis arbeitet seit über 10 Jahren als selbstständiger Fotograf. Über 20 Koch- und Weinbücher, einige darunter preisgekrönt, viele in Zusammenarbeit mit weltweit erfolgreichen Spitzenköchen, zählen zu seinem Portfolio. Regelmäßig arbeitet er für erfolgreiche Food-Magazine wie BEEF!, FOUR-Magazine, essen & trinken, GASTRO (Dänemark) oder Gourmet Traveller (Australien). Die Fotos für dieses Buch entstanden in Zusammenarbeit mit dem Foodstylisten Max Faber. Der gelernte Koch war lange Jahre in internationalen Sterneküchen tätig, bevor er sich vor 10 Jahren ganz der perfekten Inszenierung von Lebensmitteln verschrieb.
Während des Grillens, Räucherns und Smokens wurden René Riis und Max Faber von René Lentignac (Foodstyling), Marie Klein (Fotoassistenz) und Sabina Grimm (Styling) unterstützt. Um das gesamte Organisatorische Drumherum der Fotoproduktion kümmerte sich Antje Riis.

KATRIN WITTMANN

»GUTER GESCHMACK KOMMT NICHT VON UNGEFÄHR! DAHINTER STECKT – GERADE BEIM GRILLEN UND RÄUCHERN – JEDE MENGE ERFAHRUNG, KÖNNEN UND LEIDENSCHAFT.«

Das Thema Essen und Trinken fasziniert sie schon lange, auch im Zusammenhang mit dem Namen Teubner. Für die Edition arbeitet Katrin Wittmann seit über 15 Jahren – als Redakteurin und Autorin. »Zum Grillen hat mich mein Vater gebracht. Alles, was sich bei ihm am Spieß dreht, ist Genuss pur. Von der knusprigen Ente über saftiges Knoblauchhähnchen bis zur rosmarinwürzigen Lammkeule. Schon als Kind habe ich den wundervollen Geschmack geliebt. Als ich dann auszog von daheim, war's erst mal vorbei mit den ganzen Herrlichkeiten. Was blieb anderes übrig, als mich selbst darum zu kümmern?
Mein erster Grill war ein Smokey Joe, noch in klassischem Schwarz. Der passte auch in der kleinsten Studentenbude noch auf den Balkon. Mit ihm fabrizierten wir in jenen Tagen köstliche Spießchen mit Fleisch und Gemüse.
Im Laufe der Zeit haben sich die verschiedensten Gerätschaften zum Grillen und Räuchern bei mir angesammelt – vom einfachen, handgeschmiedeten Grillgitter aus Italien bis zum elektrisch betriebenen Drehspieß. Und bei der Arbeit an diesem Buch ist noch mal einiges an Hardware dazu gekommen. Zweifelnde Blicke und Fragen à la »Braucht's denn das wirklich?« muss man einfach ignorieren – Freunde der Glut wissen, was ich meine ...«
An diesem Buch ist Katrin Wittmann am Konzept und als Autorin des Technik-Teils beteiligt.

BILDNACHWEIS

age stockfoto: Seite 182-183

AKG – Archiv für Kunst und Geschichte: Seite 9-1, 9-2, 10, 23-3, 24-4, 25-1, 25-3, 26-2, 219-4

Alamy: Seite 12, 25-2, 101-2, 222-3, 269-1, 269-2, 271

Alary, Romain: Seite 35-2

Archäologische Staatssammlung München: Seite 23-2, 24-2

Archäologisches Landesmuseum Baden-Württemberg, Rastatt: Seite 23-1, 24-1, 24-3

Brauerei Schlenkerla, Bamberg: Seite 331-1

Bridgeman Images: Seite 11, 13, 24-5, 26-1, 26-3, 222-6

Corbis: Seite 100-101, 101-1, 219-1, 222-2, 270-2, 284

Food & Drink: Seite 186

Getty Images: Seite 184, 187, 285

Gottschall, Björn: Seite 35-1

Harzköhlerei Stemberghaus Seite 38-39

Hoffmann, Matthias: Seite 148-149

Jalag Syndication: Seite 330-1, 330-2, 331-4

Laif: Seite 222-4, 268-269, 270-1

living4media/selbermachen: Seite 39-1, 39-2, 39-3

LOOK: Seite 219-2

Mauritius Images: Seite 219-5

Shutterstock: Seite 169-3, 185, 219-3, 220-221, 222-1, 222-5

StockFood: Seite 48-49, 330-3, 331-2, 331-3

Wittmann, Katrin: Seite 23-5; 24-6, 24-7, 25-5, 28-2, 69-1, 140-143; 169-1, 169-2

GERÄTE:

AGK Kronawitter GmbH: Seite 130-3

Antonio Basile GmbH Steeldesign: Seite 32-1

Beelonia GmbH: Seite 128-129, 133-1

Behr Angelsport GmbH: Seite 130-2

Björn Gottschall: Seite 35-1

Bradleysmoker: Seite 132-1

Brennwagen GmbH: Seite 68

BUKH Bremen GmbH (ENO Plancha): Seite 26-5

Cobb Scandinavia: Seite 28-1

DKB Household Switzerland AG (Outdoorchef): Seite 31-1

Eck Feinwerkmechanik: Seite 24-8

EdelDesign GmbH: Seite 30-1, 31-3

Eisen Marx GmbH: Seite 34

Grillson GmbH: Seite 33-1

HaJaTec Group AG: Seite 32-2

Haupert Gaststätteneinrichtungen GmbH (GMG): Seite 95-1

Holzeis: Seite 130-1, 132-2

LANDMANN Holding GmbH & Co. KG: Seite 131-1

Lohberger, Küchen Competence Center GmbH (Big Green Egg): Seite 95-2

LotusGrill Vertrieb Deutschland UG: Seite 29-1

Louis Hagel GmbH & Co. KG (Memphis Wood Fire Grills): Seite 94-1

MONOLITH Grill GmbH: Seite 94-3

Napoleon Gourmet Grills: Seite 20–21, 25-6, 33-3, 94-2

OSSA Räuchergeräte (Helia Smoker): Seite 132-3

www.otto-photo.de: Seite 162–165

Peetz Metallverarbeitung e.K.: Seite 131-2, 133-2

Peter van Asten, Grill Dome Europe: Seite 93-1

PURE FISHING Deutschland GmbH (Abu Garcia): Seite 151-3

Ramster Holzbackofen: Seite 69-2

Romain Alary: Seite 35-2

RÖSLE GmbH & Co. KG: Seite 29-5, 31-2, 151-2

RUMO BBQ GmbH: Seite 92-1, 93-2

Saey Home & Garden NV (Barbecook): Seite 25-4, 29-2, 29-3, 131-3

SMOKY FUN: Seite 90–91

Thosa-Trade GmbH (Farmer Grill): Seite 93-3

THÜROS GmbH: Seite 30-2, 133-3

Waitkus PST GmbH (Brodem): Seite 26-4, 92-2

Weber-Stephen Deutschland GmbH: Seite 23-4, 29-4, 30-3, 31-4, 33-2, 95-3

Wir danken den Herstellern und Agenturen für das Überlassen der Produktbilder.

IMPRESSUM

Verlag	© 2014 TEUBNER Grillparzerstr. 12 D-81675 München TEUBNER ist ein Unternehmen des Verlagshauses GRÄFE UND UNZER, GANSKE VERLAGSGRUPPE www.teubner-verlag.de
Projektleitung und Redaktion	Dr. Maria Haumaier, Melanie Haizmann
Konzeption und Text (Technik)	Katrin Wittmann
Lektorat (Rezepte)	Bärbel Schermer, Melanie Haizmann
Korrektorat	Waltraud Schmidt; Ulrike Wagner – planW
Bildredaktion	Katrin Wittmann, Adriane Andreas, Marion Feldmann
Herstellung	Susanne Mühldorfer
Beratung	Manuel Reheis, Andreas Rummel
Rezepte	Bernd Arold, Ingo Bockler, Udo Einenkel, Michael Kreiling, Wolfgang Müller, Manuel Reheis, Andreas Rummel, Andreas Schweiger
Freie Autoren	Margarethe Brunner, Jan Henne, Sabine Schlimm, Katrin Wittmann
Fotografie	Fotograf: René Riis Foodstyling: Max Faber, Styling: Sabina Grimm, Fotoproduktion: Antje Riis, Foodstyling-Assistent: René Lentignac, Foto-Assistentin: Marie Klein außer: siehe Bildnachweis auf Seite 358
Titelbild	Buch: Getty Images (U1, U4) Schuber: Shutterstock (U1), Getty (U4)
Illustrationen	Marion Feldmann (farbig), Stephan Reichle (schwarz-weiß), Shutterstock (Tierillus)
Gestaltungskonzept	independent Medien-Design, München
Layout und Satz	Marion Feldmann
Reproduktion	Longo AG, Bozen
Druck & Bindung	Kösel GmbH & Co. KG, Altusried-Krugzell
Auflage	1. Auflage 2014
ISBN	978-3-8338-3847-7

Liebe Leserin und lieber Leser,

wir freuen uns, dass Sie sich für ein TEUBNER-Buch entschieden haben. Mit Ihrem Kauf setzen Sie auf die Qualität, Kompetenz und Aktualität unserer Bücher. Dafür sagen wir Danke! Ihre Meinung ist uns wichtig, daher senden Sie uns bitte Ihre Anregungen, Kritik oder Lob zu unseren Büchern. Haben Sie Fragen oder benötigen Sie weiteren Rat zum Thema? Wir freuen uns auf Ihre Nachricht!

Wir sind für Sie da!
Montag – Donnerstag:
8.00 – 18.00 Uhr
Freitag: 8.00 – 16.00 Uhr

Tel.: 08 00 - 72 37 33 33*
Fax: 08 00 - 50 12 05 44*
(* gebührenfrei in D, A, CH)

E-Mail:
leserservice@graefe-und-unzer.de

GRÄFE UND UNZER Verlag
Leserservice
Postfach 86 03 13
81630 München

Mehr kulinarische Entdeckungen unter: www.messerspitzen.de

WIR DANKEN Manuela Ferling, Agentur Kochende Leidenschaft, für die Vermittlung der Köche (www.kochende-leidenschaft.d Elmar Fetscher (Fire & Food) sowie dem Grillsportverein (http://www.grillsportverein.de/) für die fachliche Unterstützung.

VIELEN DANK an die Firma Weber-Stephen Deutschland für die Bereitstellung des Grillequipments zur Fotoproduktion.

EIN HERZLICHES DANKESCHÖN an unsere Probeköche Rudi Dorsch, Andreas Fritz, Claudia Krämer, Florian Marek, Katrin Wittmann und Wilhelm Zehentmeier.

Syndication www.jalag-syndication.de

Umwelthinweis Dieses Buch ist auf PEFC-zertifiziertem Papier aus nachhaltiger Waldwirtschaft gedruckt.